Reinhard Pohanka

Das Rittertum

Reinhard Pohanka

Das Rittertum

marixverlag

Bibliografische Information der Deutschen Nationalbibliothek
Die Deutsche Nationalbibliothek verzeichnet diese Publikation in der
Deutschen Nationalbibliografie; detaillierte bibliografische Daten sind im
Internet über
http://dnb.d-nb.de abrufbar.

Copyright © by marixverlag GmbH, Wiesbaden 2011
Projektbetreuung: Verlagsagentur Mag. Michael Hlatky,
A – 8071 Vasoldsberg
Covergestaltung: Nicole Ehlers, marixverlag GmbH
nach der Gestaltung von Thomas Jarzina, Köln
Bildnachweis: akg-Images GmbH, Berlin / British Library
Lektorat: Dr. Martin Armgart, Speyer, Dietmar Urmes, Bottrop
Satz und Bearbeitung: Medienservice Feiß, Burgwitz
Der Titel wurde in der Palatino gesetzt.
Gesamtherstellung: GGP Media GmbH, Pößneck

Printed in Germany

ISBN: 978-3-86539-959-5

www.marixverlag.de

Inhalt

Einleitung: Die Idee des europäischen Rittertums

Ein Ritter ist ein Mann, der auf einem Pferd reitet, eine Rüstung trägt, in einer Burg wohnt und Frauen leidenschaftlich verehrt, ohne die Hoffnung zu haben, von ihnen auch erhört zu werden. Wenn es also so einfach ist, den Ritter zu definieren, warum lässt der hochmittelalterliche Dichter Wolfram von Eschenbach, der sicher genau wusste, was ein Ritter ist, den tumben Toren Parzival seinen Lehrer Gurnemanz unschuldig fragen: *Du nennst Ritter, was ist das*? Und warum kann dieser nur ganz allgemein darauf antworten, dass es König Artus ist, der den Titel Ritter demjenigen verleiht, der von ritterlicher Art sei. Daraus ergibt sich, dass Ritter ein Titel ist, kein Vorrecht von Geburt und Herkunft. Man wird nicht *als* Ritter geboren, aber man muss *zum* Ritter geboren sein (Arno Borst).

Die Herkunft der Ritter liegt ab dem Hochmittelalter zumeist in adeligen Familien, wie etwa bei den Rittern des Nibelungenliedes, die *von hoher Art* geboren sind. Dennoch ist es nicht allein die Herkunft, die den Mann zum Ritter macht, er wird es auch durch das, was er tut. Er muss sich, wie es Hartmann von Aue, auch er ein Dichter des Mittelalters, in seinem Epos *Ywein* ausdrückt, in Abenteuern (*âventiure*) bewähren. Dabei hat er den sicheren Schutz seiner Burg zu verlassen und den Kampf auf ritterliche Art mit anderen Rittern zu suchen, wobei es nicht um Zwistigkeiten geht, sondern darum, sich des ritterlichen Handwerkes, des Kampfes, würdig zu erweisen. Dabei ist Hartmann von Aues Ritter ein Phantom, eine Idealfigur, die zwar in den Dichtungen der Zeit immer wieder auftritt, die es aber so vermutlich nie gegeben hat. Die soziale Wirklichkeit war eine ganz andere, wobei es damit beginnt, dass der Ritter nicht von Adel sein musste. Ein Ritter war jeder schwer gerüstete Krieger zu Pferde, das konnte ein hoher adeliger Herr und reicher Grundbesitzer sein genauso wie der kleine und ärmlich lebende Einschildritter, solange sie durch das ritterliche Ethos verbunden waren.

Reiterkrieger hat es zu allen Zeiten der Weltgeschichte gegeben, sei es bei den Griechen, Persern und Arabern oder bei den Chinesen und Japanern. Und fast überall, wo sich ein Mann in Waffen auf das Pferd geschwungen hat, war sein Status mit dem Entstehen einer Feudalherrschaft verbunden, in der es eine persönliche Beziehung zwischen dem Herrn und dem Reiterkrieger gab. Das Prinzip dabei war: Ich gebe dir Land und Würden, damit finanzierst du deine Rüstung, das Pferd und die Waffen, und wenn ich in den Krieg ziehe, so kommst du mit und unterstützt mich. Dabei gibt es zunächst in Europa noch keine Standesunterschiede, adeliger Herr und Dienstmann sind gleich gerüstet und ziehen auf dem Pferd in den Krieg, deshalb bürgerte sich für beide Gruppen der Name *milites* ein, nach dem frühmittelalterlichen Reiterkrieger, dem *miles*, der aber noch nicht als Ritter bezeichnet werden konnte. Beide waren sie Waffengefährten und im Kampf gleichberechtigt, politisch, rechtlich und sozial waren sie aber deutlich voneinander getrennt.

Entstanden ist das System um den Ritter im Europa des späten 9. Jahrhunderts, als sich das Reich der Karolinger teilte und Staaten wie Frankreich und Deutschland zu entstehen begannen. In dieser Zeit der Bedrängung durch Normannen, Mauren und Ungarn war es bald einerlei, ob man einer alten adeligen Sippe angehörte, wichtig war, dass man mit Waffen umgehen und das Land verteidigen konnte. Wer das Land schützte, wurde zum Herrn, der wiederum andere in seinen Dienst nahm, das Prinzip von Herrschaft und Dienst bildete sich so aus.

Der Schutz des Landes und der Bauern als wichtigste Nahrungsproduzenten verlangte es vom Herrn, eine Burg zu bauen, in der er wohnte und in die sich die Bauern bei einem Angriff flüchten konnten. Der Bauer gab dafür sein Land dem Burgherrn und ernährte ihn durch seine Arbeit und seine Abgaben; so musste der Herr nicht mehr auf dem Feld arbeiten, sondern konnte sich der kriegerischen Ausbildung und der Verteidigung des Landes widmen. Er gab den freien Bauern das Land zur Bestellung zurück, einen Teil davon behielt er aber und setzte seine eigenen Leute als Bauern darauf, das waren die Unfreien, die direkt dem Grundherrn unterstanden.

Der Herr hatte mit Verwaltung und Waffenübungen genug zu tun und konnte sich daher nicht um die Landwirtschaft kümmern. Er musste sein Pferd unterhalten, er musste lernen und üben, seine Rüstung aus Tausenden Eisenringen zu tragen, und er vervollkommnete sich im Kampf mit Stoßlanze und Schwert, wobei ihm ab dem 9. Jahrhundert auch die Einführung des Steigbügels half.

Dieses System von Beschützer und Untertan setzte sich auch nach oben hin fort. Wenn alles Land dem König gehörte, so konnte auch er es an seine Lehensträger vergeben, die es wiederum an Vasallen und Untervasallen weitergaben. Wer so Land bekam, der schuldete seinem Herrn Treue und Loyalität, wie sich auch der Herr um den ihm Untergebenen zu kümmern hatte. Daraus entstand die mittelalterliche Feudalgesellschaft, die auf Geben und Nehmen, auf Kampf und Treue basierte, wenngleich die Regeln oft gebrochen wurden. Der neue Stand des Untertans, der ein kleines

Lehen und genug Einkommen hatte, um zu Pferd kämpfen, war ob seiner Stellung durchaus mit einem gewissen Selbstbewusstsein ausgestattet und gab sich selbst einen Namen, *Ritter, Chevalier, Caballero* oder *Riddere*. Es war eine neue soziale Schicht, die sich zwischen dem alten Adel und den aus dem Volk stammenden Reiterkriegern entwickelte und die sich ab der Jahrtausendwende, ausgehend von Frankreich, in ganz Europa, verbreitete.

Es ist das Besondere am Rittertum, dass es als eine eigenständige Schöpfung des frühen Mittelalters offenbar so attraktiv war, dass auch viele Adelige in den Ritterstand eintraten, selbst wenn das bedeutete, dass sie einen Lehnsherrn akzeptieren und damit ihre politische Unabhängigkeit aufgeben mussten. Gleichzeitig drängten die Ministerialen, die unfreien Dienstmannen, aus den unteren sozialen Schichten nach oben in den Ritterstand, den sie als Sprungbrett für einen weiteren Aufstieg ansahen.

Es ist verständlich, dass der Stand der Ritter bald eigene Sitten und Gebräuche und eine eigene Literatur entwickelte. In ihrer Hochphase von etwa 1100 bis 1300 war die Ritterschaft Träger der Hochkultur in Europa, sei es im Frauendienst, der Minne, oder in Kunst und Literatur. In zahlreichen Ritterepen wurden die Freuden des Ritterlebens besungen, das sich bei der Jagd, beim Turnier, das manchmal auch blutige Formen annehmen konnte, oder im Dienst für die von Weitem verehrte Dame abspielen konnte. Es entstanden Rituale wie die Schwertleite, die man durchlaufen musste, wenn man zum Ritter werden wollte, man musste die Ideale des Ritters wie *maze, largesse, pretz* und *hövischkeit* in sich aufnehmen und auch ausüben, wollte man als Ritter Anerkennung finden. Es entstand ein ganzer Kosmos um den Ritter, der auf der Selbstbindung an Herrschaft und Dienst, an die Frauen und sein Ehrenwort – auch ein ritterlicher Ausdruck – basierte.

Mit Beginn der Kreuzzüge kam für den Ritter ein weiteres Element hinzu, er musste sich nicht mehr in den Fehden gegen den Nachbarn beweisen, sondern konnte gegen die Feinde der Christenheit als *miles Christi*, als Ritter Gottes, reiten. Daraus schöpfte der Ritterstand neue Kraft, aus streitlustigen Kämpfern wurden Lichtgestalten. Der Ritter konnte in einen Ritterorden eintreten und sich im mönchsgleichen Leben als Befreier der Heiligen Stätten beweisen, wenn er auf dem Kreuzzug starb, wurde er zum Märtyrer. Es gehörte sicher zu den größten militärischen Leistungen eines Ritterheeres, als nach jahrelanger Reise am 15. Juli 1099 die Mauern von Jerusalem gestürmt wurden, um die heiligen Stätten wieder christlicher Herrschaft zu unterstellen. Die Kreuzzüge brachten den Kontakt Europas mit der arabischen und asiatischen Welt, deren Ideen, Gedanken und Handelsgüter über die Ritterstaaten Palästinas Europa erreichten und beeinflussten.

Wir haben anfangs gesagt, dass Rittertum nicht mit Adel gleichzusetzen ist, es hat aber die Adelskultur und auch unsere Gesellschaft bis heute geprägt.

Als im Spätmittelalter das Rittertum an Bedeutung und Macht verlor, so war es zunächst auf dem Schlachtfeld, wo nun die Masse der mit Stangenwaffen bewehrten eidgenössischen Bauern, die Bürger der flämischen Städte und die deutschen Landsknechte über den ritterlichen Einzelkämpfer mit Schwert und Lanze triumphierten. Dann zog der Adel von den Burgen weg in die Stadt, weil er hier näher am Hof und dessen Herrscher war, die armen Ritter, die auf ihren verfallenden Burgen zurückblieben, wurden zu Raubrittern, die, wenn man sie fing, am nächsten Baum endeten. Der Adel wurde zum Geburtsstand, die Ritter sammelten sich in weltlichen Ritterorden und sinnentleerten Rittergesellschaften, selbst der Souverän konnte nun einfache Beamte vom Hof in den Ritterstand erheben, der nichts

mehr mit Waffen und Kampf zu tun hatte. Die *Höfischkeit*
wurde zur *Courtoisie*, die gesellschaftlichen Pflichten des
Ritters übernahm der Kavalier, die Rüstungen wurden immer unpraktischer und die Turniere verkamen zu üppigen
Schaustellungen ehemaliger ritterlicher Pracht. Selbst Kaiser
Maximilian I., den man den letzten Ritter nannte, konnte mit
den Aufgaben des Ritters nichts mehr anfangen, er stützte
sich im Krieg lieber auf seine bezahlten Landsknechte, die
neu entstandene Artillerie und eine Kavallerie, die aus
Lohnreitern und nicht mehr aus Rittern bestand.

Dennoch blieb der Begriff des Ritters in allen europäischen Kulturen bis zur Neuzeit erhalten, in Romanen und
Theaterstücken setzte man sich mit ihm auseinander, in der
Kulturgeschichte wurde er zum Kavalier und Gentleman,
bedeutende Feldherren wie der savoyische Prinz Eugen
wurden als Ritter bezeichnet. Zwar schaffte die Französische
Revolution den alten Adel ab, aber schon kurz danach gab es
in der Romantik ein Wiederaufleben des Ritters als Symbol
für die Sehnsucht nach dem Verlorenen. Bis heute hat sich
der Gedanke an den Ritter erhalten und wird im Jedi-Ritter
in die Zukunft transportiert, damit er auch dort die Armen
und Schwachen vor dem Bösen beschützt. Arno Borst hat
über die heutige Aufgabe des Rittergedankens geschrieben:
*Die Geschichte des Rittertums könnte uns mehr lehren als ein paar
Formalitäten und Kuriositäten, nämlich einige höchst aktuelle
Maximen für die historische Erkenntnis und für die Bewältigung
der Gegenwart: dass Herrschaft nur durch Dienst veredelt wird,
dass Elite der Gesellschaft bedarf und vor allem, dass das Chaos
der Realitäten und der Fanatismus der Macht nur zu bändigen
sind durch geistige Zucht.*

1. Grundlagen des Rittertums

Krieg und Krieger

Um die Geschichte des Rittertums verstehen zu können, muss man sich vor Augen halten, dass dieses aus verschiedensten Elementen entstanden ist. Eine seiner Grundlagen war das antike Kriegertum, von dem es das Wesensmerkmal des einzelnen Kämpfers zu Pferd übernommen hat. Dieser musste körperlich und mental geeignet sein, in einer 30 Kilogramm schweren Rüstung mit eingelegter Lanze auf einem schwankenden Pferd auf seinen Gegner zuzureiten, der ebenso schwer bewaffnet war wie er. Möglich war das nur, weil der Ritter allein für den Kampf und den Krieg lebte, jeder andere Aspekt seiner Kultur wurde diesem Lebenszweck freiwillig untergeordnet und vernachlässigt. Die Motivation für dieses Tun war Anerkennung und Belohnung für seine Treue und seinen Kampfesmut durch seinen Herrn.

Gleichzeitig musste der Ritter einen persönlichen Ausgleich zwischen seinem blutigen Handwerk, seinem ritterlichen Ehrgeiz und den Ansprüchen des Christentums finden. Geoffroy de Charny (1300–1356), Autor des Ritterspiegels *Le livre de Chevalerie* (Das Buch der Ritterschaft), hat es in einem Satz zusammengefasst: *Ruhm in dieser Welt und Erlösung im Jenseits*, das ist es, was der Ritter sucht.

Der Ritter lebte zumindest im Früh- und Hochmittelalter in einer Gesellschaft, in der es kaum rechtliche Ordnung und öffentliche Sicherheit gab. Daher war Gewalt zur Durchsetzung persönlicher Anliegen ein gesellschaftlich anerkanntes Mittel, und dabei hatte der Mann unter Waffen den Vorteil, dass er sich die persönliche Freiheit und seinen Willen durch den Gebrauch seiner Waffen sichern konnte. Auch konnte er sich gegen die Ansprüche anderer verteidigen, indem er sich seines befestigten Wohnsitzes, der Burg, bediente. Es gab in dieser Gesellschaft eine klare Differenzierung: Wer auf dem Pferd sitzt und Waffen trägt, ist mehr wert als der Mann, der zu Fuß geht. Waffe und Pferd wurden daher zu Standessymbolen und waren mehr als nur Mittel zum Zweck. Wer zu Fuß unterwegs war, wies sich damit als unfrei aus oder war zumindest in Gefahr, es zu werden.

Der Wendepunkt in der Entwicklung vom Krieger zum Ritter wird im Reich Karls des Großen (747–814) erreicht. Der nur zeitweise zur Verfügung stehende Bauernkrieger, der ab dem Ende der Völkerwanderungszeit immer mehr unter den Einfluss seiner adeligen Grundherren geriet, verlor mit der Zeit seine Funktion im Heer als Stütze der Königsmacht. Ursprünglich war er ein freier Mann gewesen, durfte Waffen tragen und im Heer des Königs kämpfen. Als die von den Franken beherrschten Gebiete aber immer größer und einheitlicher wurden, reichte sein Einsatz nicht mehr aus. Die Kriegsführung im frühmittelalterlichen Europa verlangte das Zurücklegen weiter Strecken, die monatelange Abwesenheit von Haus und Feld. Zudem verfiel das römische Straßennetz, das zuerst das Rückgrat der entstehenden Länder nach der Völkerwanderung gebildet hatte, immer mehr und damit ging auch eine Einschränkung in der Beweglichkeit der Fußtruppen einher. Karl der Große erkannte dies und setzte die Leistungen, die von den Bauernkriegern erwartet wurden, immer weiter herab, musste aber im Gegenzug von den adeligen Grundherren immer mehr verlangen. Dadurch verlagerte sich der Schwerpunkt des fränkischen Heeres rasch von den Fußtruppen zur bewaffneten Reiterei. Allerdings konnten viele der freien Bauern nicht mehr die Mittel aufbringen, um diesen Schritt mitzugehen. Auch für den einfachen Landadeligen war es teuer, Pferd und Ausrüstung selbst zu finanzieren, daher musste er vom König mit Gütern ausgestattet werden, die von anderen unter seiner Herrschaft bewirtschaftet wurden und die ihm genug Einkommen sicherten, um dem Ruf des Königs Folge leisten zu können. Er war damit aber noch kein Berufskrieger geworden, denn in Friedenszeiten kehrte er auf seine Güter zurück, um sich der Wirtschaft und der Verwaltung zu widmen. Durch seinen wiederholten Einsatz in Kriegszügen wurde er jedoch gleichsam zum Kriegs-Professional und konnte an verschiedensten Orten des Reiches rasch eingesetzt werden.

Diese Umstellung hatte dramatische soziale Konsequenzen. Es kam zu einer Differenzierung der Gesellschaft, wobei der Stand des Menschen zunächst auf der Dienstleistung und noch nicht auf der Herkunft beruhte. Ein reicher und freier Bauer konnte sich als Panzerreiter von seinem Status deutlich abheben, vielleicht mehr als ein armer Grundbesitzer, der die Kosten für Pferd und Rüstung nicht aufbringen konnte. Ersterer rückte gesellschaftlich in die erste Reihe auf, konnte durch seinen Kriegsdienst Ehren, Würden und auch Beute erringen und sich sozial etablieren, Letzterer geriet in Gefahr, aus der Schicht der Freien in Knechtschaft und Unfreiheit herabzusinken.

Das fränkische Großreich unter Karl dem Großen brauchte durch seine vielen Kriege eine immer größere Zahl an Reiterkriegern, dazu kamen die Grundherren, die möglichst viele ihrer Dienstleute mit Pferd und Rüstung ausstatten wollten, um den Begehrlichkeiten ihrer Nachbarn widerstehen zu können. Zudem wurde von den Grundherren verlangt, dass sie dem König eine bestimmte Anzahl von

Panzerreitern zur Verfügung stellten, davon hingen auch ihre politische Wirksamkeit und ihr Prestige ab.

Im Heer des Königs trafen sie alle zusammen, freie Bauern, einfache Grundherren, fränkische Adelige und Grafen, Markgrafen und Herzöge. Sie unterschieden sich zwar durch ihren persönlichen Reichtum und ihre Herkunft, doch begann das gemeinsame Merkmal, ein bewaffneter Kämpfer zu Pferde zu sein, sie aus der Masse aller anderen herauszuheben. Nicht allein der Besitzstand zählte hier, sondern auch Führungsqualitäten, Einsatzbereitschaft und Tüchtigkeit im Kampf unter den Augen des Königs konnten zum persönlichen sozialen Aufstieg beitragen. Im 9. Jahrhundert gab es dadurch drei Gruppen von Bewaffneten, den *miles* (Krieger), den *vasallus* (Lehnsmann) und den *caballarius* (Reiterkrieger), die zwar in ihrer Erscheinung nicht gleich waren, sich in ihrer Bedeutung aber immer mehr annäherten.

Der Dienst als Grundlage der Herrschaft

Die Gemeinsamkeit des zu leistenden Kriegsdienstes und ihr Erscheinungsbild als Panzerreiter einten die Kämpfenden und hob sie mit der Zeit aus der Masse des Volkes als neuer Stand der Ritter (*milites*) heraus. Zugleich sorgte man dafür, dass dieser Unterschied auch den Freien und Vasallen, die sich nicht am Kampf beteiligen konnten oder wollten, deutlich gemacht wurde. Zum wesentlichen Merkmal neben der Leistung des Kriegsdienstes wurde auch der Dienst an den Schwachen der Gesellschaft. Der Ritter übernahm damit die Schutzverpflichtung gegenüber der breiten Masse des Volkes. Zuerst galt dies nur für bestimmte Volksteile und den Klerus, aber schon bald verlangte die Kirche, dass der Ritter alle Schwachen, darunter verstand man den Klerus, die Kirchen, die Witwen und Waisen, beschützen und sie

vor Unheil und Schaden bewahren solle. Nur dann sei er
der Inhaber einer rechtmäßigen und von Gott anerkannten
Herrschaft.

Der König war in diesem System der oberste Schutzherr
und sollte sich an der gerechten Herrschaft der Könige der
Bibel und des Alten Testamentes ein Vorbild nehmen. Daraus leiteten die Bischöfe allgemeine Verhaltensnormen für
den übrigen Adel ab, die auf Synoden in kirchenrechtlicher
Form beschlossen wurden.

Ab dem 9. Jahrhundert versuchte man auch, den Krieg
und damit das Verhalten der Ritter zu regulieren. Die Kirche
schuf Regeln, um die Ritter in eine christliche Werteordnung einzubinden, und sprach Strafen gegen diejenigen
aus, die sich nicht einfügen wollten. Missetäter konnten
bei Verstößen gegen die gemeinsame Werteordnung aus
dem Rittertum ausgestoßen werden, indem man ihnen das
Cingulum militare (den Rittergürtel) entzog, das mehr als
sein Schwert Symbol des Ritters war. Die Strafen konnten
vom zeitweiligen Ausschluss von den Sakramenten bis zur
völligen Exkommunikation durch die Kirche reichen. Dies
zeigt, dass es bereits im 9. Jahrhundert eine Vorstellung
von ritterlicher Ehre gegeben haben muss, die bestimmte,
was sich für den Ritter ziemte und was nicht, denn nur
dann konnte eine Strafe wie der Verlust der Ehre als Makel
empfunden werden. Prestige und Ehre waren es, die sich der
Ritter erwerben und erhalten wollte und worin er sich von
der Masse der Unfreien unterschied.

Die Kirche tadelte aber nicht nur, sie verhalf dem Ritter
auch zu kirchlichen Weihen, wie dem seit dem 10. Jahrhundert bekannten Schwertsegen, der zwar anderen Segen für
Arbeitsgeräte glich, aber genau die erlaubte Verwendung
für das Schwert definierte. Es durfte bei der Verteidigung
und beim Schutz von Kirchen, Waisen und Witwen, zur
Verteidigung des Klerus und im Kampf gegen die Heiden

gezogen werden. Das oberste Schwert im Reich war dabei das des Königs, das man ihm bei der Krönung als Zeichen der Begründung einer gerechten Herrschaft überreichte.

Mit der Zeit wurden die Forderungen an die Bewaffneten immer genauer und immer umfangreicher. Gefordert wurde generell die Schutz- und Dienstpflicht und dies mündete in der Forderung nach einem Leben als *miles christianus*, als christlicher Ritter. Dieses verordnete Leitbild gab der Kirche vermehrten Einfluss auf den Krieg und Waffengebrauch. Man wollte damit durchsetzen, dass der Adel bestimmte Tugenden zu zeigen hatte, und schuf so eine Vorstufe des voll ausgebildeten Rittertums und damit, ausgehend von den karolingischen *milites*, Verhaltensnormen für Ritter, die mit der Zeit auf ganz Europa übertragen wurden.

2. Die Geschichte des Rittertums

Der Krieger in Frühgeschichte, Antike und Frühmittelalter

Der früheste Zeitpunkt, zu dem sich in Europa ein differenziertes Sozialsystem mit König und Stammesfürsten, einer »adeligen« Ritterschicht, Handwerkern, Bergleuten und Bauern entwickelte, war die Bronzezeit. Wirtschaftliche Differenzierung in Handel, Bauerntum und Gewerbe wie auch das Streben nach Beute im Krieg machten es notwendig, in dieser arbeitsteiligen Gesellschaft auch dem Schutzbedürfnis zu entsprechen, sei es durch die Anlage erster Burgen oder die Ausbildung einer Schicht von Kriegern, die sich um den Schutz der Gemeinschaft kümmerte.

Ein gutes Beispiel dafür ist die griechisch-mykenische Kultur (17.–11. Jh. v. Chr.), welche in literarischen Zeugnissen die E-QE-TA nennt. Das waren Gefolgsleute des Königs, die ihm bei Kampf und Eroberung, bei der Verteidigung des Landes wie auch bei der Verwaltung seiner Herrschaft halfen. Ihre Aufgaben waren die Bereitstellung von Kriegern, die Verwaltung, die Steuereintreibung und die Heeresfolge. Allerdings waren diese E-QE-TA noch keine Reiter-, sondern Streitwagenkrieger. In Mitteleuropa entwickelten sich in der Spätbronzezeit in der Urnenfelderkultur (1300–800 v. Chr.) zum ersten Mal unter dem Einfluss eurasischer Steppenkrieger auch Pferde, die zum Reiterkampf verwendet werden konnten. Anders blieb die Situation im Mittelmeerraum, wo der Reiterei im Krieg nur eine geringe Rolle zukam und wo, wie etwa in der Ilias, sich die Helden als einzelne Fußkämpfer vor den Toren Trojas trafen.

In der Hallstattkultur (800–400 v. Chr.) scheint es nach dem Beispiel von Abbildungen auf Situlen (dekorierte Bronzeeimer zu kultischen Zwecken) eine sozial gehobene Schicht gegeben zu haben, die auf Pferden ritt, Gelage und Wagenrennen abhielt und schon den Vorläufer einer adeligen Ritterschicht gebildet haben könnte.

In den antiken Kulturen der Griechen und Römer scheint der Kriegsdienst wieder auf das gemeine Volk, den Bürger der Polis oder den Bürger Roms, übergegangen zu sein. In Griechenland stand er als Fußkämpfer in der Phalanx, während die Reiterei, besonders durch das Fehlen des Steigbügels, eine untergeordnete Rolle spielte und vor allem zum Transport und zur Aufklärung eingesetzt wurde.

Die ersten Berufssoldaten, die auf Ehre und Beute aus waren, finden sich im Heer Alexanders des Großen (356–323 v. Chr.). Hier zogen sich die Soldaten aber nach ihrem Kriegsdienst mit ihrer Beute wieder in das Zivilleben des Bürgers zurück, nur wenige konnten sich in der Umgebung des Königs dauerhaft als Krieger etablieren.

Das Römische Reich hingegen war in der Kaiserzeit (1.–5. Jh.) das erste Sozialgefüge, das den Übergang vom Bürgersoldaten zum professionellen Krieger ermöglicht hat. Man trat gleichsam aus der Zivilgesellschaft aus, wurde für 25 Jahre dienstverpflichtet und oft traten die Kinder dieser Soldaten wieder in das Militär ein, von der Ausbildung einer Ritterschicht als Träger des Militärs kann man aber dabei nicht sprechen. Zwar gab es den Titel eines *eques* (Reiter, Ritter), der allerdings nur als Ehrentitel oder zur Bezeichnung einer Steuerklasse anzusehen war.

Die Gegner der Römer im Norden, die Germanen und Kelten, verfügten hingegen bereits über Adelssippen, denen im Kampf bestimmte Vorrechte, wie etwa die alleinige Befehlsgewalt, eingeräumt wurden.

Schwer gerüstete Reiterkrieger kannten auch die Sarmaten und Parther im Osten des Römischen Reiches, die mit ihren Panzerreitern (*Kataphrakten*) immer wieder die römischen Legionen besiegen konnten.

Eine Änderung in der Kampfesweise kam in der Spätantike auf, als das eurasische Steppenvolk der Hunnen weite Teile Ost- und Mitteleuropas beherrschte. Ihre Taktik mit der schnellen Attacke, einem Pfeilhagel und dem Scheinrückzug machte es notwendig, die zunächst nur leicht bewaffnete Reiterei der Römer zu Panzerreitern (*clibanarii*) hochzurüsten. Ein eigentlicher Reiterkampf Mann gegen Mann war aber durch die fehlende Stabilität des Reiters auf dem Pferderücken noch nicht möglich. Dieser wurde erst mit der Einführung des Steigbügels im 7. Jahrhundert durch die Awaren möglich, in dem man sich nun abstützen und auf den Gegner einschlagen oder einstechen konnte, ohne Gefahr zu laufen, selbst vom Pferd zu fallen. Die Ungarn, die ab dem 9. Jahrhundert in Osteuropa einwanderten, verfeinerten die Pferdeausrüstung durch eine neue Art von Sattel mit hoher Lehne und hohem Sattelbogen, der dem Reiterkrieger festen Halt gab, dazu kam die Pferdezäumung mittels der Kandare, welche die ritterliche Ausrüstung, wie wir sie aus dem Mittelalter kennen, vervollständigte.

Das Kriegertum der Völkerwanderungszeit

Das Berufssoldatentum ging als eigener Stand mit dem Ende des Römischen Reiches verloren, was blieb, waren die Krieger der germanischen Völkerschaften, die ab dem 3. Jahrhundert, mal mehr, mal weniger erfolgreich, in das Römische Reich hineindrängten. Sie waren zunächst Bauern gewesen, die wegen Klimaänderungen oder durch den

Bevölkerungsdruck ihre Heimat verlassen mussten. Auf der Wanderschaft wurden sie zu Kriegern, um sich zu verteidigen und um neues Land in Besitz zu nehmen. Hatten sie ihr Ziel erreicht und waren sie bereit wieder sesshaft zu werden, so wandelten sich die Krieger zu Bauern, allerdings jederzeit bereit die Waffen zu ergreifen, wenn es galt, sich zu verteidigen oder weiterzuziehen. Was sich aber dauerhaft änderte und bestimmend für die Zukunft werden sollte, war die Ausbildung einer neuen sozialen Struktur, die auf einem Anführer, der manchmal auch König genannt werden kann, seinen direkten Untergebenen, die im Range von Adeligen standen, und der breiten Masse des Volkes als freien Bauern basierte.

Die Bauernkrieger im Frankenreich

Aus den vielen Reichen der Völkerwanderung, die kamen und wieder vergingen, blieb das Fränkische Reich bestehen, das sich als dauerhaft und wegbereitend für die zukünftige Sozialstruktur Europas erweisen sollte.

Aus kleinen Anfängen hervorgegangen, konnte das Fränkische Reich unter Chlodwig I. (466–511) erstmals alle Stammesteile der Franken vereinigen und eine neue Herrschaftsstruktur aufbauen. Waren zunächst die Franken in Sippen, Gefolgschaften und Stämme (*gentes*) organisiert, so wandelte sich das Bild. Bestimmend wurde der Gegensatz von Volk zum Reich, das durch den König repräsentiert wurde, während das Volk mit dem Heer (*exercitus*) gleichzusetzen war. Dazwischen stand der Adel (*nobiles*), gekennzeichnet durch *maiores natu*, die höhere Geburt, und durch ihren reichen Grundbesitz und ihre Privilegien. Besonders durch ihren Grundbesitz, der an Fläche den der freien Bauern (*liberi*) weit hinter sich ließ, kamen sie zu einer Bedeutung, die sie dazu befähigte, am Hof und im Krieg Führungsrollen zu übernehmen. War der König schwach, konnte das dazu führen, dass sich dieser Adel verselbstständigte und auf eigene Faust seinen Vorteil suchte.

In dieser an und für sich klaren Ordnung kam es aber immer wieder zu Spannungen zwischen dem Adel und den freien Bauern, also jenen, die selbst über Grundbesitz verfügten, durch die Frage, wer wem sozial überlegen sei. Karl der Große stellte aber in einer Rechtsauskunft klar, dass es für ihn nur Unfreie und Freie gab, also dass die Adeligen und die freien Bauern noch einen einzigen Stand bildeten.

Was sich indes änderte, war die Wertigkeit der einzelnen Stände. Adelige konnten sich durch die Größe ihres Grundbesitzes Pferde zum Kriegsdienst leisten, unter den freien Bauern wird es nur wenige gegeben haben, die das konnten und die deshalb Fußsoldaten blieben. Dazu kam die Einführung des Steigbügels, der es dem berittenen Krieger ermöglichte, die Masse seines Pferdes und seine Stoßkraft besser einzusetzen und so eine höhere Bedrohung als der Kämpfer zu Fuß darzustellen. Zudem war es für Adelige möglich, da sie Unfreie zur Bestellung des Landes hatten, auch längere Zeit hindurch Kriegsdienst zu leisten, während der freie Bauer im Frühjahr und im Herbst auf dem Feld unabkömmlich war.

So kam es, vielleicht auch unter dem Vorbild der arabischen Eroberung Nordafrikas und Spaniens, zur Ausbildung einer zahlenmäßig immer umfangreicheren und stärkeren Reiterei. Der Fußsoldat dagegen, der noch 732 die Schlacht von Tours und Poitiers, in der die Franken die Araber abwehrten, entschieden hatte, verlor an Bedeutung. Noch konnten die reichen Freien mithalten und ein »ritterliches« Leben führen, diejenigen, die es sich allerdings nicht mehr leisten konnten, stiegen sozial ab und wurden zu den *pauperes*, den Armen, standen aber noch immer in einer gleichwertigen Beziehung zu den anderen Volksteilen.

Die Heeresreform Karls des Großen

Mit der Zeit fiel jedoch die Ungleichheit in der Leistungsfähigkeit der Freien und das Unvermögen der *pauperes*,
überhaupt noch Kriegsdienst leisten zu können, für den
König immer stärker ins Gewicht. Um sich ein schlagkräf-
tiges Heer zu sichern, musste Karl der Große 807/808 eine
Heeresreform durchführen, die später die Grundlage des
Lehens- und Feudalsystems Europas bilden sollte.

Karl ging davon aus, dass es unter den Freien Unterschiede
gab, die sich in der Größe ihres Grundbesitzes manifestierte,
der im Durchschnitt drei bis vier Hufen entsprach. Wer so viel
Land hatte, war zum Kriegsdienst verpflichtet. Diejenigen,
die darunter lagen, die *pauperes*, wurden zu Gruppen zusammengefasst, von denen jeweils ein Mann Dienst zu leisten
hatte, während seine Arbeit auf dem Hof in der Zeit seiner
Abwesenheit von den anderen übernommen wurde. Der Freie
mit vier Hufen diente als leicht bewaffneter Reiterkrieger und
war mit Helm, Schwert, Lanze und Schild ausgerüstet. Wer
in der Größe seines Grundbesitzes darüber lag und 12 und
mehr Hufen verwaltete, war zum Tragen eines Brustpanzers
(Brünne) verpflichtet. Diese Krieger bildeten die Hauptmasse
der schweren Reiterei, ihre Wirkungsmöglichkeiten lagen
aber noch deutlich unter denen der Panzerreiter.

Diese bildeten den schlachtentscheidenden Stoßtrupp
in der schweren Reiterei und ihre Ausstattung mit einer
Körperrüstung war extrem kostspielig. Daher vergab
der Kaiser an sie Land in Form eines Lehens (*beneficium*),
dessen Nutzung sie befähigen sollte, sich entsprechend
auszurüsten. Dieses Lehen war ihre Lebensgrundlage und
verpflichtete sie, in den Krieg auszurücken, wann immer der
Kaiser es verlangte. Mit der Zeit wurde es üblich, das Lehen
mit dieser Pflicht, auch Vasallität genannt, zu verknüpfen,

ein Vorgang, der unter Karl dem Großen begann, aber erst
später abgeschlossen werden sollte.

Karl hatte damit das Volk in die Freien, die Dienst leisten
konnten, und die Lehensbesitzer, die den Dienst leisten
mussten, geteilt. Aus ihnen, die als schwere Panzerreiter
kämpften, sollte später der Stand der Ritter hervorgehen.
Karls Heeresreform von 807 / 808 markierte also jenen Punkt
in der Geschichte des Rittertums, an dem sich der allgemeine Heerbann des Volkes vom vasallischen Panzerreiter
trennte, sowie den Beginn einer neuen mittelalterlichen
Gesellschaftsordnung.

Der Ursprung der Feudalgesellschaft

Das Rittertum des Hochmittelalters hätte sich nicht entwickeln können, wenn es nicht zuvor eine völlige Änderung
der sozialen und hierarchischen Strukturen in Europa,
ausgehend vom Fränkischen Reich, gegeben hätte. Grundlegend dafür sollte die Ausbildung einer Feudalgesellschaft
werden, die den Aufstieg des Rittertums erst ermöglichte.

Im Frankenreich war es schon unter den Merowingern
üblich gewesen, dass sich der König wie die Adeligen mit
bewaffneten Klienten umgab und ihnen Schutz gewährte.
Die *trustis* (Getreuen) waren die Vornehmsten in dieser
Gruppe und dienten ausschließlich dem König, die anderen
Adeligen hatten Freie oder Unfreie als Klienten.

In diesem Zusammenhang wird oft der Begriff *vassi*,
vasalli und *beneficiarii* (Inhaber von Lehen) verwendet. Die
Bezeichnungen waren zunächst unterschiedlich und anfangs hatte nicht jeder Vasall ein Lehen, obwohl dies mit
der Zeit die Regel wurde und später der Begriff »Vasall«
den Besitz eines Lehens mit einschloss. Zudem verband sich
der Begriff Vasall mit dem *caballarius* (Reiterkrieger), da die

Ausrüstung des Vasallen als Panzerreiter durch die Vergabe des Lehens ermöglicht wurde.

Dabei gingen die Vasallen sozial von einer niederen Stufe aus. Ursprünglich waren sie Unfreie, die alle Dienste, die ihnen ihr Herr auferlegte, erfüllen mussten. Zur Zeit Karls des Großen waren sie aber bereits sozial aufgestiegen und das dürfte in Zusammenhang mit ihrem Wert als Krieger gestanden haben. Ihre Herren hatten Interesse daran, diese von ihnen abhängigen Dienstleute zu bewaffnen und für ihre Zwecke einzusetzen und sich so eine eigene, nur von ihnen befehligte Schicht an Bewaffneten zu schaffen. Damit hoben sie aber die anfangs unfreien Vasallen auf eine höhere Stufe und es diente auch dem Prestige der Herren, möglichst viele Vasallen um sich scharen zu können. Damit die Vasallen aber uneingeschränkt dem Herrn dienen konnten, mussten sie wirtschaftlich unabhängig und nicht ständig wegen Aussaat und Ernte an Hof und Grund gebunden sein. Daher vergab der Herr an seine Vasallen Grund und Boden leihweise in Form des Lehens (*beneficium*), später auch *feudum* genannt.

Zugleich bedeutete die Schaffung von Vasallen eine Stärkung der Königsmacht im Fränkischen Reich. Der König konnte auf das gesamte riesige Königsgut (*fiscus*) zur Vergabe von Lehen zugreifen und sogar Güter der Kirche vergeben, während die Adeligen nur ihr *allodium*, ihren Eigenbesitz, dafür zur Verfügung hatten.

Mit dem Zugriff des Königs auf das Kirchengut zur Vergabe von Lehen entstand ein weiteres Zeichen mittelalterlichen Rechts, der Zehent. Da der König das Kirchengut nur leihweise als Lehen an seine Vasallen vergeben konnte, stand der Kirche vom Fruchtgenuss ein Zehent, der zehnte Teil, zu. Das System erwies sich als erfolgreich und wurde auch auf die Vergabe von Königsgut ausgedehnt.

Mit der Zeit wurde der Vasallenstand, der bald stets mit der Vergabe von Lehen verbunden war, auch für ursprünglich unabhängige, hochrangige Adelige interessant, was das Königtum stärkte, da es dadurch diese Adeligen und auch die Herzöge und Grafen im Reich enger an sich binden konnte. Diese, die je nach ihrer Bedeutung Großlehen erhielten, konnten wiederum Vasallen aufnehmen und selbst Lehen vergeben, wodurch Ober- und Untervasallen entstanden. Wichtig war es aber, darauf zu achten, dass Vasallen nicht Lehen verschiedener Herren annahmen, da dies zu Interessenkonflikten geführt hätte.

Zusätzlich verstanden es die Karolinger, nicht nur Land, sondern auch Ämter (*honores*) als Lehen zu vergeben, wodurch die Vasallen noch stärker an den König gebunden wurden. Bereits unter Karl dem Großen wurde der Prozess, dass alle Ämter und Bistümer und Grafschaften als Lehen vergeben wurden, abgeschlossen. Karl drängte seine Adeligen auch dazu, ihrerseits Ämter als Lehen zu vergeben, sodass sich am Ende seiner Herrschaft im Frankenreich der Ursprung der Feudalgesellschaft etabliert hatte.

Weiteren Erfolg hatte Karl der Große damit, auch die kirchlichen Vasallen in seine Heeresfolge einzugliedern. Die Äbte und Bischöfe mussten wie alle anderen Adeligen Heeresfolge leisten, obwohl sich Karl damit über das kirchliche Gebot, das Geistlichen das Tragen von Waffen verbot, hinwegsetzte. Sie hatten dieselben Leistungen im Kriegsdienst zu erbringen wie die weltlichen Vasallen. Damit hatte Karl im Lehnswesen eine Klammer geschaffen, die alle Vasallenschaften miteinander verband.

Der Aufstieg der Ritter und der Ritterschaft

Die große Zahl der Kriege Karls des Großen brachte es mit sich, dass für ihn die Dienstleistungen der Panzerreiter der ständig zur Verfügung stehenden Vasallen mit der Zeit wichtiger wurden als der nur zeitweilig zur Verfügung stehende Heerbann des Volksheeres. Die Leistungsfähigkeit des Heeres beruhte immer mehr auf der Durchschlagskraft der schweren Panzerreiter, die im entscheidenden Moment der Schlacht vorstoßen und den Feind in die Flucht schlagen sollten, der es zuerst nur mit den Fußtruppen und der leichten Reiterei zu tun gehabt hatte.

Die Wertschätzung des Kaisers für die Vasallen, die den Großteil der Panzerreiter stellten, brachte es mit sich, dass sich immer mehr Adelige in die Vasallität begaben, wobei es aber ihr Bestreben war, die Erblichkeit ihrer Lehen durchzusetzen oder den Kaiser wenigstens dahin zu bewegen, schon zu ihren Lebzeiten ihre Kinder mit den Lehen der Väter zu belehnen. Damit konnten die Lehen vom Vater auf den Sohn übergehen, ohne dass der König in diesem Prozess ausgeschaltet gewesen wäre, da ohne sein Mitwirken die rechtliche Begründung für den Akt gefehlt hätte.

In späterer Zeit wussten die Vasallen ihren militärischen Wert als schwer gerüstete Krieger auch für die Erhaltung ihrer Lehen einzusetzen. So brauchte 877 Karl der Kahle (823–877) die Unterstützung seiner Vasallen für einen Heerzug nach Rom und versprach ihnen im Gegenzug, dass die Lehen jedes Vasallen, der auf dem Zug den Tod fände, an seinen Sohn weitergegeben würden. Das sollte aber noch keine dauerhafte Einrichtung sein, sondern der König würde damit die Dienste des Gefallenen an seinem Sohn »honorieren«. Zwar bezog sich das hauptsächlich auf die großen Lehen und bedeutete noch keine Erblichkeit, aber diese war zumindest in den Ansätzen schon anerkannt.

Allerdings hatte diese Regelung auch ihre Tücken für den König. Waren die Lehen erblich, so wurden sie gleichsam dem Eigenbesitz der Vasallen zugerechnet und das verringerte deren Abhängigkeit vom Herrscher.

1037 erfolgte der nächste Schritt, um das rechtliche Verhältnis der Vasallen zu verbessern, als Kaiser Konrad II. (990–1039), der dringend den militärischen Beistand all seiner Vasallen brauchte, auch die kleinen Lehen für erblich erklärte.

Der Aufstieg der Vasallen, der sich bis zur Jahrtausendwende fortsetzte, war durch die Militarisierung bedingt. Der Vasall wollte sich vom Bauernkrieger unterscheiden und erschien in den Dokumenten ab dem 9. Jahrhundert zunehmend als *miles* (in der Bedeutung von Ritter), während der Bauernkrieger nur mehr als *rusticus* erscheint. Daraus lässt sich eine soziale Verschiebung in der Wertigkeit von Vasall und freiem Bauern in dieser Zeit ablesen. Die Grundherrschaften wurden immer mächtiger, die freien Bauern, die *liberi*, die es nicht zum Vasallen gebracht hatten, stiegen sozial ab. Wenn sie kein Vermögen hatten, mussten sie sich unter den Schutz eines Grundherrn stellen und bewegten sich ab da in einer Grauzone von Freien und Unfreien. Die Einführung der Grundherrschaft spaltete die Klasse der Freien auf, wobei die Mehrzahl von ihnen in die Unfreiheit absank. Anders hingegen das Schicksal derjenigen, die es zum Vasallen gebracht hatten, sie stiegen sozial auf, vermischten sich mit dem alten Adel und wurden in der Gesamtheit ab dem 9. Jahrhundert zunehmend als *milites* (die Ritterschaft) bezeichnet. Militärisch waren sie es, die nun den Ton angaben, der *rusticus* hingegen verlor als Fußkämpfer seinen Wert als Krieger für den König.

Ab dem Beginn des 10. Jahrhunderts erscheint die Standespyramide der mittelalterlichen Herrschaft klar ausgebildet. An der Spitze des Staates stand der König, darunter seine Vasallen, die sich in den Adel, die auch Vasallen sein konnten, und die Freien, die zumeist Vasallen waren, teilten. Adel und Vasallen gehörten zur *militia* (Ritterschaft), wobei der Adel die Seniorität besaß, während die Vasallen mit großem Eigenbesitz selbst wieder Untervasallen haben konnten.

Ein neuer Stand: Die Ministerialen

Um das Jahr 1000 hatten sich die militärischen Strukturen des west- und ostfränkischen Reiches völlig gewandelt. Bestimmend war nun die *militia*, die aus den einzelnen *milites* bestand, die entweder Freie oder Vasallen sein konnten, wobei die Führungspositionen in der *militia* vom Adel besetzt wurden. In der Folge wurde der sozialen Stufenpyramide ein weiteres Element hinzugefügt, die Ministerialen.

Hierzu muss aber gesagt werden, dass sich ab nun die Verhältnisse im fränkischen Westreich vom ostfränkisch-deutschen Reich zu differenzieren begannen.

Das Fränkische Reich Karls des Großen wurde nach dem Tod Ludwigs des Frommen (778–840) im Vertrag von Verdun 843 in drei Teile geteilt, aus dem nach dem Vertrag von Meersen 870 ein West- und ein Ostfrankenreich hervorgingen. Die Entwicklung des Lehnswesens verlief ab da in den beiden Reichshälften unterschiedlich.

Die Vasallität trat im Westreich früher auf als im Ostreich. Der Westen hatte immer wieder mit den Einfällen der Normannen zu kämpfen, die eine Stärkung der lokalen Markgrafen, der *marchiones*, nötig machte. Dadurch konnten sich neben dem Königtum auch starke eigenständige, territorial bestimmende Herren ausbilden, die wiederum eigene Vasallen anzogen, welche die Grundlage ihrer militärischen Macht bildeten.

Im Osten hingegen, in dem sich diese Entwicklung auch wegen der noch immer fortlaufenden Eingliederung der

Sachsen verzögerte, stützten sich die weltlichen und geistlichen Fürsten immer stärker auf einen neuen Stand, den der Ministerialen.

Damit erfolgte auch eine Aufwertung der *militia*, aber nicht nur durch den Adel und Freie, sondern es wurde auch der neue Stand der Ministerialen mit einbezogen. Der Begriff *ministerialis* bedeutete, dass es sich dabei anfänglich um unfreie, hofrechtlich gebundene Dienstmänner gehandelt hatte. Ursprünglich gab es für diese unterschiedliche Begriffe, *serviens* (Diener) und *ministerialis*, wobei sich aber bis zum 10. Jahrhundert der letztere durchsetzte. *Serviens* hat dabei mehr den Anschein, als ob es sich um einen Sklaven oder Knecht gehandelt hat, während der Begriff *ministerialis* auf die Funktion, das *ministerium* (den Dienst), hinweist. Es waren vermutlich die Geschickten, Rührigen, Intelligenten und Fleißigen, die auf diese Weise in der Hausgenossenschaft (*familia*) des Adeligen oder Vasallen aufstiegen und bald die Hausämter wie das des Truchsess, Mundschenks und Marschalls besetzten. Damit hoben sie sich aus der Masse der Unfreien heraus, die vor allem auf dem Feld arbeiteten.

In unruhigen Zeiten, wenn jeder Mann gebraucht wurde, hatten sich diese Ministerialen auch im Kriegsdienst zu bewähren. Von Beginn an kämpften sie zu Pferde und wurden zu den *milites* gezählt, ein Zeichen dafür, dass man einen hohen Bedarf an Rittern hatte und es daher gut zustattenkam, wenn man diese durch die Ministerialen verstärken konnte.

Die rechtliche Stellung der Ministerialen war nicht immer klar. Eike von Repgow (1180/1190 – um 1233) hat in seinem Rechtswerk *Sachsenspiegel* ihre Beschreibung ausgelassen, weil, wie er erklärte, sie viele unterschiedliche Rechte hatten, je nachdem, wem sie dienten. Das konnte in der *familia* von Adeligen sein, sie konnten aber auch der Kirche oder dem Reich unterstellt sein.

Gleich war ihnen aber, dass sie ein Dienstrecht hatten, das ihnen zusicherte, sie nur noch für Hof- und Kriegsdienste zu verwenden, und sie dafür ein Amtslehen erhielten, aus dem sie ihren Lebensunterhalt bestritten. Bald bürgerte sich ein, dass die Söhne der Ministerialen die Ämter der Väter übernahmen, damit zwar unfrei blieben, aber das Recht hatten, sich einen anderen Herrn zu suchen, wenn sie ihr eigener Herr nicht mehr brauchen konnte.

Im 11. Jahrhundert kam es zu einer auffallenden Vermehrung der Gewalt in Form der Fehde unter den Adeligen, die sich gegenseitig Territorien, aber auch Ehren und Würden abspenstig zu machen versuchten. Im Westreich konnte der König nur wenig dagegen ausrichten, weil er auf die Adeligen bei der Verteidigung des Landes, besonders gegen die Normannen, angewiesen war. Er versuchte dieses Problem mit der Hilfe der Kirche zu lösen und arbeitete mit dieser auf einen allumfassenden Gottesfrieden hin, der allerdings nie wirklich zustande kam. Im Ostreich war die Situation schwieriger, weil die Formierung der Lehensgesellschaft und die durchgehende Feudalisierung der Gesellschaft noch nicht abgeschlossen waren.

In dieser Zeit kam es regelmäßig zu Klagen über das Verhalten der Ministerialen, die sich immer mehr wie Parvenüs und typische Aufsteiger benahmen und versuchten, ihre und die Rechte ihrer Herrschaft mit Gewalt durchzusetzen. Besonders die Klöster waren von ihrem Fehlverhalten betroffen, da sie kaum über eine weltliche Macht in Form von Bewaffneten verfügten und manchmal den Umtrieben und Gewalttaten der Ministerialen schutzlos ausgeliefert waren. Besser ging es den weltlichen Herren, welche die militärische Macht hatten, die Ministerialen, die oft ihr Dienstrecht auf ihre Weise interpretierten, im Zaum zu halten.

Der Aufstieg der Ministerialen ging auch Hand in Hand mit ihrer Möglichkeit, an den großen Heerfahrten der Könige, besonders nach Italien, teilzunehmen. Hier kamen sie im Heerbann mit den Vasallen zusammen, und da sie diesen in Bewaffnung und Ausrüstung gleich waren, verwischte sich mit der Zeit der Unterschied zwischen diesen beiden Gruppen. Zwar wurden auch die Ministerialen als *milites* angesehen, sie standen aber rangmäßig unter den Vasallen. Ein weiterer Schritt zum Abbau der sozialen Grenzen war die Möglichkeit, dass auch die Ministerialen ab der Mitte des 12. Jahrhunderts neben ihren Amts- und Dienstlehen echte Lehen von einem oder mehreren Herren erlangen konnten, damit wurden sie vollwertige Mitglieder der *militia*. Zu dieser Zeit hatten sie sich schon der Lebensform der Vasallen angeglichen und schätzten wie diese das ritterliche Ethos, eine höfische Lebensform und die Jagd. Es war der gemeinsame Waffendienst, der ihnen diesen Zugang eröffnete, und gemeinsam mit dem Adel und den Vasallen hatten sie den Schritt vom Kriegertum zum Rittertum gemacht.

3. Die Ausbildung des hohen Rittertums

Vom Krieger zum Ritter: Das Beispiel der Normannen

Betrachtet man die Entwicklung der Normannen, so wird bald deutlich, dass sie offensichtlich das Vorbild des Rittertums bewog, ihre Lebensweise als umherstreifende Kriegerhorden und Seeräuber aufzugeben und sich in relativ kurzer Zeit zu »zivilisierten« Rittern zu entwickeln. Die Völkerwanderung und die darauffolgende Christianisierung Mitteleuropas hatten die Nordleute (*nortmanni* oder *normanni*), die in der Geschichte auch unter dem Namen Wikinger erscheinen, unbehelligt gelassen. Auch die Ausbreitung der fränkischen Herrschaft hatte die Dänen, Norweger und Schweden nicht erreicht, und so galten sie den Nachfolgezivilisationen der Römer als die »Heiden des Nordens«. Sie wurden in ihrer Bedrohung für die Mitglieder der Christenheit den Muslimen und den Ungarn gleichgesetzt.

Hatten die Normannen bis in das 8. Jahrhundert noch eher friedlich als Händler (*Waräger*) die Flüsse Osteuropas nach Kiew und Byzanz befahren, so änderte sich ab dem 9. Jahrhundert das Bild, als sie immer mehr als Seeräuber und Plünderer die westeuropäischen Küstengebiete heimsuchten. Ihre Hauptangriffsgebiete fanden sie an den Küsten Englands und an der Nordseeküste, dann im Ärmelkanal, und schließlich stießen sie an der Westküste Frankreichs bis hinunter nach Spanien vor.

Ihr Schicksal sollte es sein, in diesem Prozess in Mitteleuropa heimisch zu werden, und ist damit anders gestaltet als das der Mauren, die in Spanien einen eigenen Staat fanden, und das der Ungarn, welche das christliche Europa nach der Herrschaft Stephans I. (969–1038) und nach ihrer Christianisierung gegen Osten hin zu verteidigen hatten. Dabei fand aber bald eine Wandlung in ihrer Lebensweise statt, die nicht länger als zwei Jahrhunderte dauerte und die Normannen und ihre Gesellschaft völlig verändern sollte.

Die ersten Normannen, die um 800 in das Fränkische Reich einfielen, kamen auf ihren Drachenbooten übers Meer, drangen in die Küstengewässer vor und fuhren ab der Mitte des 9. Jahrhunderts auch den Rhein sowie die Elbe, Seine, Loire und Garonne flussaufwärts, um hier Städte und Klöster zu plündern. Sie waren zunächst *pedites*, also Krieger zu Fuß, erst in der 2. Hälfte des 9. Jahrhunderts wandelten sie sich zu Reiterkriegern, deren Hauptbewaffnung Schwert, Bogen und Streitaxt waren. Mit der Zeit änderte sich ihr Kampfstil, statt schneller Überfälle, rascher Plünderung und Rückzug nach der Strategie der verbrannten Erde wurden ihre Vorstöße immer kühner und selbst befestigte Städte wie Orléans und Paris waren vor ihren Angriffen nicht mehr sicher. Weder Karl der Große noch sein Nachfolger Ludwig der Fromme konnten sich mit ihrem eher zentralistisch ausgerichtetem Heer gegen sie behaupten, sodass sie sich gezwungen sahen, die Grenzen durch eigene Markgrafen (*marchiones*) beschützen zu lassen, was ihre Stellung im Reich durch deren Selbstständigkeit aber schwächte. Die Antwort auf die Überfälle der Normannen war die Idee Ludwigs, das Übel an der Wurzel zu packen und die Länder des Nordens zu christianisieren, was ihm nur teilweise gelang. Er musste dabei aber mit ansehen, wie der noch heidnische Teil der Normannen seine Angriffe verstärkte und sich an der Ost- und Nordküste Englands und in Frankreich, in der später nach ihnen benannten Normandie, niederließ.

In der zweiten Hälfte des 9. Jahrhunderts konnte der Expansion der Normannen in England durch König Alfred dem Großen (847/849–899) Einhalt geboten werden. Im Reich war es der Robertiner Odo von Paris (865–898), im ostfränkischen Reich der spätere König Arnulf (845–899); ihnen gelang es, durch Siege über die Normannen vorläufig eine Pattsituation herzustellen. Die Normannen konnten nicht weiter vordringen, die Franken aber normannisch besiedeltes Gebiet nicht wieder zurückgewinnen.

Dies ändert sich erst, als der Normannenführer Rollo (Hrólft) 911 durch ein Angebot von König Karl III. (879–929) im Vertrag von Saint-Clair-sur-Epte dazu gebracht werden konnte, sich an der Seine-Mündung dauerhaft niederzulassen, das Christentum anzunehmen und in Zukunft das Land gegen die Normannen zu verteidigen. Rollo (860–932), der von Rouen aus regierte, und seine Männer nahmen pragmatisch überraschend schnell und tiefgehend das Christentum an und stellten zudem ein gutes Einvernehmen zum Bischof von Rouen her, der durch sie in seine Diözese zurückkehren konnte. Rollo ließ auch zahlreiche durch die Normannen zerstörte oder beschädigte Kirchen neu erbauen und wieder instand setzen.

Nach Rollos Tod heiratete sein Sohn und Nachfolger Wilhelm I. Langschwert (gest. 942) eine christliche fränkische Prinzessin, und innerhalb einer Generation wandelten sich die normannischen Anführer, von gelegentlichen Überfällen nach alter Gewohnheit abgesehen, zu normannischen Herzögen und ihr Siedlungsgebiet, die heute Normandie, wurde zum Herzogtum. Es war damit ein Lehensfürstentum der westfränkisch-französischen Könige und Rollo und seine Nachfolger waren so zu all jenen Dingen verpflichtet, die ein Lehensträger seinem Herrn schuldete.

Entscheidender war aber, dass die neuen normannischen Herzöge das Lehenssystem akzeptierten und all seine Gegebenheiten, wie Stufenabfolge der Lehen und Vasallität, die eigentlich den alten normannischen Gesetzen des Gefolgschafts- und Landnahmerechts widersprachen, annahmen. Sie vollzogen damit den Übergang von einem System, in dem lockere Kriegergruppen oder Banden zusammenarbeiteten, um Beute zu gewinnen, zu straff organisierten, durch das Lehensrecht verbundenen Rittern. Was sich damit auch änderte, war die Kampfesweise der Normannen. Sie nahmen in kurzer Zeit die Bewaffnung und Rüstung der *milites* an und wurden so zu vollwertigen Rittern, die ebenso wie die fränkischen Ritter, die das System ja schon seit den Zeiten Karls des Großen kannten, vom Pferd aus kämpften. Was sie aber noch eine längere Zeit von den Franken unterschied, war, dass die normannischen Fürsten hohen Wert auf ihre Unabhängigkeit gegenüber ihrem Herzog legten. Dies äußerte sich im Burgenbau, der unter den Normannen in Frankreich eine erste Blütezeit erlebte, und in zahlreichen kriegerischen Unternehmungen, welche die Normannen dazu brachten, auf Initiative einzelner Männer oder Familien in ferne Länder aufzubrechen, um dort ihr Glück zu suchen. Bereits 1016 sicherten sich normannische Ritter einige kleine Fürstentümer in Süditalien, 1060 begannen sie mit der Eroberung von Sizilien, 1066 fielen sie in England ein und im ersten Kreuzzug waren normannische Ritter an führender Stelle beteiligt.

Die Wandlung zum Rittertum der Normannen lässt sich am Teppich von Bayeux darstellen, der die Invasion Englands durch die Normannen 1066 unter Wilhelm I., genannt der Eroberer (1027/28–1087), und besonders die entscheidende Schlacht bei Hastings zeigt. Die Normannen sind hier nicht mehr von einem fränkischen Ritter jener Zeit zu unterscheiden. Sie tragen knielange Kettenhemden, einen konisch zulaufenden Helm mit Nasenschutz und ihre Hauptangriffswaffe ist die Stoßlanze. Es kommen zwar auch Speere vor, die geschleudert werden, es kann aber kein Zweifel daran bestehen, dass die Schlacht von Hastings eine Ritterschlacht war. Der Kampf wurde durch eine Pfeilsalve der Bogenschützen eröffnet, dann folgte die Attacke der schweren Panzerreiter auf die abgesessenen Angelsachsen. Das Beispiel des auf normannischer Seite kämpfenden Bischofs Odo von Bayeux, der ein Halbbruder Wilhelms war, zeigt auch, wie weit die Normannen zu dieser Zeit schon in der Kirche Frankreichs integriert waren. Odo kämpfte nicht mit dem Schwert, sondern mit einer Keule, da ihm als Kleriker nach dem Spruch: *Wer mit dem Schwert kämpft, wird durch das Schwert umkommen*, der Kampf mit dem Schwert nicht erlaubt war.

Nach der Übernahme der Herrschaft in England hatte Wilhelm ein gewaltiges Land erobert, das er als sein Königsgut betrachten und an seine Mitstreiter als Lehen vergeben konnte. Er baute hier das Musterbeispiel eines mittelalterlichen Lehens- und Ritterstaates auf, der von der Organisation her sein fränkisches Vorbild übertraf. Sein Grundsatz *nulle terre sans seigneur* (kein Land ohne Herr) wurde hier bei Weitem konsequenter durchgesetzt als in Deutschland oder Frankreich. Wilhelm nutzte seinen Sieg auch dahin gehend aus, dass er seine Herrschaft in der Normandie festigen und seine Lehensträger direkter an sich binden konnte. So entstand in seinem Herrschaftsbereich, was die interne Organisation betraf, ein mittelalterlicher Musterstaat. Dazu kam, dass die Normannen zur Sicherung ihrer Herrschaft in ganz England zahlreiche Burgen bauten, welche das Rückgrat ihrer Herrschaft bildeten, und sie mit dem Burgenbau und seiner Legitimation als beste Stütze der Herrschaft ein Vorbild für ganz Europa wurden.

Innerhalb von etwa 250 Jahren, von ihrem ersten Auftreten an den Küsten Frankreichs unter Karl dem Großen bis zu Wilhelm dem Eroberer, waren die Normannen von einem

Haufen wilder Krieger zu Rittern geworden, die sowohl im Kampf wie auch in der höfischen Lebensweise geradezu exemplarisch für das Rittertum gelten konnten und deren Einfluss auf die Ritterschaft auch in anderen Ländern zu spüren war.

Die Verhältnisse im ostfränkischen Reich zur Zeit der Ungarneinfälle

Nachdem die Ungarn unter ihrem Fürsten Arpad 896 in das Karpatenbecken eingefallen waren, hier ein Reich gründeten und es westlich bis zur Enns erweitern konnten, fielen sie ab 900 immer wieder mit Raubzügen tief in ostfränkisches Gebiet ein. Das Heer unter König Heinrich I. (876–936) bestand nur zu einem geringen Teil aus schwer gerüsteten Rittern. Deswegen musste sich der Heerbann auf Fußtruppen stützen, die allerdings den Reiterkriegern der Ungarn mit ihrer Taktik des schnellen Reitervorstoßes unterlegen waren. Als es Heinrich 926 jedoch gelang, einen Führer der Ungarn gefangen zu nehmen, tauschte er diesen gegen die Zusicherung eines zehnjährigen Waffenstillstands aus und nutzte diese Zeit, um das Land zu sichern und eine neue Reiterei, bestehend aus Rittern, aufzubauen. Überliefert ist sein Vorgehen durch Widukind von Corvey (925–973), der in seiner *Res gestae Saxonicae* (Sachsengeschichte) die Maßnahmen Heinrichs beschreibt und würdigt.

Heinrich gründete zunächst zum Zweck der Verteidigung des Landes, zu der ihm nicht genügend Ritter zur Verfügung standen, eine neue Klasse von Bauernrittern, die er *agrarii milites* benannte und die man am ehesten mit einem Milizheer vergleichen könnte. Sie sollten neben ihrer Hauptaufgabe, der Bestellung des Bodens, auch den Schutz ihres Landes und ihrer Höfe übernehmen. Unter diesem Schutzschirm baute er die schwere Reiterei der

Ritter aus, die sich später im Kampf gegen die Ungarn als entscheidend erweisen sollte. Als drittes Element förderte er den Burgenbau in Form von Volks- oder Fliehburgen, in die sich die Familien der Bauernritter zurückziehen konnten, wenn ein Einfall der Ungarn drohte.

In der Organisation der Bauernritter ging Heinrich neue Wege. Da diese freie Bauern waren und sich selbst ausrüsten mussten, stellte er aus jeweils neun Familien eine Gruppe zusammen, *confamiliares* genannt. Diese hatten einen von ihnen auszurüsten und im Falle seiner Abwesenheit zum Kriegsdienst auch seinen Hof zu führen und seine Ländereien zu bewirtschaften. Gleichzeitig wurde im Umkreis der neun Familien eine Burg angelegt, die allerdings mit unserem Begriff von Burg nur wenig gemeinsam hat. Es handelte sich um größere Anlagen mit Graben, Erdwall und einer Palisade oder Steinmauer, innen gab es vereinzelte Vorratshäuser und Unterkünfte für die Verteidiger. Von dieser gesicherten Basis aus sollten die Bauernritter ihr Land und damit auch das des Königs verteidigen.

Der verließ sich in den Jahren des Friedens mit den Ungarn allerdings nicht allein auf diese Bauernritter, sondern baute auch seine vorher schwache Reiterei planmäßig aus. Widukind berichtet, dass Heinrich die Reiterei der *milites* im Kampf gegen die Ungarn schulen ließ und mit der Zeit in seinem Heer den Großteil der Fußtruppen durch ein Ritterheer ersetzte. Es handelte sich also um eine geplante Maßnahme zum Aufbau einer militärisch nützlichen Ritterschaft, mit der er 933 den Kampf gegen die Ungarn erneut aufnehmen konnte. Diese neuen *milites* erwiesen sich im gleichen Jahr in der Schlacht bei Riade an der Unstrut den Ungarn überlegen. Die Schlacht soll bei einer von Heinrichs Volksburgen, der Burg des Wido, stattgefunden haben, die von den Ungarn belagert wurde. Heinrich setzte, nach Auskunft Widukinds, eine in den vorangegangenen Ungarnkriegen entwickelte Taktik ein: Leicht bewaffnete Krieger (*cum raro milite armato*) sollten durch vermeintliche Wehrlosigkeit (*inermes*) die feindliche Armee zum Angriff herausfordern. Die Ungarn griffen die vorausgeschickten Thüringer auch tatsächlich an, wandten sich allerdings zur Flucht, sobald sie das voll ausgerüstete Heer (*exercitum armatum*) erblickten. Diesem blieb nur noch, das Heerlager des Gegners zu plündern und die von den Ungarn gemachten Gefangenen zu befreien. Es waren also die schwer gepanzerten Ritter, welche allein durch ihr Erscheinen auf dem Schlachtfeld den Kampf entschieden hatten. Gestärkt durch diese Erfahrung bauten Heinrich und seine Nachfolger das Ritterheer und die damit notwendige Organisation des Landes weiter aus, während die Bauernritter wieder verschwanden und die Träger dieser Institution wieder zu *rustici*, zu bäuerlichen Fußtruppen, wurden. Heinrichs Versuch, ein Milizheer aufzustellen, war für lange Zeit der letzte in dieser Richtung, die nächsten Jahrhunderte sollten in der Schlacht und im Krieg den Rittern gehören.

Es war dies dieselbe Entwicklung, die sich schon ein Jahrhundert früher im Fränkischen Reich unter Karl dem Großen vollzogen hatte. Die neuen *milites* verstanden sich in der Folge immer mehr als eine eigene Klasse von Rittern im ostfränkisch-deutschen Reich und grenzten sich von den freien Bauern ab, auch wenn diese weiterhin in Maßen zum Kriegsdienst als Fußtruppen herangezogen wurden. Vasallität und Lehnswesen trennten die beiden Gruppen in den nächsten Generationen immer weiter voneinander. Als 955 König Otto der Große (912–973) in der Schlacht am Lechfeld die Ungarn besiegte, bestand sein Heer schon zum Großteil aus Rittern, welche die Ungarn erfolgreich in die Flucht schlugen und danach aufrieben. Mit dieser Schlacht hatte sich das Reformwerk Heinrichs I. bewährt, und dem Ritter, dem Lehnswesen und den Burgen als Herrschaftsburgen gehörte die mittelalterliche Zukunft.

Die Burg als Mittelpunkt des
ritterlichen Selbstverständnisses

Die Idee, sich durch eine Mauer und durch die Topografie
gegen Gefahren abzugrenzen, bestand schon lange vor dem
Mittelalter. Schon in der Urgeschichte gab es bei den Kelten
Höhenbefestigungen (*Oppida*, Ez. *Oppidum*) die strategisch
wichtige Punkte schützten und die das Kriterium der Burg,
Verteidigungsanlage und Wohnsitz zu sein, erfüllten. Die
Römer setzten hingegen mehr auf den Verteidigungstyp des
befestigten Militärlagers, bauten allerdings entlang des Li-
mes in Syrien und in einsamen Gegenden wie in Nordafrika
turmartige Befestigungen, die von Bewachungsmannschaf-
ten bewohnt wurden. Besonders in der Spätantike und in
einsamen Gegenden findet man den Typus der befestigten
römischen Landvilla (*villa rustica*), die oft einen turmartigen
Wehrbau mit hoch gelegenem Eingang als Fluchtpunkt hatte. In der Spätantike wurden die römischen Militärkastelle
oft verkleinert und zum *burgus* ausgebaut, der dem Bautyp
später den Namen geben sollte.

Burgenbauer waren auch die altpersischen Reiche der
Sassaniden und Parther, die oft Befestigungen in Höhenla-
gen bauten. Im Byzantinischen Reich errichtete man kleine,
meist quadratische Anlagen, die durch Türme geschützt
waren. Die Mehrzahl davon stammte aus dem 6. und 7.
Jahrhundert und wies schon Gusserker über den Toren und
Poternen auf, überbaute Gänge zum gedeckten Übergang
von Bereichen innerhalb des Werkes zu Anlagen vor dem
Wall oder zum Zweck eines Ausfalls. Die Araber übernahmen bei ihrer Eroberung der ehemals antiken Welt dieses
Schema und bauten im Laufe des 8. Jahrhunderts eine Reihe
von »Ordensburgen« wie den Ribat von Sousse an der nord-
afrikanischen Küste. Diese hatten Zellen als Wohnquartiere,
gemeinsame Speisesäle, Fallgitter und Gussöffnungen.

In Europa zog sich die Bevölkerung der Völkerwanderungszeit bei Gefahr in befestigte Höhensiedlungen zurück. So erwähnt der Historiker Paulus Diaconus (725/730–797/799) in seiner Langobardengeschichte aus dem 8. Jahrhundert für das Jahr 590 zahlreiche *castra* im mittleren Alpenraum. Ein solches *castrum* wird heute meist als befestigte Höhensiedlung aus ostgotischer, byzantinischer oder langobardischer Zeit angesehen.

Die orientalischen und byzantinischen Burgen scheinen das Vorbild für die ersten planmäßig angelegten Burgen in Westeuropa gewesen zu sein und lassen sich in Befestigungen in Italien, Spanien, Portugal, Frankreich und England wiederfinden. Anders hingegen im Osten des Reiches. Hier scheinen sich besonders im flacheren Gelände die Burgen aus der »Motte« entwickelt zu haben. Diese besteht aus einem ringförmigen Graben, der von einer Palisade umgeben ist. Der Grabenauswurf wurde in der Mitte zu einem Hügel aufgeschüttet, auf dem ein Wehrturm mit hochgelegtem Eingang errichtet wurde. Daraus entstand später der Typ der Ringburg, die um einzelne Elemente wie Häuser und Ställe, aber immer umgeben von Graben, Palisade oder Mauer, erweitert werden konnte. Noch weiter im Osten im Bereich der Alpen bzw. der Höhenzüge im Südosten des ostfränkisch-deutschen Reiches entwickelte sich der Typ der unregelmäßigen Burganlage. Sie entstand meist aus einem befestigten Haus, das man auf einen Hügel oder eine Insel stellte und mit einer Mauer umgab, die sich im Verlauf dem Gelände anpasste. Ab der Zeit der Kreuzzüge kamen hier noch weitere Bauelemente wie Vorburgen, mehrere aufeinander folgende Torbauten, Unterburg, Zwinger und Hauptburg dazu, welche die Kreuzfahrer im Orient, etwa in Aleppo, kennengelernt hatten und die sie nach Europa übertrugen.

Im europäischen Mittelalter hatten die Burgen zunächst lediglich die Funktion von Verteidigungsanlagen. Die zahlreichen Burgen, die Karl der Große gegen die Einfälle der Normannen errichten ließ, waren nur dem König gehörende Anlagen und dienten dem Schutz des Landes. Nachdem aber diese Königsburgen ihre Funktion nur unzureichend erfüllen konnten, nahmen die Herzöge und Markgrafen des Reiches die Burgen in ihre Obhut und bauten sie als Eigenburgen zum Schutz ihrer Ländereien aus. Es entstanden durch sie auch zahlreiche neue Burgen, als deren Herren sie sich fühlen konnten und die sie als Eigengut, das nicht mehr dem König unterstand, in ihre Herrschaft integrierten. Wie auch bei den Sachsen, wo Karl der Große zahlreiche Burgen erobern musste, waren diese zunächst nur durch Krieger besetzt, erst mit der Zeit kam es zu einer dauerhaften Burgbesatzung, als deren Befehlshaber sich der Lehnsherr oder Vasall der Region in der Burg ansiedelte. Man nimmt heute an, dass die Normannen die Ersten waren, die diesen Schritt gingen und Burgen in Form von Adelsburgen zur Sicherung ihrer territorialen Ansprüche erbauen ließen. Mit der Zeit wurde die Verbindung des Ritters mit der Burg zum Regelfall und es entstanden neben den Königsburgen auch zahlreiche Adels- und Ritterburgen, die nun nicht mehr dem Volk als Fluchtpunkt dienten, sondern allein der Sitz des Herrn und seiner Familie sowie des nötigen Gesindes war. Die Burg wurde damit zu einem Instrument der Herrschaft und der Bautyp der Herrenburg verbreitete sich schnell in den Nachfolgestaaten des Fränkischen Reiches. Es schien geradezu zum Statussymbol des Ritters zu gehören, eine Burg sein Eigen zu nennen, egal wie klein oder abgelegen sie auch war. Oft wurde als Bauplatz eine der alten Volksburgen gewählt, da diese schon auf höherem Gelände lagen und bestehende Infrastrukturen wie Mauern oder Brunnen aufwiesen.

Um 1000 herum scheint man den Schritt von der Erdwallburg, die mit einer Palisade gesichert war, zur Steinburg

gegangen zu sein. Diese Bautätigkeit begann im Nord-
westen Frankreichs und man weist hier den Normannen
die Führungsrolle zu. Besonders England, wo es vor der
normannischen Eroberung 1066 nur wenige Burgen gab,
wurde in den Jahrzehnten danach mit Burgen, angeblich
sollen es über 500 gewesen sein, überzogen.

Im ostfränkischen Bereich begann der Bau von Burgen als
Herrschaftssitze später als im Westen. Zwar kannte man im
Osten auch den Bautyp der Burg, hier wurde sie aber vor allem als Grenzburg gegen die im Osten siedelnden Nachbarn
wie Pruzzen, Litauer und Ungarn eingesetzt. Schon unter
Otto I. dem Großen (912–973) begann man hier, den Burgen
auch Verwaltungsaufgaben zuzuweisen, und König Heinrich IV. (1050–1106) schuf eine eigene Burgenkommission,
die »an einsamen Örtlichkeiten hohe und von der Natur befestigte
Berge und darauf Burgen errichten« sollte. Diese wurden mit
Lehnsmännern oder Vasallen, später auch mit Ministerialen
besetzt und dienten der Sicherung der Herrschaft im Land
und nicht mehr allein der Grenzverteidigung. Dass dies
auch ein repressives Instrument war, merkten auch die
freien Bauern, die sich dem Burgenbau verweigerten, weil
sie richtigerweise meinten, dass solche Burgen nicht mehr
der Verteidigung »gegen die Heiden«, sondern mehr ihrer
Kontrolle dienten. Diese Burgen bildeten in der Folge den
herrschaftlichen Mittelpunkt des Landes, und die Ritter, die
als Vasallen Burglehen erhielten, mussten sich aus dem umgebenden Land versorgen, was offensichtlich nicht immer
ohne Ärger mit den freien Bauern abging. Die Burg wurde
zum Demonstrationsobjekt der Herrschaft des Burgherrn
und verkörperte auch sichtbar die Macht des Königs und
der Ritterschaft, die als Klasse mit dem Burgenbau zahlenmäßig zunahm.

Bis 1076 war der Burgenbau in Deutschland zumeist eine
Sache des Königs gewesen, nach den Auseinandersetzungen

des Adels mit dem König im Investiturstreit bauten sich aber immer mehr Adelige und geistliche Herren selbst Burgen, um dem König notfalls Widerstand leisten zu können. Damit ging auch eine Umstrukturierung des öffentlichen Lebens einher: Der Adelige, der sich bis dahin meist am Hof eines Fürsten aufgehalten hat, lebte nun vermehrt auf seiner Burg und übte von hier aus seine Herrschaftsrechte aus, wobei galt, dass, je mehr Burgen er besaß, seine Macht umso größer war. Die Burg wurde zur »Stammburg« für die adeligen Geschlechter und drückte sich als solche auch im Namen aus, wie etwa die »Habichtsburg« bei den Habsburgern. Die Burg war der Mittelpunkt der Welt der Ritter und man bekannte sich zu ihr, wenn man sich nach ihr benannte. Zugleich bedeutete es, dass damit der Adel als Ritter Einzug in die Burg gehalten hatte und dass Adel und Ritterschaft weiter zusammenwuchsen.

Zunächst gab es aber unter den *milites* noch deutliche soziale Unterschiede, die im jeweiligen Stand bedingt waren. An oberster Stelle stand der adelige *miles*, darunter der freie und an unterster Stufe der unfreie ministeriale *miles*, der aber durch seinen Dienst diese Unfreiheit mit der Zeit ablegen konnte. Je nach Rang war auch die Größe der ihnen zustehenden Lehen unterschiedlich.

Legt man das auf die Burg um, so wurde diese in der Regel von einem adeligen Ritter befehligt, unter dem seine Burgmannen, die freien Ritter standen, während die Ministerialen die Verwaltungsaufgaben der Burg wahrnahmen. Für ihre Dienste bekamen die freien und ministerialen Ritter ein Burggut zum Unterhalt, welches später in ein dauerhaft vergebenes Burglehen umgewandelt wurde. Der Burgdienst ließ die drei Gruppen, die sich nur im Rang, aber kaum in der Lebensführung unterschieden, täglich miteinander in Kontakt kommen. Das konnte wiederum zum Aufstieg der freien Ritter und der Ministerialen beitragen, da sie als Burgmannen auch eigene Burgen im Umkreis ihrer Stammburg erwerben konnten, was sie dem niederen Adel nahebrachte. Aus den rein für den Kampf bestimmten *milites* wurden Ritter, die in Burgen wohnten, und im Leben in der Burg bildete sich neben ihrer Kampfesweise zu Pferd auch das aus, was den Ritter eigentlich ausmachte, der Ethos und die spezielle Lebensweise der Ritterschaft.

Die Wirkung der Kirche auf die Ritterschaft

Ritter und Kirche lebten in zwei völlig gegensätzlichen Welten, konnten sich aber in manchen Dingen annähern. Es war die Aufgabe der Kirche, die Armen und Schwachen zu schützen, ein Dienst, zu dem sich auch der Ritter bei der Schwertleite verpflichten musste. Dennoch suchte der Ritter den Kampf und das Turnier, während die Kirche auf die christliche Botschaft des Friedens vertraute.

König und Adel sahen sich zum Kampf geboren, wobei sich das Königtum immer seines Vorranges gegenüber dem Adel bewusst war. Dieser Vorrang beruhte nicht nur auf dem größeren Besitz und Reichtum des Königs, sondern auch auf dem Verständnis, dass sich das Königtum ursprünglich als sakraler Dienst verstand, der sich von den alten Göttern ableitete und eine magische Kraft hatte, die im Blut der Könige weitervererbt wurde. Dem Ganzen wohnte nur eine Gefahr inne, nämlich dass der König, wollte er sich auf die Götter berufen, stets Erfolge vorweisen musste, hatte er die nicht, so galt er von den Göttern verlassen und daher ersetzbar. Dieses Sakralkönigtum blieb auch nach der Christianisierung der Franken erhalten, nur wurde die Gunst der Götter durch das Gottesgnadentum der Kirche ersetzt, das sich bis in jüngste Zeit in der Titulatur der Herrscher erhalten sollte. Dieses Gottesgnadentum, das in der Ablösung der merowingischen Könige durch die Karolinger entstand, drückte sich in einer päpstlichen Autorisierung der Herrschaft, der Salbung und später der Krönung des Königs zum Kaiser in Rom aus. Der König hatte ein Amt, das ihm direkt von Gott oder dessen Stellvertreter auf Erden verliehen worden war und diese Würde drückte sich auch in der Titulatur *gratia Dei rex* (König von Gottes Gnaden) aus.

Dadurch, dass die Kirche die Macht hatte, einen König zum Gotteskönig zu salben oder es auch bleiben zu lassen, stieg ihre Macht stark an. Daher verabsäumte die Kirche es auch nicht, den König stets an seine christlichen Pflichten wie den Schutz der Kirche, der Armen und Frauen und Kinder zu erinnern, sodass diese Aufgaben zu einem Teil der ritterlichen Ethik wurden.

Dies alles hatte seinen Sinn und konnte dann funktionieren, wenn das Königtum stark war und den Adel beherrschte. Es gab aber immer wieder Phasen, in denen das nicht der Fall war und sich der Adel in weitem Maße verselbstständigte und auf eigene Faust begann, seine Interessen durchzusetzen. Dies geschah zumeist in Form der Fehde gegen andere Adelige, bei der es in der Regel um eine Vermehrung des Landbesitzes, der ja Macht bedeutete, ging. Dies hieß aber, dass man zumeist in das Gebiet des Nachbarn einfiel, seine Bauern und ihr Gut an sich brachte und den Feind durch das Verbrennen seiner Ernte und Obstbäume schädigte, bis er aufgab. Da der König in diesen Zeiten oft zu schwach war, um seine Hauptaufgabe, die Friedenssicherung, wahrzunehmen, musste die Kirche in diesem Bereich einspringen, wobei sie es nicht ganz uneigennützig tat, da ihre Besitzungen durch den Mangel an weltlichen Verteidigern in den Fehden oft ebenfalls stark geschädigt wurden.

Die Kirche rief daher ab dem 10. Jahrhundert, beginnend mit der Synode von Charroux (989), die Gottesfriedensbewegung ins Leben, wobei sie mit kirchlicher Gewalt das durchzusetzen versuchte, was sie mit weltlicher nicht konnte. Ihre Gegner dabei waren der Adel und die Ritterschaft, die sie mit dem Kirchenbann, dem Verbot aller kirchlichen Handlungen und dem Spenden von Sakramenten, bekämpfte. Dabei schloss sie in ihren Schutz nicht nur ihre kirchlichen Besitztümer mit ein, sondern auch die Bauern und die »übrigen Armen«, die im Zuge von Fehden regelmäßig ausgeplündert wurden. Da das Aussprechen von kirchlichen Strafen oft nicht ausreichte, um den Gottesfrieden durchzusetzen, verbündeten sich die Kirchenführer, die oft selbst aus hohen Adelsfamilien stammten, mit ihren weltlichen Verwandten zum gegenseitigen Schutz.

Die Gottesfriedensbewegung ging am Ende des 10. Jahrhunderts von Aquitanien in Frankreich aus, kam dann nach Nordfrankreich, wo sie ausgebaut und um die *treuga Dei*, die Waffenruhe Gottes, erweitert wurde. Das hieß, dass man bestimmte Personenkreise nicht in Fehden einbeziehen durfte und dass man an Sonntagen, Feiertagen und besonders zu Weihnachten, Ostern und Pfingsten nicht in den Kampf ziehen und keine Waffen tragen durfte. Dies sollte den Umfang der Ritterfehden begrenzen, und wer darauf schwor, aber eidbrüchig wurde, sollte sein Gut und die Schwurhand verlieren. Auch das Instrumentarium der kirchlichen Strafen wurde erweitert, zur Exkommunikation kamen Verfluchung und Verbannung aus der Kirchengemeinde und die Verweigerung der kirchlichen Bestattung hinzu.

In der Mitte des 11. Jahrhunderts erreichte die Gottesfriedensbewegung auch Deutschland und hatte hier eine bessere Wirksamkeit als in Frankreich, was vermutlich mit den vielen kirchlichen Fürstentümern zusammenhängt. In der Synode von Ulm 1093 wurde der weltlichen Gerichtsbarkeit gegenüber den Fehden wieder mehr Platz eingeräumt. Die Gottesfriedensbewegung, die ursprünglich von der Kirche zum Eigenschutz ins Leben gerufen worden war, trat nun immer mehr aus ihrem Wirkungsbereich heraus und entwickelte sich zum Landfrieden. Dieser konnte zwar ebenfalls das Fehderecht nicht abschaffen, seine Wirksamkeit ging aber weit über das Gottesfriedensrecht hinaus.

In den vielen Synodalbeschlüssen, die im 10. und 11. Jahrhundert zur Durchsetzung des Gottesfriedens gefasst wurden, erscheinen in den Bezeichnungen für die Angesprochenen allmählich drei Gruppen, die für das soziale System des Mittelalters aus der Sicht der Kirche bestimmend wurden. Die Gesellschaft teilte sich danach in die Geistlichen (*oratores*), die Arbeitenden (*laboratores*) und die Bewaffneten (*armati, pugnatores* oder *milites*). Diese Gruppen überlappten zwar zeitweilig einander und bestimmend blieben die Mächtigen mit der Waffe in der Hand, das Verdienst der Kirche war es aber, dass sie es verstand, den Rittern die Erhaltung des Friedens für die anderen Gruppen anzuvertrauen, es zu einem »Schildamt« zu machen, wie es Wolfram von Eschenbach (um 1160/1180 – nach 1120) ausgedrückt hat. Zwar hörten die Fehden nicht sofort auf, sondern wurden nur zurückgedrängt, eine eindeutige Verbesserung der Situation war aber feststellbar, es kam zu einer »Ethisierung« des Ritterstandes.

Mit dem Gottesfrieden hatte sich die Kirche einen vermehrten Einfluss auf das Rittertum gesichert, was sich auch in ihrer Einbindung in die Zeremonien des Rittertums ausdrückte. So gab sie bei der Ritterweihe in der Kirche dem jungen Ritter den Schwertsegen mit der Formel *defensio atque protectio*, also Schutz und Verteidigung der Armen, Schwachen und der Kirche. Das geweihte Schwert sollte als das Symbol des Ritters der Ausdruck einer von Gott gewünschten Herrschaft, des Schutzes und des Beistandes Gottes symbolisieren.

4. Rittertum, Kirche und die Kreuzzüge

Sehen wir uns kurz das Rittertum Europas um das Jahr 1190, also kurz vor den Kreuzzügen, an. Es gibt nun bereits eine ausgebildete Ritterschaft, Männer in Ganzkörperrüstungen, die von geschützten Pferden mit der Stoßlanze aus kämpfen, bevor sie mit dem Schwert ihr Werk vollenden. Die Ritter haben ein Ethos, einen ritterlichen Verhaltenskodex und eine ritterliche Lebensweise. Sie sind ein eigener Stand, zum Großteil Adelige, die in einer Feudalgesellschaft leben, an deren Spitze der König steht. Der Burgenbau in Europa hat gerade begonnen und es entstehen immer mehr Adels- und Ritterburgen neben den Königsburgen. Es ist eine Zeit des relativen wirtschaftlichen Wohlstandes, eine Klimaänderung ermöglicht gute Ernten und bedingt ein gemäßigtes Klima das ganze Jahr über. Die sozialen Unterschiede sind noch nicht so groß, dass sich eine tiefe Kluft zwischen Adel und dem freien Bauerntum aufgetan hat. Dies alles führt in Europa zu hohen Geburtenziffern, die wiederum eine Ausweitung der Bevölkerung zur Folge hat und damit jenen Männerüberschuss, der sich dann gerne nach Palästina zum Kampf um Land und Ehre begeben wird.

Der Aufstieg des Islam

Als der Prophet Mohammed 632 in Medina starb, hatte die von ihm gegründete Religion des Islam bereits die gesamte arabische Halbinsel erobert. Die nächsten Jahre unter den vier auf Mohammed folgenden Kalifen waren ein beispielloser Siegeszug des Islam. 634 fielen die arabischen Reiter in das Byzantinische Reich ein und bedrohten gleichzeitig das persische Reich der Sassaniden, 636 besiegten sie die Byzantiner in der Schlacht am Jarmuk und 638 eroberten sie Jerusalem, die Heilige Stadt dreier Religionen, darunter der Christenheit. Unter dem dritten Kalifen Uthman begann die Expansion entlang des Mittelmeeres nach Westen. 711 erreichten die Muslime unter Tariq ibn Ziyad die Straße von Gibraltar, überschritten sie und fielen nach Spanien ein, wo sie das Reich der Westgoten besiegten und zwischen 705 und 715 eine islamische Provinz *al-andalus* einrichteten. Die arabische Expansion wurde nach Südfrankreich weitergetragen und wandte sich dann nach Norden, wo sie 732 in der Schlacht von Tours und Poitiers von Karl Martell (688/689–741) zum Halten gebracht werden konnte. In der Überlieferung wird angegeben, dass die fränkische Panzerreiterei den Sieg erfochten habe, tatsächlich scheint es sich aber um eine Schlacht zwischen schwer bewaffneten und gerüsteten Fußtruppen gehandelt zu haben, wobei der fränkische Schildwall »*wie eine Phalanx*« stand und alle Angriffe der Muslime abwehrte. In der Folge wurde 756 in Spanien das Emirat von Córdoba eingerichtet, und die islamische Expansion in Europa kam im Westen zum Stillstand. Im Osten gelang es 718, ein arabisches Heer vor den Mauern von Konstantinopel durch das griechische Feuer abzuwehren, und auch hier konnte der Islam nicht weiter nach Europa vorrücken. Es kam zu einer Pattsituation über mehr als 300 Jahre, die um 1000 gestört wurde, als die seldschukischen Türken in Kleinasien einwanderten, 1071 bei Manzikert die Byzantiner besiegten und sich als neue Macht in Palästina etablierten, der nun auch die heiligen Stätten der Christenheit unterstanden. Da der byzantinische Kaiser Alexios Komnenos (1048–1118) sah, dass ihm die Seldschuken gefährlich werden konnten, wandte er sich mit einem Hilferuf an den Westen, der aber zunächst kein Gehör fand. 1076 war es im Reich zwischen Heinrich IV. und Papst Gregor VII. (1020–1085) zu einem ernsten Streit darüber gekommen, wer hohe kirchliche Ämter besetzten durfte, Papst oder König, und in dem es auch darum ging, wer sich wem unterzuordnen hätte. Dieser Streit um die Einsetzung von Geistlichen, Investiturstreit genannt, brachte Heinrich unter den Kirchenbann, den er erst mit seinem Bittgang nach Canossa 1076 lösen konnte. Aber auch danach hatte er sich mit einer Adelsrevolte und mehreren Gegenkönigen im Reich auseinanderzusetzen, er kam daher als Adressat eines Hilfeansuchens des byzantinischen Kaisers nicht in Betracht. Papst Gregor konnte seinen vorläufigen Sieg über den König nicht mehr ausnützen, besser ging es dann seinem Nachfolger, Papst Urban II. (1035–1099), der sich gegen den kaiserlichen Gegenpapst Klemens III. durchgesetzt hatte, an den sich Alexios Komnenos mit einer Gesandtschaft wandte und der das Hilfeersuchen 1095 knapp vor der Synode in Piacenza erhielt. Er diskutierte das Ansuchen auf der Synode, war sich aber bewusst, dass ein solches Unternehmen auf eine breite Basis gestellt sein musste und Zeit für die Vorbereitung brauchte sowie eine Ideologie, welche die Ritter dazu bringen sollte, für Jahre ihre Heimat zu verlassen und in einem fremden Land zur Ehre Gottes zu kämpfen. Er dachte vermutlich schon daran, eine ganz andere Bewegung auszulösen, als Alexios Komnenos vorgehabt hatte, der vermutlich nur an der Entsendung von Söldnern interessiert war und nicht damit gerechnet hatte, dass sich die Ritter halb Europas in wenigen Jahren über sein Territorium nach Palästina bewegen würden.

Die Synode von Clermont und der Kreuzzugsaufruf Papst Urbans II.

Papst Urban plante in großem Stil und dafür scheinen auch die Verhältnisse unter den Rittern in Europa ausschlaggebend gewesen zu sein. Zwar hatte die Kirche den Gottesfrieden verkündet und damit das Fehdewesen eingedämmt, es gab aber noch immer genug Adelige und Ritter, die nachgeborene Söhne ohne Titel und Landanspruch waren und die im Kampf, sei es, um Ruhm und Ehre zu gewinnen und selbst zu Grundherren aufzusteigen, oder auch um reinen Besitzerwerb Turniere und Kämpfe austrugen. Was lag näher für die Kirche, als all die Energien dieser Ritter auf ein großes gemeinsames Unternehmen zu richten und gleichzeitig damit den Druck, den die Ritter auf die Kirche und ihre Besitzungen ausübten, zu verringern.

Als Urban nach der Synode von Piacenza aufbrach, um sich zu einer Synode nach Clermont in Frankreich zu begeben, war er sich offenbar schon bewusst, dass es galt, die gesamte Ritterschaft der Christenheit für sein Vorhaben zu begeistern. Daher ließ er in La Puy, als er zur Synode von Clermont einlud, nicht nur die Kleriker, sondern auch besonders die waffenfähigen Ritter und die Mächtigen des Landes bitten, zu ihm zu kommen.

Alexios Komnenos hatte es mit der Wahrheit in seinem Hilfeansuchen nicht so genau genommen und angegeben, dass die heiligen Stätten der Christenheit und besonders Jerusalem nicht mehr für christliche Pilger erreichbar wären, was vermutlich aber nicht den Tatsachen entsprach. Schon seit karolingischer Zeit und auch nach 638 hatten christliche Pilger stets Zugang zu Jerusalem, wenngleich auch unter enormen Strapazen und manchmal unter der Missachtung durch die lokale Bevölkerung leidend. Als Urban auf der Synode von Clermont dazu aufrief, die Stätten der Christenheit von den Seldschuken zu befreien, ging es zunächst nicht um Land und die Gründung von christlichen Reichen in Palästina, sondern darum, den Zugang nach Jerusalem für christliche Pilger wiederherzustellen. Seine Predigt, die in vier verschiedenen Versionen überliefert wurde, richtete sich explizit an die Bewaffneten, also an die Ritterschaft: *Wem anders obliegt nun die Aufgabe, diese Schmach zu rächen, dieses Land zu befreien, als euch? Euch verlieh Gott mehr als den übrigen Völkern ausgezeichneten Waffenruhm, hohen Mut, körperliche Gewandtheit und die Kraft, den Scheitel eurer Widersacher zu beugen. Bewegen und zu mannhaftem Entschluss aufstacheln mögen euch die Taten eurer Vorgänger, die Heldengröße König Karls des Großen, seines Sohnes Ludwig und eurer anderen Könige. Sie haben die Heidenreiche zerstört und dort das Gebiet der heiligen Kirche weit ausgedehnt. Besonders bewegen mögen euch das Heilige Grab unseres Herrn und Erlösers, das von unreinen Völkern besetzt ist, und die heiligen Stätten, die jetzt ohne Ehrfurcht behandelt und mit dem Unrat dieser Leute frech beschmutzt werden. Ihr überaus tapferen Ritter, ihr Sprösslinge unbesiegter Ahnen, entartet nicht, sondern denkt an die Tatkraft eurer Vorfahren! Wenn euch zärtliche Liebe zu Kindern, Verwandten und Gattinnen festhält, dann bedenkt, was der Herr im Evangelium sagt: Wer Vater oder Mutter mehr als mich liebt, ist meiner nicht wert; jeder, der sein Haus, Vater, Mutter, Gemahlin, Kinder oder Äcker um meines Namens willen verlässt, wird Hundertfältiges erhalten und ewiges Leben haben.*

Urban hielt in seiner Rede fest, dass die Befreiung Jerusalems den Rittern oblag, es würde eine Sache der gesamten Ritterschaft sein, den Kampf zu wagen und zu gewinnen, begleitet aber von nicht Kämpfenden im Sinne einer Pilgerschaft. Daher wurde das Unternehmen zunächst auch nicht als Kreuzzug tituliert, dieser Begriff erscheint erst wesentlich später, sondern als Pilgerschaft in Waffen. Ziel des Unternehmens war Jerusalem, die Stadt, in der Christus gestorben ist. Urban hatte in seiner Predigt aber noch einen Vergleich gebracht, der direkt auf die Ehre der Ritter abzielte, indem er sagte: »*Das Schwert, das wir von Gott empfangen haben und das wir für eine reine Sache zücken dürfen, für einen rechtmäßigen Streit und eine gebieterische Notwendigkeit, dieses Schwert haben wir nur zu oft in sinnlosen Streitigkeiten und sogar durch Raub besudelt. Wie ein Vasall dem Ruf seines Lehnsherrn zum Waffendienst folgen muss, so müssen wir uns aufmachen, um den Heiden das gegebene Lehen Gottes zu entreißen, denn dieses haben sie sich unrechtmäßig angeeignet.*«

Damit bekam der Ritter eine neue Aufgabe zugewiesen, die größte, die man an ihn vergeben konnte, er wurde zum Lehnsmann Gottes und zog für diesen in den Kampf. Papst Urban hat die Kreuzzugsbewegung, nach dem Wort seines Chronisten Fulcher von Chartres, als Neubeginn für die Ritterschaft gesehen. Haben bisher die Ritter gegen ihre Feinde und oft auch gegen Verwandte um Macht und Reichtum gekämpft und »*waren sie darin nicht besser als die Räuber*«, so erhalten sie nun ein heiliges Ziel, indem sie gegen Heiden und Barbaren für Christus kämpfen. Dafür können sie auch einen Lohn von der Kirche erwarten, indem sie einen besonderen Ablass, also die Vergebung all ihrer Sünden, dafür bekommen, dass sie sich am Kreuzzug beteiligen. Die Eroberung der Heiligen Stadt sollte auch den Ritter heiligmäßig machen, sein Tod für die Sache würde dem der Märtyrer gleichgestellt werden. Es sollte der erste Heilige Krieg werden, der die Ritter ganz Europas zu einem Ziel verbinden würde, ein gottgefälliges Werk, dass sich auch im Motto der ersten Kreuzfahrer »*Deus le vult*« (Gott will es) ausdrückte.

Urban hat mit seinem Aufruf den Rittern eine neue Geschichtsperiode eröffnet und diese sahen es wohl von Anbeginn auch so. Bereits während der Predigt erhielt Urban Zustimmung und schon bald danach wurde ganz Europa von einer Aufbruchsstimmung nach Jerusalem erfasst.

Im Mittelalter bedeutete aber ein Beschluss nicht, dass man in kurzer Zeit aufbrechen konnte, und so setzte man das Aufbruchsdatum für den 15. August des folgenden Jahres, also nach dem Fest Mariä Himmelfahrt und der Erntezeit an. Die Anwesenden auf der Synode leisteten einen Eid teilzunehmen und hefteten als Zeichen dafür rote Stoffkreuze an ihre Kleidung, sie »nahmen das Kreuz«, um einen Ausdruck späterer Zeit schon vorwegzunehmen. Der Inhalt von Urbans Predigt verbreitete sich in ganz Europa, und immer mehr Ritter begannen mit den Vorbereitungen zur bewaffneten Pilgerschaft.

Der Aufruf einte erstmals die seit Langem in Streitereien untereinander verstrickten französischen Adligen und gab ihnen mit dem Ziel eines gerechten Kampfes im Dienste der christlichen Sache hierfür eine ideelle Grundlage, die zugleich den Vormachtanspruch des Papstes stärkte. Der vor dem Aufruf geforderte Gottesfrieden, der die Begrenzung der noch ausstehenden Fehden zwischen den Adligen brachte, bestärkte gleichzeitig die Autorität der hier eingreifenden Kirche und stellte ein wesentliches Ereignis in der Entwicklung der machtpolitischen Rolle der Kirche und des Papsttums in der mittelalterlichen Geschichte Europas dar. Die angestrebte Vereinigung mit der Ostkirche blieb indes aufgrund zu großer machtpolitischer Differenzen letztlich aus.

Der erste Kreuzzug

Der Kreuzzug von 1096 bis zur Eroberung von Jerusalem 1099 war eines der erstaunlichsten militärischen Unternehmen der Geschichte. Zum einen, weil man sich die Größe dieses Unternehmens, von der Planung bis zur Durchführung und zum Erfolg, vorstellen muss. Zwei Welten, zwei Rittergesellschaften standen sich hier gegenüber, denn auch die Seldschuken kannten eine Art adeliges Rittertum. Die

Größe dieses Unternehmens war einzigartig, die Kreuzfahrer marschierten mehr als 3000 Kilometer, trotzten der
Natur und ihren Gegnern und hatte dann noch die Kraft,
eine schwer befestigte und gut verteidigte Stadt im Sturm
zu nehmen. Allein die Logistik des Unternehmens, die Probleme mit der Nachrichtenübermittlung, der Nahrungs- und
Wasserversorgung und die Unbilden, welche die in Eisen
gehüllten Ritter im heißen Palästina zu erleiden hatten,
waren enorm. In Europa sah man die Eroberung Jerusalems
zu dieser Zeit als die feinste und beste Stunde des Rittertums, man wusste aber nur wenig über die zahlreichen
Grausamkeiten, welche die Ritter Christi im Namen ihres
Gottes verübten und deren Höhepunkt die Auslöschung der
Bevölkerung Jerusalems, angeblich um die 60.000 Menschen,
darunter auch orientalische Christen und Juden, durch die
Kreuzfahrer waren.

Während man sich in Spanien, Frankreich, England und in
den Gebieten der Normannen wie Sizilien und Unteritalien
auf den Kreuzzug vorbereite, mussten Kaiser Heinrich IV.
und der französische König Philipp I. (1052–1108) zu Hause
bleiben, da sie unter dem Kirchenbann standen, was aber
ihre Ritter nicht hinderte, ins Heilige Land zu ziehen.

Bevor aber noch die Ritter ihre Vorbereitungen abschließen
konnten, machten sich Volksprediger wie Robert d'Arbrissel
und Peter der Eremit daran, auch im gewöhnlichen Volk zum
Kreuzzug aufzurufen, dem 20.000 Menschen folgten, die sich
schon im Frühjahr 1096 auf den Weg machten. Die Juden
auf ihrem Weg ermordend und die Landstriche zur Verpro-
viantierung ausplündernd, kamen diese Horden bereits im
August in Konstantinopel an, wurden über den Bosporus
gesetzt und marschierten weiter, bis sie im Oktober 1096 bei
Nicäa von den Rum-Seldschuken vernichtet wurden.

Im Abendland brachen die geordneten Züge der Ritter
und Adeligen wie vereinbart im August 1096 auf, wohlaus-

gerüstet und verproviantiert und durch die Kirche ideolo-
gisiert. An die Spitze des Heeres waren Adelige getreten
wie Gottfried von Bouillon, der Graf von Boulogne und
Herzog von Niederlothringen, sein Bruder Balduin oder
Graf Hugo von Vermandois, ein jüngerer Sohn des späteren
französischen Königs Heinrichs I. von Frankreich. Zu den
wesentlichen Kontingenten zählten die normannischen
Ritter Italiens unter Tankred und Bohemund von Tarent,
die entschiedene Gegner der Byzantiner waren und im
Kreuzzug die Gelegenheit sahen, neues Land zu erobern.
Das Kreuzritterheer brach in mehreren großen Zügen auf,
nach Schätzungen belief sich seine Größe auf rund 7000
Ritter und adlige Herren sowie ein 22.000 Mann starkes
Fußvolk. Einschließlich Unbewaffneter im Tross umfasste
das Gesamtheer rund 50.000 bis 60.000 Menschen, wobei
die Anzahl der Pferde auf 50.000 geschätzt wurde. Dieses
Heer machte sich auf den Weg, teils auf dem Landweg über
Ungarn und über den Balkan oder mit Schiffen von den
Mittelmeerhäfen aus, Treffpunkt war Konstantinopel, das
man im Frühjahr 1097 erreichte.

Man gelobte hier dem byzantinischen Kaiser die Aner-
kennung als Lehnsherr, was bedeutete, dass alles eroberte
Land in seinen Besitz übergehen würde, was aber eher ein
Formalismus als ein wirkliches Zugeständnis war. Was
aber diesen Kreuzzug auszeichnete, war, dass es ab dem
Vormarsch von Konstantinopel aus eine Vereinigung von
Kampf, Ethik des Rittertums und der Religion gab. Natür-
lich ging es um glanzvolle Waffentaten, Ruhm und Ehre, um
Beute und Land, aber es ging auch darum, ein *miles Christi*
zu sein, und um die Befreiung der Christen im Orient. Dazu
spielten auch Reliquien eine bedeutende Rolle, an erster
Stelle die mystische Auffindung der heiligen Lanze, die
Christus durchbohrt hatte, oder Wunder von Ritterheiligen,
die man dem Heer vorausreiten gesehen hatte.

Die europäischen Ritter mussten schnell lernen, dass sie
es hier mit einem anderen Gegner zu tun hatten als auf den
Schlachtfeldern Europas. Die Taktik der Seldschuken war
es, schnell anzureiten, einen Pfeilhagel loszulassen und
dann wieder zu verschwinden und so zu versuchen, die
Ritter aus der Deckung der Schlachtlinie hervorzulocken.
Auf dem offenen Feld aber waren die europäischen Ritter in
geschlossener Formation ihren Gegnern durch die schwere
Panzerung und durch die Wucht ihrer Angriffe überlegen
und konnten so eine Schlacht nach der anderen für sich
entscheiden.

Das vereinte Heer setzte den Marsch durch Kleinasien
fort, wo es schnell zu Kämpfen mit den Rum-Seldschuken
kam, und ab Mai 1097 belagerten sie deren Hauptstadt
Nicäa. Während dieser Kämpfe traf eine kleine Abteilung
der Byzantiner ein und verständigte sich mit den Einwohnern Nicäas, die sich am 19. Juni den Byzantinern ergab,
wodurch den Kreuzfahrern zu ihrer Verärgerung die Beute
einer Plünderung der Stadt entging. Auf dem Weitermarsch
trafen die Kreuzfahrer am 1. Juli auf das Heer der Rum-
Seldschuken unter Sultan Kilidsch Arslan I. und schlugen es
in der Schlacht von Doryläum entscheidend. Das christliche
Heer konnte sich nun ungehindert seinen Weg durch Kleinasien bahnen.

In Kilikien eskalierten die Spannungen unter den An-
führern des Kreuzzuges: Balduin von Boulogne und seine
Gefolgsleute verließen das Heer und begaben sich nach
Edessa. Dort errichtete Balduin 1098 unter Bruch des Lehns-
eides gegenüber Alexios die Grafschaft Edessa, den ersten
christlichen Kreuzfahrerstaat.

Die übrigen Kreuzfahrer zogen weiter nach Antiochia, das
nach einer Belagerung eingenommen wurde, die Kreuzritter
wurden aber fünf Tage später selbst belagert und konnten
das seldschukische Heer erst nach einem verzweifelten

Ausfall, angeblich unter der Führung von drei Heiligen, bezwingen. In Antiochia blieb Bohemund von Tarent zurück und gründete hier ein weiteres Herzogtum, während das Heer der Kreuzfahrer die Küste entlangzog, Hafenstädte eroberte und dann nach Jerusalem einschwenkte. Man muss sich hierbei von der Vorstellung befreien, dass alle Kreuzfahrer, die Anfang Juni 1099 Jerusalem erreichten, den langen Weg im Heer mitgemacht hatten, viele von diesen waren in Edessa und Antiochia geblieben oder lagen erschlagen auf den Schlachtfeldern, aber mithilfe der venezianischen und genuesischen Schiffe kamen immer weitere Ritter nach und gliederten sich in das Heer ein, das mit nur noch 1500 Rittern und 15.000 Mann Fußtruppen Jerusalem erreichte. Nach fünfwöchiger Belagerung, bei der man das gesamte Instrumentarium abendländischer Belagerungstechnik wie fahrbare Türme, Rammen und Steinschleudern einsetzte, wurde Jerusalem erobert und geplündert, die Bevölkerung, egal ob Juden, Moslems oder koptische und syrische Christen, getötet. In der Stunde des größten Triumphs fielen die Ritter *»in den Abgrund der Schande«*, indem sie alle, auch Frauen, Kinder und Greise, in Jerusalem töteten und, wie ein Chronist es ausdrückte: *»in den Straßen knöcheltief im Blut wateten.«* Aber man hatte das Ziel erreicht, Jerusalem war wieder christlich und der Weg von der Küste nach Jerusalem durch Kreuzfahrerstaaten gesichert.

Nach dem erfolgreichen Ende des Kreuzzuges galt es nun, das Eroberte auch zu sichern. Da es im Heiligen Land keinen Thron gab, den man mit einem Christen besetzten konnte, musste man ihn neu etablieren und fand dazu eine Lösung, die der Ethik des Rittertums entsprach. Nachdem es eine Reihe von fähigen Heerführern gab, die sich alle im Laufe des Kreuzzuges ausgezeichnet hatten, gab es viel Anwärter auf den Titel, die sich in einem Wahlmännerkollegium zusammenfanden und nach langen Beratungen Gottfried von

Bouillon (1060–1110) zum König von Jerusalem wählten. Gottfried galt als Beispiel eines vollkommenen Ritters, furchtlos in der Schlacht, stets auf seine Ehre bedacht, und auch seine Frömmigkeit war anerkannt. Er nahm die Herrschaft zwar an, aber nicht als König, da er »*keine Krone aus Gold tragen könne, wo Christus eine aus Dornen getragen habe*«. Er sah sich als a*dvocatus sancti sepulchri*, als Beschützer des Heiligen Grabes, ein Titel, den es bis dahin nicht gegeben hatte, der aber nun allgemeine Zustimmung fand.

Gottfried ging daran, das Königreich Jerusalem dauerhaft zu etablieren, und er beschritt dabei den Weg des Abendlandes, indem er eine feudalistische Lehensgesellschaft aufbaute und Teile seines Landes an die Mächtigen seines Heeres vergab. Festzustellen ist aber, dass sich die Religiosität der neuen Kreuzfahrer und Grundherren deutlicher manifestierte als im Abendland, was vielleicht auf die Nähe der geschichtsträchtigen Stätten zurückzuführen war. Zugleich mussten sie pragmatisch sein und es war ihnen bewusst, dass sie sich auf längere Zeit nur behaupten konnten, wenn sie es verstanden, sich mit den Christen des Ostens und auch mit den ansässigen Muslimen zu verstehen, die für die Versorgung und den Nachschub mit neuen Rittern aus Europa wesentlich waren. Es hat den Anschein, als wäre Gottfried durchaus geneigt gewesen, die Lehnsoberhoheit des lateinischen Patriarchen von Jerusalem, der den orthodoxen Patriarchen erfolgreich nach der Eroberung verdrängt hatte, anzuerkennen. Dies hätte einen Schritt in eine Herrschaftsform der Theokratie bedeutet und damit den Gottesstaat der Ritter zur Vollendung gebracht, allerdings endeten all diese Pläne mit dem Tod Gottfrieds am 18. Juli 1100, nachdem er noch ein fatimidisches Heer bei Askalon geschlagen und damit den Ersten Kreuzzug zum Abschluss gebracht hatte. Mit ihm starb der vornehmste aller Ritter im Heiligen Land, tief betrauert von seinen Mitstreitern, die sein ritterliches Leben und seine Frömmigkeit rühmten. In der kurzen Zeit seiner Herrschaft in Jerusalem hatte er es verstanden, die Stadt zu einem Sammelbecken der Ritterlichkeit Europas zu machen, was wiederum auf das Abendland ausstrahlen sollte.

Das Königreich Jerusalem

Nachdem Gottfried das Königreich von Jerusalem errichtet hatte und kurz darauf starb, folgte ihm sein Bruder Balduin I. von Boulogne (1058–1118), der Herr der Grafschaft Edessa. Das Massaker, das die Ritter bei der Eroberung von Jerusalem angerichtet hatten, blieb in der muslimischen Welt unvergessen, machte aber bald einem wirtschaftlichen Pragmatismus Platz. Es wurde schnell klar, dass die »Franken« trotz beständigen Nachschubs an Menschen aus dem Abendland niemals eine solche Zahl erreichen würden, um das Land völlig von sich abhängig zu machen, sodass es für die Ritter notwendig war, die Kooperation mit den einheimischen Christen, Juden und Muslimen zu suchen, wenn ihr Königreich überleben wollte.

Balduin sollte einer der erfolgreichsten Könige von Jerusalem werden, und unter ihm entwickelte sich das Königreich zum Anziehungspunkt zahlloser Pilger aus dem Abendland und besonders der Handelskarawanen, welche der alten Route der Seidenstraße über Persien, Bagdad und Damaskus nach den Handelsstädten an der Küste Palästinas folgten. Balduin erkannte dies und eroberte daher in rascher Folge die Hafenstädte Akkon, Sidon, Caesarea und Beirut, und als König von Jerusalem erlangte er auch die Oberhoheit über die anderen Staaten der Kreuzfahrer im Norden, wie das Fürstentum Antiochia, die Grafschaft Edessa und die Grafschaft Tripolis. Seine Macht stützte sich aber nicht allein auf die immer zahlreicher in das Königreich

kommenden Ritter aus Europa, sondern auch auf seine
Bündnisse mit Venedig und Genua, welche die Güter des
Orients nach Europa transportierten. Dafür konnten sie au-
tonome Handelskontore einrichten und waren von Steuern
und dem Kriegsdienst befreit.

Sein Nachfolger wurde sein Vetter Balduin II. von Bourcq
(vor 1080–1131), der trotz eines wechselvollen Schicksals –
so fiel er mehrmals in die Hände der Muslime, verbrachte
mehrere Jahre in deren Gefangenschaft und musste immer
wieder ausgelöst werden – sein Herrschaftsgebiet erweitern
konnte. Er erlitt in seinem Kampf gegen die Seldschuken
und Fatimiden schwere Niederlagen, konnte aber sein Königreich erfolgreich verteidigen.

In die Regierungszeit Balduins II. fällt die Gründung
der ersten beiden Ritterorden, die im Heiligen Land tätig
wurden. 1118 gründete Hugo von Payns in Jerusalem den
Templerorden, der seinen Namen dem Umstand verdankt,
dass Balduin ihm seinen ehemaligen Palast auf dem Tempelberg als Hauptquartier zur Verfügung stellte. Auch der
Johanniterorden trat bald als Militärorden auf und die
karitativen Ziele, die er ursprünglich hatte, rückten in den
Hintergrund.

1125 konnte Balduin die Seldschuken in der Schlacht von
Azaz besiegen und bis nach Damaskus vorrücken, das er
allerdings erfolglos belagerte. Als er 1131 starb, hatte er das
Königreich Jerusalem erfolgreich konsolidiert.

Unter seinem Schwiegersohn und Nachfolger Fulko V.
von Anjou (1092–1144) gelang es dem Atabeg Imad ad-Din
Zengi (1087–1146), die Herrschaften von Mossul und Aleppo
zu vereinigen und damit zum gefährlichsten Feind der
Kreuzritter im Heiligen Land aufzusteigen. Nachdem Jos-
celin II. (1113–1159), Herrscher der Grafschaft Edessa, 1144
wegen eines Feldzugs abwesend war, belagerte Zengi Edessa, die Hauptstadt des schwächsten der Kreuzfahrerstaaten,

die er am 24. Dezember 1144 eroberte. Dieses Ereignis führte zum Zweiten Kreuzzug und wird in späteren muslimischen Chroniken als Beginn des *Dschihad* gegen die Kreuzritter geführt. Zengis Erfolge verblüfften die Kreuzfahrer derart, dass sie ihm eine fränkische Mutter, nämlich die Gemahlin des Babenbergers Leopold II., die 1101 auf einer Pilgerfahrt verschwunden war, andichteten.

Der Fall von Edessa 1144, bei dem Zengi in Erinnerung des Massakers von Jerusalem alle Franken in der Stadt hatte töten lassen, erschütterte das Abendland, sodass Papst Eugen III. (1145–1153) in einer Bulle zu einem neuen Kreuzzug aufrief, der von Bernhard von Clairvaux (1090–1153), Abt und Mystiker, in Europa verkündet wurde. Der Kreuzzug unter der Leitung König Ludwigs VII. (1120–1180) von Frankreich und des deutschen Königs Konrad III. (1093–1152) stand von Anfang an unter einem schlechten Stern, zahlreiche Kreuzritter kamen schon auf dem Marsch durch Kleinasien in Schlachten gegen die Seldschuken ums Leben, und als das Heer Antiochia erreichte, wollte man nicht mehr, wie ursprünglich vorgesehen, Edessa zurückerobern, sondern entschied sich gegen den Rat der im Lande ansässigen Ritter für einen Feldzug gegen das mit Jerusalem verbündete Damaskus, das als lohnendes Ziel für Beute erkannt wurde. Die Belagerung scheiterte nach nur vier Tagen, und der Hauptfeind der Kreuzritter, Zengis Sohn Nur ad-Din (1118–1174), konnte sich danach Damaskus' bemächtigen und zu einer vorgeschobenen Basis gegen das Königreich Jerusalem ausbauen. Als Fulko V. starb, hatte sich im Osten des Königreichs Jerusalem eine mächtige Allianz muslimischer Fürsten gebildet, welche die nächsten Jahre mehr und mehr das Königreich bedrohen sollte.

Das Leben der Ritter in Outremer

Outremer (jenseits des Meeres) war die Bezeichnung, die man in Frankreich für die Gesamtheit der Kreuzfahrerstaaten in Palästina und Umgebung geprägt hatte. Die aus Europa stammende Bevölkerung der Gebiete war immer nur gering, obwohl es einen stetigen Strom von Rittern gab, die ihr Glück im Heiligen Land versuchen wollten und hierher übersiedelten, während die Mehrzahl der Kreuzritter des ersten Kreuzzuges wieder nach Europa zurückkehrten. Nach Wilhelm von Tyros konnte man »*nur knapp 300 Ritter und 2000 Fußsoldaten*« im Heer Gottfrieds von Bouillon finden, als er 1100 die Stadt Arsuf belagerte. Die Kreuzritter waren damit nicht mehr als eine koloniale Besatzungsmacht, die durch ihre Waffen die zahlenmäßig weit überlegenen Einwohner des Landes unter ihrer Herrschaft hielten. Dies änderte sich aber, als in Palästina die ersten Generationen von im Land geborenen Kindern der Kreuzritter aufwuchsen. Sie verstanden sich schon als Orientalen und hatten ihre Wurzeln, ihre Familien und ihre Kultur zwar noch in Europa, glichen sich aber in ihrem Leben und ihren Bräuchen immer mehr den Orientalen Palästinas an. Sie lernten Griechisch und Arabisch und heirateten Griechinnen und Armenierinnen, manchmal kam es auch zu Heiraten zwischen Christen und Muslimen. Sie bildeten in den ersten 100 Jahren der Existenz des Königreichs die Schichten, aus der man die Ritter und Soldaten rekrutierte, da Juden und Muslimen der Waffendienst nicht erlaubt war.

In Kleidung, Essgewohnheiten und im Handel unterschieden sie sich bald nicht mehr von den Einheimischen und integrierten sich in die allerdings meist griechisch beeinflusste Gesellschaft. 1124 schrieb dazu der Chronist Fulcher von Chartres: *Wir, die wir zunächst Abendländer waren, sind nun Orientalen. Der, der zunächst Römer (also Grieche) oder Franke war, ist nun Galiläer oder Palästiner. Er, der zuerst Bürger von Reims war oder aus Chartres, ist nun ein Bürger von Tyrus oder Antiochia. Wir haben alle die Orte unserer Geburt vergessen und überhaupt sind diese für viele von uns unbekannt und werden niemals erwähnt.*

In seiner internen Struktur hatte das Königreich im Wesentlichen den Feudalismus und das Lehnswesen Europas mitgebracht und integriert, allerdings mit einigen Unterschieden, die darin bestanden, dass es nur wenig nutzbares Land als Lehen zu vergeben gab. Auch war das Land kahl, heiß und staubig, sodass es viele Ritter vorzogen, zu Stadtrittern zu werden, die in Jerusalem oder in den Küstenstädten ihre Häuser und Paläste hatten. Damit entsprachen sie auch der Levantiner Kultur, die auf einem ausgeprägten Urbanismus basierte und die Städte, die wichtige Handelszentren waren, gegenüber dem Land bevorzugte.

Die soziale Struktur entsprach der in Europa, die Adeligen und Ritter waren die Vasallen des Königs und konnten selbst wieder Unterlehen vergeben.

Ein Problem war die landwirtschaftliche Versorgung. Die Muslime hatten in den Jahrhunderten vor dem ersten Kreuzzug ein dem Lehnswesen ähnliches System, *iqta* genannt, entwickelt, das von den Kreuzrittern übernommen wurde und in dem man sein Lehen, die *iqta*, zur Finanzierung der Ausrüstung von Rittern verwenden musste. Da es kaum genügend Abendländer gab, um Lehen zu empfangen, konnten selbst muslimische *rais*, Personen der arabischen Nobilität, eine Art von Lehen empfangen und für einen fränkischen Grundherrn, der allerdings die meiste Zeit abwesend war, das Land bestellen, was dem *rais* einen höheren Grad der Unabhängigkeit einbrachte.

Der Reichtum des christlichen Königreichs Jerusalem und der anderen Kreuzfahrerstaaten basierte allerdings, anders als in Europa, nicht auf dem Land, sondern auf dem Handel.

Karawanen brachten aus Asien die begehrten Seidenstoffe, Glaswaren und Gewürze an die Küste, die hier von den Venezianern und Genuesen aufgekauft und weiter nach Europa geliefert wurden.

Liest man die Berichte von europäischen Rittern, die auf Pilgerfahrten oder zur Unterstützung der Ritter ins Heilige Land kamen, so findet man hier oft Unverständnis für die Lebensweise der Orientalen. Ihre Gewänder und Gebräuche werden als weibisch betrachtet und geradezu Abscheu erregte die Sitte, des Öfteren zu baden. Auch ihre Gewohnheit, nach muslimischem Brauch manchmal mehr als eine Frau zu haben, erregte Missfallen, wenngleich dies bis in die höchsten Kirchenämter verbreitet war. Auf der anderen Seite erregten sich die orientalischen Ritter über den zelotischen Eifer der Neuankömmlinge, die in jedem Juden und Muslim sofort einen bekämpfenswerten Feind sahen und erst mit Mühe »zivilisiert« werden mussten, wozu auch das Erkennen der Vorzüge des Badens und der Hygiene gehörten. Allgemein anerkannt wurde, dass die arabische Kultur, wenngleich durch ihre Religion verabscheuungswürdig, einen hohen Standard hatte, der oft weit über den Lebensverhältnissen auf europäischen Burgen lag, und dass vor allem die medizinische Versorgung wesentlich besser war als in Europa.

Da der Nachschub an Rittern nach Palästina nur unregelmäßig lief und die dünne Oberschicht der Franken immer wieder in Gefahr war, durch Kriege und Krankheiten zu schrumpfen, kam der Entwicklung der geistlichen Ritterorden hier eine wesentliche Bedeutung zu. Der Templerorden und der Orden der Johanniter wurden als militärische Formationen schon in den Anfangsjahren des Königreichs Jerusalem gebildet und vertraten oft die Adeligen auf dem Land. Benjamin von Tudela, ein bedeutender jüdischer Reisender des Mittelalters, der 1162 in Jerusalem weilte, berichtet von den Häusern der Templer und der Johanniter, in denen 400

Templer bzw. 200 Johanniter lebten, die »*sich den ganzen Tag in nichts anderem als dem Kampf übten. Sie kommen aus dem Land der Franken und bleiben ein oder zwei Jahre hier, bis sie ihre Gelübde erfüllt haben und wieder heimkehren.*«

Die Herrschaft und Macht der Ritterorden beruhte auf der Errichtung befestigter Burgen als Stützpunkte und sie kauften Land auf, das andere Adelige nicht bewirtschaften wollten oder konnten. Das Problem dabei war, dass die Ritterorden direkt dem Papst unterstanden und nicht dem König von Jerusalem, was zur Ausbildung einer Parallelgesellschaft im Königreich beitrug, da sie auch in militärischen Belangen nicht dem König unterstanden und selbstständig agieren konnten. Dennoch nahmen sie an jeder bedeutenden Schlacht gegen die Muslime teil und verliehen dem Königreich eine neue militärische Stärke, trugen aber mit ihrem Sonderstatus letzen Endes zum Untergang des Königreichs bei.

Interessant ist auch, dass die aus dem Orient nach Europa zurückkehrenden Ritter in der Bevölkerung oft nicht gut angesehen waren. Sie würden sich Privilegien wie den ständigen Ablass verschaffen, was den Neid großer Bevölkerungsteile erweckte, sie benahmen sich zügellos und ihnen war der Kopf »verdreht«, sie empfanden kein Leiden des »Vaterlandes« und vollbrachten keine »guten Werke« mehr, weil sie ja am Kreuzzug teilgenommen und sich das Kreuz »angeheftet« hatten.

Das Königreich Jerusalem in der Defensive

Balduin III. (1130–1162), der Nachfolger Fulkos auf dem Thron von Jerusalem, war der erste König, der im Lande geboren worden war, und löste damit die Generation jener ab, die den ersten Kreuzzug noch miterlebt hatten. Als er seine Herrschaft antrat, war er gerade 13 Jahre alt und musste sich die ersten Jahre seine Regentschaft mit seiner Mutter Melisende teilen, ehe er sie von der Regierungsgewalt ausschließen konnte. Balduin war ein durchaus fähiger König, der in seiner Zeit Nur ad-Din erfolgreich die Stirne bieten konnte. Er eroberte Askalon, ein Vorhaben, an dem seine Vorgänger gescheitert waren, und öffnete damit den Kreuzrittern das Tor nach Ägypten. 1156 heiratete er Theodora, eine Nichte des byzantinischen Kaisers Manuel I. (1118–1180) und konnte sich so die Unterstützung Konstantinopels sichern. Als er 1162 unter ungeklärten Umständen starb – er soll entweder einer Fischvergiftung oder einem Giftanschlag erlegen sein –, hatte er das Königreich Jerusalem und die umgebenden Kreuzfahrerstaaten nochmals stabilisiert.

In seine Zeit fällt ein Strukturwandel im Burgenbau im Heiligen Land, der sich auch auf Europa übertragen sollte. Zur Sicherung ihrer Herrschaft schoben die Kreuzritter ihre Burgen immer weiter gegen das Emirat von Damaskus vor, dabei überschritten sie den Jordan und errichteten sogar Burgen zur Kontrolle der Schifffahrt im Roten Meer. Der Unterschied zu den bisherigen Burgen war, dass diese nun eine ständige Besatzung bekamen, oft aus den Reihen der Ritterorden, und ausreichend verproviantiert waren, um selbst lange Belagerungen durchzuhalten.

Burgen wie der Krak des Chevaliers, Kerak und Belvoir bildeten eine Kette von Stützpunkten entlang der Grenze und damit das Rückgrat der Verteidigung der Kreuzritterstaaten.

Der Nachfolger Balduins auf dem Thron von Jerusalem wurde sein Bruder Amalrich (1136–1174), ebenfalls schon in Outremer geboren. Seine Regierungszeit ist geprägt vom Kampf der Kreuzritter zur Beherrschung Ägyptens, um das er sich in jahrelangen Kriegen mit Nur ad-Din stritt. Für die Kreuzritter hätte der Besitz von Ägypten eine wesentliche Ausweitung ihrer finanziellen Machtbasis bedeutet, während Nur ad-Din, schon unterstützt vom kurdischen

Feldherrn Saladin (1137/38–1193), an einer Einkreisung der Kreuzfahrerstaaten Interesse hatte. Es war ein Vorteil des Königreichs Jerusalem, dass Saladin mit Nur ad-Din in Streit kam, sich selbst zum Sultan von Ägypten erklärte und mehr Kriege gegen Nur ad-Din führte als gegen Amalrich, sodass das Königreich für weitere Jahre sicher war.

Amalrich war ähnlich wie sein Bruder Balduin III. mehr Gelehrter als Krieger. Er beauftragte Wilhelm von Tyrus (1130–1186) mit der Niederschrift einer Geschichte des Königreichs und studierte in seiner Freizeit oft die Gesetze des Landes. Er besteuerte den Klerus, was diesem missfiel, und eine seiner wesentlichen Regierungstaten ist der Erlass der *Assise sur la ligece*, ein Erlass, der die Untervasallen vor der Willkür ihrer Lehnsherren schützen sollte. Im Hintergrund steht dabei der Gedanke, diese Vasallen näher an den König zu binden, um auch von diesen direkt, und nicht nur auf dem Wege über ihre Lehnsherren, Gehorsam zu verlangen. Es sind dies erste Ansätze eines königlichen Durchgriffsrechtes, wie wir es am Beginn des Spätmittelalters auch in Europa finden werden.

Amalrich starb im selben Jahr 1174 wie Nur ad-Din, danach übernahm auf muslimischer Seite Saladin nicht nur die Herrschaft in Ägypten, sondern auch in Damaskus, und sein Reich umspannte damit in einem weiten Bogen die Besitzungen der Kreuzritter in Palästina.

Mit Amalrichs Nachfolger Balduin IV. dem Aussätzigen (1161–1185) begann eine Reihe von schwachen Königen, welche am Ende den Verlust des Königreichs Jerusalem und der meisten Küstenstädte zu beklagen hatten. Balduin war schon in jungen Jahren an der Lepra erkrankt und hatte nicht die Stärke, den Zerfall der politischen Macht im Königreich Jerusalem in mehrere, sich bekämpfende Fraktionen zu verhindern. Führer der beiden sich gegenüberstehenden Parteien waren Raimund III. von Tripolis (1142–1187), der an einer friedlichen Koexistenz mit den Muslimen interessiert war, und der neu aus Europa gekommene Guido von Lusignan (gest. 1194), der allein auf die militärische Stärke des Königreichs und seiner Ritter vertraute. Dazu kam noch der Herr der Burg von Kerak an der Ostseite des Toten Meeres, Rainald de Châtillon (1125–1187), der Saladin beständig durch Überfälle auf Karawanen zwischen Ägypten und Syrien reizte. Zwar konnte Balduin Saladin nochmals in der Schlacht von Montgisard entscheidend besiegen und eine Eroberung Jerusalems abwenden, die Provokationen Rainalds brachten aber Saladin dazu, weiter aufzurüsten und sich auf einen entscheidenden Krieg gegen die Kreuzfahrerstaaten vorzubereiten. Balduin, der immer mehr unter seiner Krankheit litt, verheiratete seine Schwester Sybille zunächst mit Wilhelm von Montferrat (1135/1145–1177) und nach dessen Tod mit Guido von Lusignan, den er auch zum Regenten ernannte, bevor er 1185 starb.

Es folgte eine kurze Herrschaft des minderjährigen Balduin V. (1177–1186), der aus der Ehe von Sybille mit Wilhelm von Montferrat hervorgegangen war, danach übernahm Guido von Lusignan die Herrschaft. In völliger Verkennung der wirklichen strategischen Situation und seiner und Saladins Ressourcen suchte er den Krieg gegen Saladin gegen den Rat der orientalischen Kreuzritter. Er und Rainald waren erst in den 1170er-Jahren nach Palästina gekommen und waren noch vom ursprünglichen Kampfesfuror der Franken beseelt; sie hatten den politischen und ideologischen Schwenk zur Koexistenz mit den Muslimen und damit der Sicherung der Kreuzfahrerstaaten nicht vollzogen. Als im Juni 1187 Guido von Jerusalem aus nach Norden marschierte, um die Belagerung von Tiberias aufzuheben, gerieten er und sein Heer in die wasserlose Wüste nördlich des Sees Genezareth, und in der Schlacht bei den Hörnern von Hattin wurde das gesamte Heer mit

Ausnahme weniger Ritter, die fliehen konnten, aufgerieben. Guido wurde gefangen genommen. Saladin erwies sich als außerordentlich rachsüchtig und ließ alle Angehörigen von Ritterorden, die in seine Hände gefallen waren, köpfen. Nur wenige Wochen später konnte er Jerusalem nach einer 11-tägigen Belagerung durch Übergabe einnehmen, wobei er die christliche Bevölkerung schonte und abziehen ließ. In den folgenden Wochen konnte er auch den gesamten Küstenstreifen mit Ausnahme von Tyrus erobern, das von Konrad von Montferrat verteidigt wurde. Damit hatte er der Geschichte des Königreichs Jerusalem ein vorläufiges Ende gegeben. Es sollte zwar weiter bestehen, aber auf wenige Küstenstädte beschränkt bleiben.

Zwar hatte das Königreich Jerusalem die Stadt Christi nur 87 Jahre in seinem Besitz, in dieser Zeit aber übte Outremer einen wesentlichen Einfluss auf die Ritterkultur Europas aus. Erstmals waren in großem Umfang Ritter mit der Kultur des Orients in Berührung gekommen, hatten neben einer anderen Religion auch die wissenschaftlichen und medizinischen Leistungen der Muslime kennengelernt, fremde Sitten erfahren und ein Tor zu einer anderen Welt aufgestoßen. Die sollte sich in vielerlei Hinsicht in der Ausstattung der Burgen, in Kleidung und Essgewohnheiten widerspiegeln und selbst einen Kaiser wie Friedrich II. den Staufer dazu bringen, sich intensiv mit der Kultur des Islam auseinanderzusetzen. Die Kreuzzüge waren aber mit der Rückeroberung Jerusalems durch die Muslime nicht zu Ende, eine neue Generation von Königen und Kaisern machte sich auf, ins Heilige Land zu ziehen, der Kreuzzug war zu einem unverzichtbaren Bestandteil ritterlichen Lebens und ritterlicher Ideologie geworden.

Der Dritte Kreuzzug

Die Nachricht vom Fall Jerusalems erschütterte das christliche Europa zutiefst. Zu sehr hatte man darauf vertraut, dass Gott es nicht mit ansehen würde, wie sein »Lehen« Jerusalem wieder in muslimische Hände fiel, und unter den Rittern wie auch unter den Königen machte sich der Gedanke breit, wieder nach Palästina zu ziehen, um Jerusalem zu befreien. Dazu kam, dass sich der Kreuzzugsgedanke weit über die Länder des ersten Kreuzzugs hinaus verbreitet hatte und auch die skandinavischen, böhmischen und ungarischen Ritter teilnehmen wollten. Im Reich hatte sich der Investiturstreit soweit beruhigt, dass auch der römische Kaiser Friedrich I. Barbarossa (um 1122–1190) daran dachte, das Kreuz zu nehmen und einen Kreuzzug nach Palästina zu führen.

Am 29. Oktober 1187, vier Monate nach dem Fall Jerusalems, rief Papst Gregor VIII. (1110–1187) mit der Bulle »*Audita tremendi*« zum Dritten Kreuzzug auf. Als Gregor nach nur zwei Monaten im Pontifikat starb, übernahm sein Nachfolger Klemens III. (gest. 1191) das Propagieren des Kreuzzugs. Unter denen, die den Gedanken aufgriffen, waren König Heinrich II. von England (1133–1189), König Philipp II. von Frankreich (1165–1223) und Kaiser Friedrich I. Barbarossa. Diese drei Herrscher galten als die Krönung der Ritterschaft, waren gebildet, bewandert auf dem Gebiet der Turniere und der Kriegskunst. Wohl nie zuvor und auch nie danach konnte die Kreuzzugsbewegung drei so herausragende Herrscher an sich ziehen, die den Großteil des ritterlichen Europas versinnbildlichten. Dennoch sollte es bis zum Sommer 1190 dauern, bis die Heere aufbrechen konnten, wobei statt des inzwischen verstorbenen Heinrichs II. sein Sohn Richard I. Löwenherz (1157–1199) das englische Heer anführte.

Die Ersten, die aufbrachen, waren Friedrich Barbarossa und sein deutsches Kontingent, das 20.000 Mann betragen haben soll, darunter ein Großteil Ritter aus den vornehmsten Familien des Reiches. Dieses Heer marschierte auf dem Landweg nach Konstantinopel, eroberte unterwegs zahlreiche Städte, da der byzantinische Kaiser Isaac II. Angelos (1156–1204) sein Wort zur Verpflegung des Heeres nicht eingehalten hatte, und gelangte schließlich bis vor die Mauern von Adrianopel (Edirne). Beim heutigen Gallipoli setzte Barbarossa über die Dardanellen und siegte in zwei Schlachten bei Philomelium und Iconium gegen die Rum-Seldschuken. Nachdem er mit seinem Heer das befreundete christliche Reich Kleinarmenien erreicht und das Taurus-Gebirge überquert hatte, ertrank Friedrich im Juni 1190 in Sichtweite der Stadt Seleucia im Fluss Saleph. Die genauen Umstände seines Todes sind nicht geklärt: Teils wird berichtet, er habe, erhitzt vom Ritt, sich durch ein Bad abkühlen wollen; nach anderer Überlieferung wurde er bei der Flussüberquerung von seinem scheuenden Pferd abgeworfen und durch das Gewicht seiner Rüstung unter Wasser gezogen. Man spekulierte auch, dass er angesichts der Sommerhitze und seines Alters im eiskalten Gebirgswasser einen Herzinfarkt erlitten habe.

Sein Sohn Friedrich V. von Schwaben (1167–1191) zog mit einer kleinen Schar weiter, um Friedrich Barbarossa in Jerusalem zu beerdigen. Der Versuch, den Leichnam in Essig zu konservieren, misslang, sodass Herz und Eingeweide des Kaisers in Tarsus, das Fleisch in der Peterskirche in Antiochia und seine Knochen in der Kathedrale von Tyros beigesetzt wurden. Die Mehrzahl der deutschen Ritter kehrte aber nach dem Tod Friedrichs V. vor den Mauern von Akkon 1191 ins Reich über den Seeweg zurück, nur eine kleine Abteilung unter dem Babenberger Leopold V. (1157–1194) blieb im Heiligen Land.

Auch Philipp und Richard Löwenherz hatten sich 1190 auf den Weg gemacht, trafen sich in Frankreich und marschierten bis an die Küste des Mittelmeeres, wo sich Richard von Marseille aus nach Sizilien einschiffte, Philipp brach von Genua aus auf. Nachdem Richard Thronschwierigkeiten in Sizilien gelöst hatte, wurde ein Teil seiner Flotte mit seiner Kriegskasse in einem Sturm nach Zypern getrieben und daraufhin eroberte er, auch zur Wiedergewinnung seiner Verlobten Berengaria von Navarra, die Insel, ehe er weiter ins Heilige Land aufbrach, wo er sich vor der Stadt Akkon mit dem deutschen und französischen Kontingent vereinigte.

Bei der Belagerung und Eroberung von Akkon kam es zu jenem Zwischenfall, der später Richard für Jahre in die Gefangenschaft des deutschen Kaisers Heinrich VI. (1165–1197) bringen sollte. Als bei der Eroberung der Stadt die Banner Englands und Frankreich aufgepflanzt wurden, stellte auch der österreichische Herzog Leopold V. sein Banner in Vertretung des Kaisers daneben auf, was ihm aber von Richard übel genommen wurde und er es in den Graben werfen ließ.

Leopold, der daraufhin mit dem deutschen Kontingent abreiste, hat ihm das nie verziehen und nahm ihn 1192 bei seiner Rückkehr auf seinem Weg durch Österreich gefangen, was gegen jede Regel der Kreuzzugsidee war, die den teilnehmenden Rittern völlige Immunität versprach.

Richard versuchte in der Folge allein – Philipp war nach Frankreich zurückgekehrt –, nach Jerusalem durchzubrechen, schlug mehrmals das Heer Saladins und kam bis etwa zwei Wegstunden vor die Stadt, musste dann aber aus taktischen Gründen umkehren und schloss einen Sonderfrieden mit Saladin, der in Zukunft den christlichen Pilgern den Zugang zum Heiligen Grab garantierte. Nach internen Querelen unter den Engländern und Franzosen kehrte er nach Europa zurück, geriet in Gefangenschaft und sah England erst 1194 wieder.

Die Lehren aus diesem Kreuzzug für das christliche Europa scheinen klar. Die Ritterschaft hatte noch immer die Kraft, Heere aufzustellen, in Palästina einzufallen und Jerusalem zu erobern, wenn es sich einig war; kam es zu Streitigkeiten, so schmolz auch die Kampfkraft des Heeres dahin. Und noch etwas hatte man in diesem Kreuzzug gesehen, nämlich das bestimmte Auftreten der geistlichen Ritterorden, die in den nächsten Jahrzehnten die Hauptkräfte im Kampf und in der Verteidigung des Königreichs Jerusalem werden sollten.

Das Aufkommen der Ritterorden

Die ersten drei Kreuzzüge brachten unter den Rittern eine neuartige Bewegung in Gang, die zur Bildung der ersten geistlichen Ritterorden führen sollte. Diese waren eine Kreuzung zwischen dem Mönchtum und dem Rittertum, wobei es auch schon bisher üblich gewesen war, dass ein Ritter Mönch werden konnte und umgekehrt, aber dann trat er jeweils völlig in die Sphäre seines neuen Wirkens über, während die geistlichen Ritterorden eine Vereinigung beider Welten vorsahen.

Der Investiturstreit, der 1076 im Reich losgebrochen war, hatte auch die Landschaft des Mönchtums verändert. Waren bis dahin alle Mönche Benediktiner gewesen und hatten nach den Regeln des hl. Benedikt von Nursia gelebt (*ora et labora*), so traten in kurzer Zeit neue Mönchsorden auf, die sich je nach ihrem Aufgabengebiet spezialisierten. Die wichtigsten unter ihnen waren die Kartäuser, Zisterzienser und Prämonstratenser, die, anders als die Benediktiner, das Armutsgelübde ernst nahmen und sich selbst straffe und strenge Ordensregeln gaben, die dann von anderen Mönchsorden späterer Zeit übernommen wurden.

Zu diesen großen Orden kamen noch eine Anzahl kleinerer hinzu, deren Aufgaben vom Hospitaldienst bis hin zur Befreiung christlicher Gefangener aus heidnischer Gefangenschaft reichte, es gab dabei auch Brückenorden (*Fratres de ponte*), die Reisenden und Pilgern auf ihrem Weg halfen. Es zeigte sich hier eine neue Mannigfaltigkeit der christlichen Lebensformen, an denen die Kreuzzugsbegeisterung nicht unschuldig war, dabei waren sie nur die Spitze einer religiösen Erneuerung, die ganz Europa im 11. und 12. Jahrhundert erfasst hatte. Grundlage dafür war, dass die Menschen mit den alten religiösen Lebensformen nicht mehr zufrieden waren und sich nach neuen Wegen zum Erreichen des Heils umsahen.

Das Hauptmerkmal dieser neuen Orden war, dass sie sich auf die Regeln Benedikts oder des hl. Augustinus verpflichteten, die sich durch eigene Gewohnheiten (*consuetudines*) den Besonderheiten ihres Ordensleben anpassten. Zahlreiche Herrscher und auch hohe Geistliche besetzten bisher unabhängige Klöster mit derartigen »regulierten« Kanonikern.

Manche dieser Orden beschritten den Weg zu einer vermehrten inneren Einkehr, viele aber gingen mit ihren Diensten an die Öffentlichkeit, und hier war es besonders das Hospitalwesen, dem sich manche dieser Orden verschrieben, die zuerst sogenannte Drittorden waren, in denen Laien wirkten, wobei es allerdings immer eine Bestrebung der Kirche war, die Laien der Drittorden in die regulären Orden zu überführen. Aus diesen Hospitalgemeinschaften entstanden die Ritterorden, die zunächst gegründet wurden, um sich im Heiligen Land um die Verwundeten und Kranken zu kümmern. Neu daran war aber, dass auch Ritter in diese Orden eintraten und sich einerseits zu einem mönchischen Leben verpflichteten, andererseits aber auch mit dem Schwert in der Hand für Christus kämpfen wollten. Dieses Bestreben war weder aus der Geschichte des Mönchtums noch aus der des Rittertums erklärbar und ist als eine eigenständige Schöpfung der Zeit der Kreuzzüge mit ihren speziellen Erfordernissen zu erklären.

Die Aufgaben der Ritterorden

Betrachtet man die Herkunft der Ritterorden, so ist ersichtlich, dass sie alle an den Grenzen des Christentums im Kampf gegen Heiden und Muslime entstanden sind und hier auch ihr Wirkungsfeld gefunden haben. Das Mönchtum hatte sich zwar auch in Europa in Form der Drittorden dem Laienstand geöffnet und das Rittertum hatte vermehrt religiöse Bezüge in seine Ideologie und Ethik aufgenommen, zu einer Vereinigung der beiden Elemente konnte es aber erst an den Grenzen des Christentums kommen. Der Hauptgedanke war der Schutz der Grenze und wo es ging, diese auch weiter gegen die Ungläubigen hinauszuschieben. Dazu brauchte man aber ständig bereite Ritter, die sich nicht nur für die Dauer eines Kreuzzuges dem Kampf verschrieben, sondern bis zu ihrem Tod ihr Leben der Sache widmen wollten. Gleiche Aufgaben bedingten stets gleiche Lösungen, daher ist es nicht verwunderlich, dass sich die innere Organisation aller Ritterorden glich. Die oberste Stufe in der Hierarchie stellten die kämpfenden Ritter dar, die sich zumeist aus dem Adel rekrutierten, dann gab es die Gruppe der dienenden Brüder, die von der weltlichen Seite her in den Orden kamen, und dann die Ordensgeistlichen, die für das Seelenheil zuständig waren und den religiösen Dienst versahen. Wo der Schwerpunkt des Ordens lag, zeigte seine Spitze, wo in der Regel Ritter die Funktionen der Groß- oder Hochmeister besetzten.

Im Heiligen Land breiteten sich die Orden durch den Bau und Erwerb von Burgen aus, die das Rückgrat der Verteidigung bildeten und die durch Ordensritter ständig besetzt wurden. Andere schenkten Land und Geld, weil sie ein Kreuzzugsgelübde geleistet, aber nicht erfüllt hatten, und wieder andere, die nicht nach Palästina fahren konnten, spendeten reichlich, um wenigstens einen geringen Anteil am Kampf gegen die Muslime zu haben. In Europa entstand ein Netz von Besitzungen der Orden, die durch Schenkungen zustande kamen. Einerseits gaben die Pilger und die zeitweise im Orden dienenden Ritter zum Dank und zur Unterstützung der Orden, was durch eine weitgespannte Organisation verwaltet werden musste. Diese Güter bildeten die Grundlage für die Gelder, mit denen man den Kampf an den Grenzen finanzierte. Die Besitzungen, in *Kommenden* und *Balleien* organisiert, hatten aber noch einen anderen Zweck, sie dienten als Rekrutierungszentren für die nachgeborenen Söhne der Adeligen, die nichts erben konnten, aber darauf brannten, ein ritterliches Leben und den Kampf gegen die Heiden zu führen, da dies ihnen den Platz im Himmel sicherte. Für die Orden war dieser Nachschub an Menschen überlebenswichtig, da die Ordensritter meist an vorderster Front kämpften und dadurch stets starke Ausfälle zu verzeichnen hatten und die Kontingente der Orden in manchen Schlachten völlig aufgerieben wurden.

Die Johanniter

Ein erstes Spital, das dem hl. Johannes dem Täufer oder dem hl. Johannes dem Almosengeber geweiht war, soll bereits von Kaufleuten aus Amalfi im Muristan, einem Krankenhaus in Zentrum der Altstadt von Jerusalem, gegründet worden sein. Aufgabe des Spitals war es, die medizinische Versorgung der Pilger aus Europa sicherzustellen, eine Tätigkeit, die von Laienbrüdern geleistet wurde. Vorbild dazu waren die muslimischen Spitäler, die es in der gesamten arabischen Welt gab und die hier kopiert und adaptiert wurden.

Nach der Eroberung Jerusalems 1099 bildete sich in der Stadt unter Meister Gerhard Tonque eine Bruderschaft unter dem Patronat des hl. Johannes des Täufers zum Betrieb des Spitals, die sich eine eigene Regel gab und die am 15. Februar

1113 von Papst Paschalis II. als Spitalorden bestätigt wurde. In der Folge fand der Orden starken Zulauf und verbreitete sich mit zahlreichen Niederlassungen an den wichtigsten europäischen Verkehrsknotenpunkten der Pilgerwege nach Jerusalem wie in Asti, Pisa, Bari, Otranto und Messina, die aber alle vom Mutterspital in Jerusalem abhängig blieben. Der Orden wurde unter Raymund von Puy, der dem Ordensgründer Gerhard Tonque nach dessen Tod 1120 als Meister nachgefolgt war, vom pflegenden Spitalorden zu einem kämpfenden Ritterorden umgestaltet und erhielt 1130 eine Regel, die auf der des hl. Augustinus basierte. In dieser ist aber nur von Reinheit, Gehorsam und Armut die Rede und von der Aufgabe, den Armen und Kranken zu dienen, es wird noch nicht davon gesprochen, dass die Johanniter auch Kriegsdienst leisten sollten.

Aus der Zeit um 1160 ist der Bericht des Pilgers Johannes aus Würzburg überliefert: »... *ist ein Hospital angeschlossen, welches in seinen verschiedenen Gebäuden eine Vielzahl von Schwachen und Kranken sammelt, pflegt und wiederherstellt, was einen hohen Kostenaufwand bedeutet. In der Zeit, in der ich selber dort war, betrug, wie ich von den dienenden Brüdern selbst erfuhr, die Zahl der Kranken bis an die zweimal Tausend. Sie waren so schwer von Krankheit geplagt, dass manchmal innerhalb eines vollen Tages mehr als 50 Tote hinausgetragen werden mussten. Aber immer und immer wieder kamen noch mehr hinzu ... Es entfaltete sich eine so unübersehbare Wohltätigkeit dadurch, dass Armen, welche um Brot baten, gegeben wurde, auch wenn sie außerhalb des Hauses blieben.*«

Nach der Eroberung Jerusalems 1099 erhielt der Orden starken Zulauf und verbreitete sich mit zahlreichen Niederlassungen an den wichtigsten europäischen Verkehrsknotenpunkten der Pilgerwege nach Jerusalem wie in Asti, Pisa, Bari, Otranto und Messina, die aber alle vom Mutterspital in Jerusalem abhängig blieben. Der Orden wurde unter Raymund von Puy, der dem Ordensgründer Gerhard Tonque als Meister nachgefolgt war, vom pflegenden Spitalorden zu einem kämpfenden Ritterorden umgestaltet und erhielt 1130 eine eigene Regel, die auf der des hl. Augustinus basierte. In dieser ist aber nur von Reinheit, Gehorsam und Armut die Rede und von der Aufgabe, den Armen und Kranken zu dienen, es wird noch nicht davon gesprochen, dass die Johanniter auch Kriegsdienst leisten sollten.

Hier war es vermutlich das Vorbild des um 1118 gegründeten Ordens der Templer, welches die Johanniter bewogen hat, selbst das Schwert in die Hand zu nehmen. Es ist vorstellbar, dass man immer wieder Mitglieder des Ordens, die ja zum Großteil Ritter waren, zum Kampf angefordert hat, wenn es an Männern und Rittern mangelte, und es wird so einen langsamen Übergang vom Pflegenden zum Kämpfenden gegeben haben. Erst Papst Alexander III. (1110–1181) hat den Johannitern ausdrücklich das Recht zugesprochen, in Fällen des allgemeinen Aufgebotes und bei der Verteidigung zu den Waffen zu greifen.

Bereits am 15. Februar 1113 erließ Papst Paschalis II. (gest. 1118) das Privileg *Pia postulatio voluntatis*, in dem der Orden von der Pflicht der Zehentabgabe entbunden und unter päpstlichen Schutz gestellt wurde. Auch war die Bruderschaft in der Wahl ihres Vorsitzes freigestellt, 1117 wurde auch das Hospital selbst unabhängig. Stiftungen vieler Adeliger aus allen Teilen Europas mehrten das Vermögen des Ordens und wurden zur Einrichtung von Wegstationen und kleinerer Hospitäler auf den Pilgerwegen verwendet. Mit dem Privileg »*christianae fidei religio*« vom 21. Oktober 1154 wurde der Orden durch Papst Anastasius IV. (gest. 1154) aus der bischöflichen Jurisdiktion herausgehoben und direkt dem Papst unterstellt. Mitarbeiter des Ordens als dienende Brüder hatten das Gelübde des Gehorsams abzulegen, als Ritter oder Priester zusätzlich die Gelübde von Keuschheit und Armut, wobei Letzteres lediglich den Verzicht auf Privateigentum bedeutete.

Die Ritterorden trugen zu ihrer Unterscheidung bestimmte Gewänder, die als erste Anfänge einer Uniformierung anzusehen sind. Die Johanniter trugen zunächst einen schwarzen Mönchshabit der, als sie immer mehr zum kämpfenden Orden wurden, durch einen schwarzen Umhang mit einem weißen achtzipfeligen Kreuz darauf ergänzt wurde. Ab dem 13. Jahrhundert wandelte sich dieser in einen roten Mantel mit weißem, eingekerbtem Kreuz, wie es heute noch die Malteser, der Nachfolgeorden der Johanniter, im Zeichen tragen.

Der Orden selbst bestand aus Rittern, die sich dem Kampf und dem Schutz der Pilger auf dem Weg nach Jerusalem widmeten, Geistliche übernahmen den Kirchendienst, während die Laienbrüder sich dem Krankendienst widmeten. Dazu kamen die Sergeantenbrüder, die als Knappen und Hilfskräfte den Rittern zur Seite standen, aber keine Ritter waren.

Ab 1140 wurde der militärische Wert der Johanniter immer mehr in den Vordergrund gestellt, und man bot ihnen vermehrt Burgen zur Betreuung an. Dazu gehörten die ausgedehnten Festungsanlagen von Belvoir, der Krak des Chevaliers und die Burg Markat im Libanon.

Ordensritter übernahmen auch die Verwaltung des Ordensbesitzes außerhalb des Mittelmeerraumes. Die Erlöse aus den Besitzungen wurden zum Teil an den Orden selbst abgeführt, zum Teil ermöglichten sie die Versorgung der Ritter vor Ort als Pfründe. Durch dieses System wurde die materielle Versorgung von Rittern möglich, die als nicht erbberechtigte Söhne über kein eigenes Vermögen verfügten und die dadurch nicht mehr gezwungen waren, zwischen einer rein militärischen und einer kirchlichen Laufbahn zu wählen.

Die Templer

Die Templer gelten bis heute als der Inbegriff der geistlichen Ordensritter, nicht allein deshalb, weil ihre Welt und besonders ihr Ende auf den Scheiterhaufen Frankreichs von alters her die Fantasie der Betrachter angeregt hat. Der Orden wurde um 1118 gegründet und trug den vollen Namen *Arme Ritterschaft Christi und des salomonischen Tempels zu Jerusalem* (*Pauperes commilitones Christi templique Salomonici Hierosalemitanis*). Der Name rührte von dem Umstand her, dass König Balduin II. dem Orden einen Flügel seines Palastes auf dem Tempelberg in Jerusalem, wo bis zur Zerstörung durch den persischen Herrscher der Sassaniden Chosrau II. im Jahre 614 eine Basilika St. Maria gestanden hatte, als Quartier angeboten hatte, welcher auf den Grundmauern des salomonischen Tempels gebaut worden war. Ziel des Gründers Hugo von Payns (1080–1136) und weiterer sieben Ritter war es für die christlichen Pilger, die nach der Eroberung Jerusalems zahlreich ins Land strömten, die Straße von der Küstenstadt Jaffa über Ramla nach Jerusalem zu sichern. Da sie aber sonst keine karitativen Aufgaben hatten, fand der Orden zunächst nur wenig Anerkennung. Erst mit Hilfe von Bernhard von Clairvaux, der in seiner Abhandlung *De laude novae militiae* (Vom Ruhm der neuen Ritterschaft) die Rechtfertigung und die Ideologie für die neue Lebensform lieferte, wurden die Templer anerkannt und zugleich als Ritter und Mönche gesehen, auch weil sie nach den Mönchsgeboten von Reinheit, Gehorsam und Armut lebten. Ihr Zeichen war der weiße Rittermantel mit dem roten Kreuz darauf. Auf der Synode von Troyes 1129 bekamen sie eigene Regeln, die auf denen des hl. Benedikt basierten, gleichzeitig aber auch ihre Funktion als Ritter im Kampf gegen die Heiden berücksichtigten. Dies brachte dem Orden so viel Anerkennung, dass Hugo von Payns, der auf der Synode gewesen war, bei seiner Rückkehr 1130 nach Jerusalem dem Orden 300 neue Ritter zuführen konnte.

Intern gab es im Orden eine strenge Hierarchie, die sich an der Organisation ritterlicher Haushalte orientierte. An der Spitze standen die Großmeister in den Komtureien, die wie Minister für verschiedene Bereiche, von Finanzen bis zum Spitalwesen, zuständig waren. Darunter standen die Kapläne, die für das geistliche Heil sorgten, und dann die Ritterbrüder, die eigentlichen Kämpfer des Ordens, die beim Eintritt ihre gesamte Ausrüstung und Pferde mitbringen mussten. Sie verpflichteten sich auf Lebenszeit und legten nach einer Probezeit die Gelübde der Keuschheit, des Gehorsams, des Verzichtes auf persönlichen Besitz und des Schutzes der Pilger auf ihren Wegen ab.

Die Sergeanten kämpften in der leichten Reiterei und waren die Arbeitsbrüder, denen die Versorgung der Ritter oblag, wobei sie von der untersten Stufe der Hierarchie, den Knappen, unterstützt wurden.

Man konnte dem Orden in verschiedenen Formen angehören. Die *milites ad terminum* (Ritter auf Zeit) dienten als zeitweilige Ritterbrüder im Orden, die *Turkopolen* waren christliche Orientalen, die als leichte Reiterei die Ritter unterstützten. Die *fratres ad succurendum* (Hilfsbrüder) waren Laien, die auf dem Sterbebett um ihres Seelenheils willen den Templern beitraten und wie die *Donates* (Spender) Teile ihres Besitzes an den Orden verschenkten. Die *Confratres* (Mitbrüder) waren Förderer des Ordens, die ihm finanziellen Beistand leisteten.

Am 29. März 1139 wurde die Organisation der Templer von Papst Innozenz II. (1116–1143) durch die Bulle »*Omne datum optimum*« (Das vollkommene Geschenk), erneut bestätigt und der Orden direkt dem Papst unterstellt. Dadurch bildete er praktisch einen Staat im Staate und war für weltliche Herrscher nahezu unantastbar. Er war nicht nur von der Steuer befreit, sondern durfte selbst Steuern erheben.

Der Templerorden lebte aber in den Jahren des Bestehens des Königreichs Jerusalem nicht nur für den Kampf, sondern hatte auch weitreichende wirtschaftliche Interessen. Die Ritter organisierten den Transport der Pilger von Europa nach Jerusalem, sicherten die Wege, sorgten für Unterkunft und Verpflegung, errichteten ein internationales Wechselsystem und verliehen Geld zur Finanzierung ihrer Aktivitäten im Heiligen Land. Ihre Korrektheit im Geldwesen wurde auch von den Muslimen geschätzt, die sich der Dienste der Templer versicherten. Der Orden blieb im Heiligen Land bis zum Ende des Königreichs Jerusalem 1291, und die Templer, die den Fall von Akkon überlebt hatten, räumten als letzte Christen die Festungen von Tortosa und Athlit im August des Jahres. Nachdem sich der Orden nach Zypern zurückgezogen hatte, widmete er sich vermehrt den finanziellen Geschäften zur Unterstützung des Kampfes gegen die Muslime.

Der Templerorden sollte der einzige Orden bleiben, der nach dem Ende des Königreichs Jerusalem seine finanziellen Interessen in Europa weiter ausbaute und allmählich in die Rolle einer Bankgesellschaft hineinwuchs, der auch anderen Ritterorden Kredite gewährte und ihre Gelder verwaltete. Diese flossen nun nicht mehr an die Grenze zum Kampf gegen die Muslime, sondern sammelten sich in ihren Kirchen und Schatzhäusern und erregten die Bewunderung und den Neid der Zeitgenossen. Dies führte 1307 zur Zerschlagung des Ordens durch den französischen König Philipp IV. (1268–1314) und der Beschlagnahme seiner Gelder, wobei der berühmte Schatz der Templer bis heute ein Mysterium bleibt. 1312 wurde der Orden vom Papst aufgehoben (Bulle *Vox in excelso*), die Templergüter den Johannitern zugesprochen. 1314 wurde nach mehrjährigem Prozess der letzte Großmeister mit anderen Rittern in Paris verbrannt.

Der Deutsche Orden

Kamen die Johanniter vom karitativen Zweig des Mönchtums und die Templer vom Rittertum, so bildete der Deutsche Orden, der am spätesten entstandene der drei großen Ritterorden, eine Vereinigung aus beiden Elementen. Gegründet wurde er 1190 während der Belagerung von Akkon. Hanseatische, namentlich Bremer Kaufleute errichteten aus den Segeln ihrer Schiffe ein Feldspital, das nach der Eroberung Akkons in die Stadt übersiedelte. Die dort dienenden Brüder nahmen die karitativen Regeln der Johanniter an und nannten die Einrichtung *St.-Marien-Hospital der Deutschen zu Jerusalem* in Erinnerung an ein Spital, das bis 1187 in Jerusalem bestanden hatte. Aus der lateinischen Bezeichnung *Ordo Teutonicus* entstand der Name *Orden der Brüder vom Deutschen Haus Sankt Mariens in Jerusalem* (*Ordo fratrum domus Sanctae Mariae Teutonicorum Ierosolimitanorum*). In der Heiligen Stadt sollte nach dem erwarteten Sieg über die Muslime auch das Haupthaus des Ordens errichtet werden.

Ab 1191 erhielt der Orden reiche Schenkungen, und schon im selben Jahr konnte Kaiser Heinrich VI. seine Anerkennung bei Papst Klemens III. durchsetzen und den Orden im März 1198 in den Stand eines Ritterordens erheben. In der Urkunde zur Erhebung ist ausdrücklich die Rede davon, dass sie wie die Johanniter den Spitaldienst und wie die Templer den Kriegsdienst pflegen sollten. Ihr Zeichen war der weiße Mantel mit dem schwarzen Kreuz, wobei es um die Farbe des Mantels lange Zeit Streitigkeiten mit den Templern gab, welche die weiße Farbe für sich allein beanspruchten.

Die Mitglieder des Ordens waren auf die Gelübde der Armut, der ehelosen Keuschheit und des Gehorsams verpflichtet. Wie alle Ritterorden des Mittelalters bestand der

Deutsche Orden zunächst aus Ritterbrüdern, Priesterbrüdern, Sariantbrüdern und als Besonderheit den dienenden Halbbrüdern, welche die täglichen Arbeiten zu erledigen hatten.

1221 gelang es dem Orden durch ein päpstliches Generalprivileg, seine volle Unabhängigkeit von der Diözesangewalt der Bischöfe zu erlangen. Die Einkünfte erhöhten sich durch die Gewährung des Rechts zur umfassenden Kollekte auch in nicht dem Orden zugeordneten Pfarreien. Gegen entsprechende Vergütung (*Legat*) durften zudem mit Bann oder Interdikt belegte Personen in »geweihter Erde« auf den Friedhöfen der Ordenskirchen beigesetzt werden, was ihnen sonst verwehrt geblieben wäre. Der Orden war kirchlich papstunmittelbar und somit Johannitern und Templern gleichgestellt. Die deutschen Ritter sollten bis 1291 im Heiligen Land verbleiben und beteiligten sich am Endkampf um die Festung Akkon. Beginnend mit 1225 baute sich der Orden unter seinem bedeutenden Großmeister Hermann von Salza an der Ostsee, in Preußen und Livland, bei der Christianisierung der dortigen baltischen Völker eine weiträumige Landesherrschaft auf. Dieser Deutschordensstaat umfasste etwa das Gebiet des späteren West- und Ostpreußens sowie bis 1561 als eigenständiges Meistertum Livland große Teile des heutigen Estland und Lettland.

Der Lazarusorden

Einer der seltsamsten und vielleicht auch grausamsten Orden war der Lazarusorden, von den anderen Kreuzrittern auch »die lebenden Toten« genannt. Er entstand schon im 11. Jahrhundert aus einem St.-Lazarus-Hospital, das außerhalb der Stadtmauern von Jerusalem gelegen war und die Kranken, Bedürftigen, Sterbenden, Leprakranken und Reisenden aufnahm und pflegte, wobei der Orden

den Regeln des hl. Augustinus folgte. Aus der Tätigkeit des Lazarus-Ordens im Spitaldienst leitet sich auch der heutige Begriff »Lazarett« ab. Ein einfaches, getatztes grünes Stoffkreuz auf der Brust des schwarzen Ordenskleides beziehungsweise auf der linken Schulter ihres Mantels war sein Symbol. Ursprünglich war der Krankenpflegeorden eine rein karitative Vereinigung, militarisierte sich aber zur Zeit der Kreuzzüge, um in kriegerischen Auseinandersetzungen um Jerusalem handlungsfähig zu bleiben. Ihren Namen als Orden der lebenden Toten verdankten sie dem Umstand, dass die anderen Ritterorden ihre an Lepra erkrankten Mitbrüder an den Lazarusorden überstellten, wo sie trotz ihrer Krankheiten und ihrer Entstellungen weiter den Ritterdienst versehen konnten. Wegen dieser Krankheit galten sie im Kampf, da sie mit dem Leben schon abgeschlossen hatten, als besonders tollkühn und es gab mehrere Schlachten, bei denen das Kontingent der Lazarusritter völlig aufgerieben wurde.

Erst 1253 erteilte Papst Innozenz IV. (1195–1254) dem Orden die Erlaubnis, auch Großmeister zu ernennen, die nicht an Lepra litten. 1291 beteiligten sich fünfundzwanzig Ordensritter bei der Verteidigung von Akkon, die alle während des Kampfes getötet wurden. Der Orden verließ danach das Heilige Land und richtete auf Schloss Boigny bei Boigny-sur-Bionne bei Orléans den Sitz des Großmagisteriums ein.

Im Laufe des 14. und 15. Jahrhunderts entfaltete der Orden neben dem Dienst an den Leprakranken auch wieder militärischen Aktivitäten. Während des Hundertjährigen Krieges kämpften Ritter des Ordens für den König von Frankreich, während gleichzeitig englische Ordensritter an der Seite ihres Königs für England kämpften.

Die spanischen Orden

Grundsätzlich kann man sagen, dass alle Ritterorden aus der Vereinigung von Mönchtum und Rittertum entstanden sind. Das gilt auch für die spanischen Ritterorden, die sich aber vornehmlich dem Kampf gegen die Mauren in Spanien gewidmet haben. Der älteste unter ihnen ist der Orden von Calatrava, der seine Entstehung einer Schar von Mönchen verdankt, die sich vor 1158 unter der Führung des adeligen Zisterziensermönchs Diego Velázquez zusammentaten, um die Stadt Calatrava gegen die Mauren zu verteidigen.

Anstelle des Zisterzienserhabits trugen die Ritter einen weißen Waffenrock, ein weißes Skapulier, eine schwarze Kapuze und einen Pilgerkragen. Ihr Ordenskleid bestand aus einem weißen Mantel mit einem roten Lilienkreuz auf der linken Seite.

Nach mehreren wechselvoll verlaufenen Kriegen etablierte sich der Orden, der bis zu 20.000 Mann mobilisieren konnte, als wirtschaftliche und politische Macht in Spanien und spielte eine entscheidende Rolle bei der Reconquista.

Trotz seiner militärischen Stärke wurde der Orden dem Klerus zugerechnet und verfügte über Privilegien und reiche Einkünfte aus Viehherden, Lehensrechten, aus der vom König ihnen übertragenen *alcabala*, einer Art Mehrwertsteuer, aus Pachtzinsen sowie Steuerfreiheit. In seiner Glanzzeit gebot er über 50 Komtureien und beherrschte mehr als 350 Dörfer. Der Orden fühlte sich wie alle spanischen Ritterorden stärker dem kastilischen König als dem Papst verpflichtet und konnte nach 1312 auch die Besitztümer der Templer im Lande übernehmen. Er blieb bis zur ständigen Übertragung der Großmeisterwürde auf den König eine politische Macht im Lande.

Eine ähnliche Geschichte hatte auch der Orden von Alcántara, der zwar zum Klerus gerechnet wurde, aber bis zur seiner Unterstellung unter die Krone die Interessen des Adels bei der Rückeroberung Spaniens vertrat.

Der dritte der größeren spanischen Orden, der Santiago-Orden, geht eher auf eine Rittergesellschaft zurück, die sich wie die Templer dem Schutz einer Straße und der Pilger darauf verschrieben hatten. Es war dies der *Camino Francés*, der von den Pyrenäen bis nach Santiago de Compostela führte und während des gesamten Mittelalters einer der wichtigsten Pilgerwege Europas war. Der Santiago-Orden wurde 1175 zum Ritterorden erhoben, blieb aber im Grunde eine ritterliche, dem König unterstellte Miliz, die einfachere Regeln als die anderen Ritterorden hatten. Die Ritter des Santiago-Ordens akzeptierten die Gelübde der Armut und des Gehorsams und organisierten sich nach den Regeln des hl. Augustinus anstelle der Zisterzienserregeln. Die Mitglieder waren nicht zur Keuschheit verpflichtet und konnten heiraten, eine Bulle des Papsts Alexander III. empfahl ihnen jedoch das Zölibat. In den Gründungsstatuten des Ordens heißt es präzise: »*In ehelicher Keuschheit ohne Sünde lebend, ähneln sie den ersten Eltern, weil es besser ist zu heiraten, als zu verbrennen.*«

Das Abflauen der Kreuzzugsbewegung

Es erscheint erstaunlich, dass nach den Misserfolgen des Dritten Kreuzzugs die europäische Ritterschaft noch immer die Stärke hatte, an weitere Kreuzzüge zu denken. 1202 bis 1204 kam es zu jenem verhängnisvollen Kreuzzug, der sich eigentlich nach Ägypten hätte richten sollen, um von dieser Seite her nach Palästina einzufallen, der aber, hervorgerufen durch jahrelange Streitigkeiten zwischen Byzanz und Venedig und durch Thronwirren in Byzanz selbst, in der Plünderung der Stadt am Goldenen Horn enden sollte. Das Ergebnis war die Ausrufung eines lateinischen Königreichs in Konstantinopel, das aber nur kurz bis 1261 bestand und das aufgrund seiner Schwäche kaum etwas zur Befreiung Jerusalems beitragen konnte.

Die nächsten beiden europäischen Herrscher, die den Kreuzzugsgedanken wieder aufnahmen, waren zwei herausragende Persönlichkeiten, Kaiser Friedrich II. der Staufer (1194–1250) und König Ludwig IX. der Heilige von Frankreich (1214–1270).

Nachdem der letzte Waffenstillstandsvertrag zur Sicherung Jerusalems, 1211 zwischen dem Regenten von Jerusalem, Johann von Brienne, und dem Ayyubidensultan al-Adil I. geschlossen, im Jahre 1215/1216 ausgelaufen wäre, diente dieser Zeitpunkt zum Anlass, einen neuen Kreuzzug zur Rückeroberung Jerusalems für die Christen zu unternehmen.

Zunächst brachen am 1. Juni 1217 die Kreuzfahrer unter Führung von König Andreas II. von Ungarn (1177–1235) und Herzog Leopold VI. von Österreich (1176–1230) vom Hafen von Split in Richtung Palästina auf. Nach kurzem Aufenthalt auf Zypern erreichten sie Akkon, die Hauptstadt des verbliebenen Königreichs Jerusalem. Nach mehreren vergeblichen Versuchen, das Heer des Ayyubidensultans al-Kamil (1180–1238) zur Schlacht zu stellen, missglückte das Vorhaben, Jerusalem zu erreichen. Im April und Mai 1218 trafen Thomas Olivier aus Köln und Graf Wilhelm I. von Holland mit niederländischen, flämischen, friesischen und deutschen Kreuzfahrern in Akkon ein. Man beschloss Ägypten anzugreifen und richtete das Heer zunächst gegen die Grenzstadt Damiette im Nildelta. Hier kam es zu Streitigkeiten unter den Kreuzfahrern, die darin gipfelten, dass man das Angebot al-Kamils, ihnen Jerusalem freiwillig zu übergeben, ablehnte. Nach einer längeren Periode der Untätigkeit wollten die Kreuzfahrer auf Kairo vorrücken, wurden aber schwer geschlagen und mussten Ägypten verlassen, der Kreuzzug war vor allem an den internen Streitigkeiten der Christen gescheitert.

Die Schuld am Scheitern wurde teilweise Friedrich II. gegeben, da dieser zwar seine Unterstützung versprochen hatte, durch Angelegenheiten in Sizilien jedoch daran gehindert worden war. Im Vertrag von San Germano versprach er 1225 verbindlich, bis spätestens 1227 einen eigenen Kreuzzug zu unternehmen. Jedoch wurden von Papst Honorius III. (1148–1227) auch schwere Vorwürfe gegen Kardinal Pelagius erhoben, weil er das Verhandlungsangebot des Sultans al-Kamil über die Rückgabe Jerusalems an die Christen nicht angenommen hatte. Es war also klar, dass Friedrich II. der Staufer bei nächster Gelegenheit zu einem Kreuzzug in das Heilige Land aufbrechen musste, wollte er der Exkommunikation durch den Papst entgehen.

Friedrich II. war das »Wunder der Welt«, der *stupor mundi,* er sprach neun Sprachen und konnte sieben davon schreiben. Er reiste mit einer Garde aus Sarazenen, einer Musiktruppe aus Afrikanern, einem Zoo mit Elefant und Giraffe und einem Harem samt Eunuchen. Seltsam genug für seine Zeit, pflegte er täglich zu baden, er schrieb Bücher und galt dem Papst als der größte Feind der Christenheit, obwohl er ein römisch-deutscher Kaiser war. Nachdem er sich unter Schwierigkeiten im Deutschen Reich als König durchgesetzt hatte, wurde er 1220 in Rom von Papst Honorius III. gegen das Versprechen, einen Kreuzzug zu unternehmen und die Häretiker zu strafen, zum Kaiser gekrönt.

1227 starb Honorius III. und der neue Papst Gregor IX. (1167–1241) stand vom ersten Moment an Friedrich feindlich gegenüber. Er sah ihn als Gefahr für das Papsttum und begann eine Kampagne, die den Kaiser als Dämon und Antichrist darstellen sollte. Daneben forderte er vehement den versprochenen Kreuzzug ein. 1227 brach Friedrich auf, musste aber nach zwei Tagen zurückkehren, weil auf seinem

Schiff die Pest ausgebrochen war, worauf ihn der Papst mit dem Kirchenbann belegte. Erst ein Jahr später konnte er wieder ins Heilige Land aufbrechen, was der Papst ausnutzte, um in Sizilien mit Truppen einzufallen.

Friedrichs Kreuzzug war der einzige, welcher friedlich und erfolgreich war. Er ordnete die Verwaltung Zyperns neu, und im Heiligen Land angekommen erkannte er, dass er seine Ziele auch ohne Kampf erreichen konnte. Dafür unterstützte er al-Kamil, den Sultan von Ägypten, mit dem er sich ausgezeichnet verstand, gegen den Sultan von Damaskus und al-Kamil trat ihm dafür Bethlehem, Jerusalem und Nazareth für die Dauer von 10 Jahren ab. Da Friedrich mit Jolanda II. verheiratet war, die Anspruch auf den Thron von Jerusalem hatte, konnte er sich auch zum König von Jerusalem krönen lassen. Am 18. März 1229 setzte sich Friedrich die Krone von Jerusalem auf, wobei es sich nicht um eine echte Krönung handelte, da er als Gebannter kein Recht auf religiöse Zeremonien hatte und keine Weihe empfangen durfte. Für Unmut sorgte, dass sich Friedrich bei diesem Kreuzzug vor allem auf seine deutsche Ritterschaft, darunter seinen bedeutenden Kanzler Heinrich von Salza, stützte und die Interessen der anderen Länder, die im Königreich Jerusalem vertreten waren, ignorierte.

Das Ende der Kreuzzüge

Mit dem Ende des Kreuzzugs von Friedrich II. schien die hohe Zeit der Kreuzzugsbewegung vorbei. Es kam zwar noch zu weiteren Unternehmungen, die durchaus als Erfolge zu bewerten waren, wie der Kreuzzug der Barone von 1239 bis 1241, der die Grenzen des Königreichs Jerusalem wieder bis an den Jordan vorschieben konnte, es gab aber auch den erfolglosen Sechsten Kreuzzug Ludwigs IX. und den Siebten Kreuzzug, der sich vor allem gegen Ägypten

und Jerusalem richtete, die eigentliche Kraft als Sammelbecken der gesamteuropäischen Ritterschaft zu wirken,
hatten diese Bewegungen nicht mehr. Es scheint vielmehr
so zu sein, dass praktisch jede neue Generation von Rittern
einmal im Leben darauf brannte, eine bewaffnete Pilgerfahrt
zu unternehmen, und die Kreuzzüge eher eine Gewohnheit
als eine religiöse Pflicht wurden.

Mir der Zeit wandelten sich die Ziele der Kreuzritter. Man
reiste nun nicht mehr allein ins Heilige Land, um Jerusalem zu befreien, sondern suchte auch die nordafrikanische
Küste und Ägypten heim, auch Unternehmungen gegen
die Piraten von Mahdia, gegen die Mauren in Spanien und
die schwedischen Eroberungsfeldzüge gegen die Heiden in
Finnland im 13. Jahrhundert wurden als Kreuzzüge bezeichnet. Im 14. Jahrhundert wurden über 50 Kreuzzüge gegen
die heidnischen Pruzzen und Litauer geführt, wobei man
diese vom Deutschen Orden organisierten Feldzüge auch
als »Preußenfahrten« oder »Litauerreisen« bezeichnete. Das
15. Jahrhundert weist vier Kreuzzüge gegen die Hussiten
auf und besondere Bedeutung hatte der Kreuzzug 1396
gegen das Vordringen der Türken auf dem Balkan, der in
einer verheerenden Niederlage der europäischen Ritter
gegen die Türken bei Nikopolis endete. Von 1443 bis 1444
fand ein meist als »letzter Kreuzzug« eingestufter Feldzug
gegen das Osmanische Reich statt, der in der Schlacht bei
Warna scheiterte.

Zusammenfassend lässt sich über die Kreuzzugsbewegung vom 11. bis zum 14. Jahrhundert sagen, dass diese in
höchstem Maß zum Selbstverständnis des europäischen Rittertums beigetragen hatte. Der Ritter wandelte sich hier von
Raufbold zum heiligen Kämpfer, der um der Ehre Christi
willen in den Kampf zog. Man hat aber auch Überlegungen
angestellt, dass es nicht allein die himmlischen Ehren waren, welche die Kreuzritter ins Heilige Land trieben. Nicht

zufällig fällt der Beginn der Kreuzzugsbewegung mit dem Aufkommen der ersten Söldnertruppen in Europa zusammen, woraus ein Zusammenhang zwischen Söldnertum und Kreuzrittergedanken abgeleitet werden kann. Auf der einen Seite gab es Aussichten auf Belohnungen in Form von Geld oder Land, auf der anderen Seite Appelle der Kirche mit Aussicht auf Belohnung im Jenseits. Es war also durchaus so, dass Truppen für das Heilige Land mit himmlischen Versprechungen und mit weltlichem Sold angeworben wurden. Schon beim ersten Kreuzzug wurden die Ritter und die hochrangigen Adeligen mit Geschenken des byzantinischen Kaisers und mit Soldversprechen an das gesamte Heer belohnt, der Kreuzzugsgedanke hat also den menschlichen Eigennutz nicht ganz beseitigen können. Das heißt, dass schon in den Kreuzzügen jene Entwicklung, Heeresdienst gegen Geld, beginnt, die sich im Laufe der Jahrhunderte immer weiter verstärken sollte und die schließlich in den Siegen der bezahlten Soldaten am Ende des Mittelalters über die Ritter ihren Abschluss finden und das Rittertum obsolet machen sollte.

5. Die Abschließung
des Ritterstandes

Friedrich II. hatte sich zwar 1229 in Jerusalem zum König krönen lassen und die Heilige Stadt wieder kurzzeitig in den Besitz der Christenheit zurückgeführt, dennoch schlug ihm bereits kurz danach eine Welle der Verachtung und des Abscheus entgegen. Der Vertrag mit Sultan al-Kamil war bei der christlichen Bevölkerung der Kreuzfahrerstaaten außerordentlich unbeliebt. Das lag weniger daran, dass der Kaiser statt durch Krieg mit politischen Mitteln vorgegangen war und dabei den Sultan als faktisch gleichrangig anerkannt hatte, ähnliche freundschaftlich-diplomatische Kontakte hatten auch Richard Löwenherz und al-Kamils Onkel Saladin gepflegt. Bedeutend war vielmehr, dass der Kaiser exkommuniziert und somit kirchenrechtlich zur Führung eines Kreuzzugs gar nicht berechtigt war. Dass es eine muslimische Enklave im christlichen Jerusalem geben sollte, war dem lateinischen Patriarchen von Jerusalem ein Dorn im Auge, der in einem Brief an den Papst den angeblich sarazenischen Lebensstil des Kaisers denunzierte und den Vertrag einen »Betrug« nannte. Bei seiner Abreise aus Palästina soll Friedrich am 1. Mai 1229 in Akkon von der Bevölkerung beschimpft und mit Schlachtabfällen beworfen worden sein.

Dennoch konnte er nach seiner Rückkehr nach Italien die Provinz Apulien wieder dem Papst entreißen, war aber an einem politischen Ausgleich mit Papst Gregor IX. interessiert und konnte bis 1230 die meisten der Fürsten auf seine Seite ziehen.

Diese kurze Friedensperiode nutzte er, um eine umfang-
reiche rechtliche Neuordnung der gesellschaftlichen und
politischen Verhältnisse in Sizilien vornehmen zu lassen,
wobei Teile seiner Gesetzgebung auch in das römisch-
deutsche Reich einfließen sollten. Diese Aufgabe wurde von
seinen Hofjuristen durchgeführt, die eine Sammlung und
Neubewertung von althergebrachten Gesetzen anlegten,
die, nach längeren Vorarbeiten um 1231 fertiggestellt, als
Konstitution von Melfi bekannt und in späterer Zeit *Liber
Augustalis* benannt wurde. In ihr wurden das Lehnswesen, die Hof- und Staatsverwaltung, die Rechtsprechung,
die Militärverfassung und die Wirtschaft neu geordnet.
Friedrich machte damit Unteritalien und Sizilien zu einem
modernen Staat durch Beseitigung eines Teiles der feudalen Rechte, Einsetzung besoldeter Beamter, Aufstellung
eines Söldnerheeres sowie ein zentrales Finanzwesen und
die Errichtung von Staatsmonopolen für den Handel mit
Getreide, Salz, Seide, Eisen und Kupfer. Wichtig dabei in
Bezug auf das Rittertum waren jene Bestimmungen, die
direkt auf diese Institution einwirkten. Zum einen wurde in
der Konstitution auf eine genaue soziale Rangordnung Wert
gelegt. Die Adeligen wurden in Fürsten (*principes*), Grafen
(*comites*), Freiherren (*barones*) und Ritter (*milites*) unterschieden, eine Rangordnung, die de facto schon länger bestand,
die man aber nun festschrieb und genauer einzuhalten
gedachte. Man stellte auch fest, dass man nicht so einfach
Ritter werden konnte, sondern dass es dazu zwei Wege gab,
die eingehalten werden mussten. Es war dies der Akt der
Ernennung in der Schwertleite oder durch den Ritterschlag,
zum anderen konnte man den Titel eines Ritters auch erben,
wobei der Nachweis ritterlicher Ahnen eine der wesentlichen Voraussetzungen zur Erlangung der Ritterschaft war.

Diese Bestimmungen basierten auf schon älteren Vorschriften, und bereits ab der Mitte des 12. Jahrhunderts

waren solche Einschränkungen bei der Erlangung der Ritterschaft bekannt. So ist dieser Passus in der Konstitution von Melfi aus den Assisen des normannischen Königs Roger II. von Sizilien (1095–1154) entnommen, der ausdrücklich von den Rittern von Geburt her (*a militari genere*) spricht. Im Reich hatte Friedrich I. Barbarossa schon 1152 bestimmt, dass der gerichtliche Zweikampf zur Wahrheitsfindung nur jenen Rittern erlaubt sei, die »echte Ritter von Geburt aus« (*milites natione legitimi*) seien. Daraus lässt sich schließen, dass es immer wieder Menschen gab, die als Emporkömmlinge den Aufstieg zur Ritterschaft suchten und gegen die sich der bestehende Ritterstand in immer stärkerem Maß abzugrenzen versuchte. Barbarossa ging im Reichslandfrieden von 1186 oder 1188 noch einen Schritt weiter, als er den Söhnen von Priestern, Diakonen und Bauern den Eintritt in die Ritterschaft verwehrte und verfügte, dass diese, wenn sie als solche erkannt wurden, vom Landrichter aus der *militia* entfernt werden konnten.

Auch der Landfrieden von Hennegau um 1200 schränkte das Recht, sich Ritter zu nennen, ein. Hatte man bis zum 25. Lebensjahr als Sohn eines Ritters nicht den Titel eines Ritters durch die Schwertleite errungen, so wurde man in Zukunft den freien Bauern gleichgesetzt, es galten also auch hier die beiden Prinzipien von Geburt und Ernennung.

Friedrich II. hatte sich aber in seiner Konstitution eine Hintertür offengelassen. Zwar bestimmte er, dass *ut amodo ad militarem honorem nullus accedat, qui non sit de genere militu«* (dass fortan niemand zur Ehre des Rittertums aufsteige, der nichts aus einem Geschlecht von Rittern stammt), eine Bestimmung, die aber mit der Gewährung einer Ausnahmeregelung vom Kaiser zu umgehen war. Darin spiegelt sich der starke Bedarf an Rittern wieder, den der Herrscher hatte, und der durch den ständigen Aderlass an Menschen in Kreuzzügen, Fehden und Kriegen bestimmt wurde.

Diese Abschließung des Ritterstandes durch die Geburt blieb aber nicht allein auf das Reich und Sizilien beschränkt. Sie wurde in Europa zur Regel und findet sich ab 1235 auch im Königreich Aragon und im Frankreich Ludwigs des Heiligen wieder. England war das einzige Land, das eine ausgebildete Ritterschaft hatte, das sich nicht dieser Tendenz anschloss. Im römisch-deutschen Reich gab es zwar keine ausdrückliche Bestimmung darüber, das Recht ein Ritter zu werden wurde aber mehr und mehr von der Geburt abhängig gemacht. Die Ritterschaft rückte damit zu einer engeren, in sich geschlossenen Gesellschaft zusammen, deren Gemeinsamkeit der Herren- und Waffendienst war. Um ein Ritter zu sein, musste man seinen Dienst zu Pferd ableisten und um sich als Ritter sichtbar zu machen, brauchte man ein Wappen, eine Rüstung und ein Pferd.

Es war aber nicht nur der Ritterstand, der versuchte, sich gegen die unteren Schichten abzugrenzen, auch im Adel gab es diese Tendenz. Ab dem 12. Jahrhundert setzte sich der Adel nochmals deutlich vom gewöhnlichen Ritterstand als *ordo equester* ab und man begann Unterschiede zwischen höherem und niederem Adel zu machen; so nannte Kaiser Lothar III. (1075–1137) um 1133 in einer Urkunde die *equestri ordine maiores et minores* (die höheren und niederen Ritter). Otto von Freising (1112–1158), der bekannteste Geschichtsschreiber des Mittelalters, unterschied zwischen *militaris ordo*, dem Ritterstand, und der *senatoria dignitas*, die als fürstliche Würde des hohen Adels verstanden wurde.

Diese Trennung zwischen niederem und hohem Adel sollte sich in der Zeit nach 1200 noch weiter vertiefen und der hohe Adel versuchte immer wieder, auch begrifflich in Urkunden, sich von den Rittern und Edelknechten, also den Ritterbürtigen, die aber keine Schwertleite erfahren hatten, zu unterscheiden.

Zur weiteren Abgrenzung des Adels von der niederen Ritterschaft trugen später noch zwei Neuschöpfungen bei, die sich mit der Zeit im Adel weiter ausprägten, die weltlichen Ritterorden und die Rittergesellschaften.

Weltliche Ritterorden

Der Erfolg der geistlichen Ritterorden führte im 13. und 14. Jahrhundert dazu, dass Fürsten begannen, weltliche Ritterorden zu stiften. Um hier aufgenommen zu werden, gab es bestimmte Regeln und Voraussetzungen, die in Ordensstatuten festgeschrieben waren. Diese weltlichen Orden waren damit anders als die geistlichen, die allen Rittern den Eintritt ermöglichten, gleichzeitig legten sie keinen Wert auf Ordensregeln und Gelübde, sondern knüpften an die alten militärischen Normen von Ehre und Ruhm an. Sie waren christliche Orden, allerdings ohne die geistliche Komponente. Weltliche Ritterorden dienten dem inneren Zusammenhalt eines regierenden Hauses und waren eine machtpolitische Notwendigkeit in Zeiten, in denen Familien durch weitverzweigte Heiraten und Gebietsaufteilungen immer mehr zersplittert wurden. Zudem ermöglichten die weltlichen Ritterorden eine engere Bindung von Adeligen an den Herrscher, und eine Aufnahme in denselben galt als Auszeichnung für Verdienste in Staat, Hof und im Heerwesen. Wichtig waren dabei für das Mitglied die Anerkennung, die Belehnung und der Ansporn, die aus der Mitgliedschaft erwuchsen. Weltliche Ritterorden waren allein dem Adel vorbehalten, wobei die Mitglieder Ritter sein mussten, nicht alle Ritter aber konnten Mitglieder in weltlichen Ritterorden werden. Meistens blieb die Mitgliedschaft auf eine bestimmte Anzahl von Mitgliedern beschränkt und ein neues Mitglied konnte nur nachrücken, wenn ein anderes ausschied. Da die Mitglieder gleichgestellt waren und aus derselben sozialen Klasse kamen, hatten sie eine gemeinsa-me Gesinnung, die von dynastischen Zielen und politischen Interessen bestimmt wurde.

Zugleich wurde hier im Spätmittelalter auch die Aufspal-tung in höheren und niederen Adel weiter fortgeführt, sie drückte sich in der Staffelung der Aufnahme- und Strafgelder und in der unterschiedlichen Gestaltung der Abzeichen aus, die bei Turnieren und in der Öffentlichkeit getragen wurden. Neben der Aufnahmezeremonie stellten Ordenstracht und Insignien die äußeren Zeichen für alle Mitglieder dar. Be-sondere Bedeutung erlangte das Ordenszeichen, oft in Form eines Kreuzes oder Sterns, das als ständig zu tragendes Symbol das Zeichen der Zugehörigkeit zur Gemeinschaft war. Allen gleich war aber der beim Eintritt verlangte Eid, der die gegenseitige Hilfeleistung der Mitglieder und die gemeinsame Sorge für den Landfrieden umfasste.

St.-Georgs-Ritterorden

Der älteste nachweisbare weltliche Ritterorden ist der St.-Georgs-Ritterorden, den Karl I. Robert (1288–1342) 1326 in Visegrád in Ungarn gegründet hatte und der sich dem Kampf gegen die auf dem Balkan vordringenden Osmanen und dem Schutz des Königs widmen sollte. Der Orden exis-tierte bis 1541, als Kaiser Ferdinand I. (1503–1564) nach dem Tod des letzten Großmeisters die Güter des Ordens einzog.

Der Hosenbandorden

Der englische Hosenbandorden (*The Most Noble Order of the Garter*) wurde in seiner Entstehung vom St.-Georgs-Ritterorden beeinflusst und zählt bis heute zu den ange-sehensten weltlichen Orden in Europa. Er wurde vom englischen König Edward III. (1312–1377) 1348 gegründet, wobei nach der Gründungsgeschichte auf einem Ball seine Geliebte Catherine Grandison, Countess of Salisbury, ihr blaues Strumpfband (*garter*) verloren haben soll. Der König beschirmte sie mit seinem Mantel, bis sie es wieder angelegt hatte, und soll dabei das Motto des Ordens: *Honi soit qui mal y pense* (Ehrlos ist, wer Schlechtes denkt) gesprochen haben, wobei diese Phrase später zum Wahlspruch der Prinzen von Wales wurde. Zum einen sei dies ein Zeichen seiner ritterlichen Gesinnung und der daraus erwachsenden Pflicht gewesen, in Bedrängnis geratene Menschen zu schützen, zum anderen war es ein Ausdruck der Courtoisie, mit der ein Troubadour schöne Frauen ohne sexuelles Verlangen zu verehren pflegte.

Der Orden hatte neben dem jeweils regierenden Monarchen und dem Prinzen von Wales 24 weitere Mitglieder, wobei Mitglieder des Königshauses und ausländische Ritter nicht mitgerechnet wurden.

Schon aus der Liste der ersten Mitglieder, die auch den Schwarzen Prinzen Edward von Woodstock (1330–1376) umfasste, wurde das Ziel des Ordens deutlich, nämlich dem König vertraute Personen näher an ihn zu binden und eine Art von innerem Haushalt zu bilden, also von Menschen umgeben zu sein, auf deren Loyalität sich der Monarch verlassen konnte.

Orden vom Goldenen Vlies

Einer der bekanntesten und auch berühmtesten Orden war der Orden vom Goldenen Vlies, der 1430 vom burgundischen Herzog Philipp dem Guten (1396–1467) anlässlich seiner Hochzeit mit Isabella von Portugal in Brügge gestiftet wurde, nachdem er eine Mitgliedschaft im englischen Hosenbandorden abgelehnt hatte. Zunächst als eine Vereinigung von 30 Rittern gegründet, wurde er zum Vorläufer der späteren Verdienstorden, in die man aufgrund besonderer Taten Eintritt fand. Alle Ordensmitglieder waren gleichberechtigt und sollten sich brüderlich verhalten, wobei die Zahl der Ritter auf 30 begrenzt war. Die Ordensritter wurden von allen Abgaben freigestellt und unterlagen nur der Gerichtsbarkeit des Ordens. Bei den Feierlichkeiten am Hof hatten sie Vorrang und Vortritt mit Ausnahme von gekrönten Häuptern. Die spanischen Ordensritter erhielten von König Philipp das Recht, jederzeit unangemeldet in die Gemächer des Palastes einzutreten und ihr Haupt vor dem König bedeckt zu halten.

Das Ziel des Ordens war die Erhaltung des katholischen Glaubens, der Schutz der Kirche und die Wahrung der unbefleckten Ehre des Rittertums. Er war der Jungfrau Maria gewidmet und hatte den Apostel und Märtyrer Andreas zum Schutzpatron. Außerdem konnte das Oberhaupt des Ordens ohne die Zustimmung der anderen Ritter keinen Krieg beginnen.

Drachenorden

Der in Mittel- und Osteuropa bestimmende weltliche Ritterorden war der 1408 vom ungarischen König und späteren Kaiser Sigismund (1368–1437) und seiner Frau Barbara von Cilli gegründete Drachenorden, der nach dem Vorbild des St.-Georgs-Ritterordens gestaltet war. Sein Symbol war der Drache, der seinen Schwanz um den Hals geschlungen hatte. Die Aufgabe des Ordens war der Kampf gegen die Türken und Hussiten sowie der Schutz des Königs. Zahlreiche bedeutende Persönlichkeiten waren Mitglieder, darunter auch der Dichter Oswald von Wolkenstein und auch Vlad II., Fürst der Walachei, der sich nach dem Orden den Beinamen Dracul verliehen haben soll.

Rittergesellschaften

Da die weltlichen Ritterorden dem niederen Adel nicht zu-
gänglich waren, entstanden ab dem 14. Jahrhundert Rittergesellschaften, um diesen durch Korporationen gegenüber
anderen Ständen zu vertreten. Sie entstanden im Reich im
14. Jahrhundert, nachdem die französische Ritterschaft mit
ähnlichen freien Eidgenossenschaften im 13. Jahrhundert
vorausgegangen war, und spielten eine entscheidende Rolle
in allen Kriegen und Fehden der Zeit. Ihr Verbreitungsgebiet
war vor allem Deutschland und in Teilen auch Österreich.
Die wichtigsten Rittergesellschaften waren seit 1332 die
Wetterauische Gesellschaft, ab 1371 die *Gesellschaft vom Stern*
in Sachsen, Thüringen und dem Oberrhein; 1375 die *Gesellschaft von der alten Minne*, 1378 vom *Horn* in Oberhessen,
vom *Falken* in Hessen und Westfalen um 1380, fortgesetzt
von dem 1391 gestifteten *Bengelarbund*; die *Gesellschaft mit
der Sichel* 1391 in Hessen, ebenso die *Buchner* 1397 und die
Gesellschaft vom *Luchs*. In Franken entstand 1355 die Gesellschaft der *Fürspänger*, 1379 die mit dem *Greifen*, in Thüringen
1410 eine vom *Einhorn*. Von Schwaben und Bayern gingen
Gesellschaften von ausgeprägt politischer Tendenz und
großem Einfluss aus, aus welchen später die reichsfreie
Ritterschaft wurde.

Die Grundlage dieser ritterlichen Einigungen ist der durch
einen Eidschwur bekräftigte freie Wille der Verbundenen.
Ihre Organisation entsprach der von Städtebünden oder
lehnte sich an die geistlichen Ritterorden an. Hauptzweck
war in der Regel, Friede unter den Genossen zu halten, die
Herstellung eines geordneten Rechts und die gemeinschaft-
liche Verteidigung der Interessen der Mitglieder. Dazu kam
häufig eine gegenseitige Unterstützung in Notfällen und
gesellige Gemeinschaft sowie die religiöse Verbrüderung.
Zum Zeichen der Verbindung trug man eine gemeinsame

Kleidung oder ein besonderes Erkennungszeichen, dabei wurden ein goldenes Zeichen für die Ritter und ein silbernes für die Edelknechte unterschieden. Ein- oder mehrmals im Jahre wurde die Versammlung aller vollberechtigten Mitglieder abgehalten. Die Vorstände hießen Hauptleute, es kamen aber auch Bezeichnungen wie Könige, Marschälle, Oberste oder Gekorene vor. Die Gesellschaften traten als Einheit in Vertretung der Mitglieder auf, schlossen Verträge, Bündnisse und Vergleiche, erklärten Fehden, fällten Schiedssprüche und verhandelten mit Kaiser und Fürsten.

6. Das Leben der Ritter

Pagen und Knappen

Die Erziehung des Ritters orientierte sich an der Erwartung, die man an ihn stellte. Er sollte als Mann ein Kämpfer und Krieger sein, er sollte die Kirche, die Frauen, Kinder, Witwen und Waisen beschützen, er sollte als *miles christianus* die Kirche vertreten und er sollte über die nötigen sozialen Fähigkeiten wie Tischmanieren und im Umgang mit Frauen besitzen. Wenn er dazu noch lesen und schreiben konnte, ein wenig Latein sein eigen nannte, ein Lied vortragen und ein Musikinstrument spielen konnte, so galt er als vollkommener Ritter.

Bis zu seinem siebten Lebensjahr wurde der zukünftige Ritter am Hof oder in der Burg von den Frauen erzogen, danach sollte er das Ritterhandwerk erlernen. Allerdings konnte man diese Ausbildung nicht in jedem ritterlichen Haushalt genießen, daher schickte man die Jungen als Pagen (auch Junker genannt) und später als Knappen an größere Höfe, wo es die Möglichkeiten gab, ihnen diese Erziehung angedeihen zu lassen.

Meist verließen die Jungen im Alter von sieben Jahren das Elternhaus. Am Hof brachte man ihnen alles bei, was nötig war, um als ein guter Ritter zu gelten. Sie lernten den Umgang mit Pferden, Hunden und Falken, alles Dinge, die man beim Lieblingssport des Adels, der Jagd, gebrauchen konnte. Man lehrte sie dabei die unterschiedlichen Arten der Jagd, die Pirsch, die Hetz- und die Vogeljagd und wie

man das erlegte Wild ausnahm und fachgerecht zerlegte.
Schon in jungen Jahren wurde Wert auf eine militärische
Erziehung gelegt. Man übte das Tragen schwerer Rüstungen
und den Kampf mit Holzschwertern und kleinen Schilden.
Reiten, Springen, Schwimmen, Bogenschießen, Laufen,
Ringen, Klettern und Steinewerfen standen ebenfalls auf
dem Ausbildungsplan.

Die Kleriker am Hofe hatten nicht nur die Aufgabe, den
Kirchendienst zu organisieren, sondern sie sollten den
Knaben und jungen Männern auch die Grundkenntnisse
in Lesen, Schreiben und ein wenig Latein beibringen, un-
erlässlich auf Reisen und im Rechtsverkehr. Dazu kamen
die religiösen Unterweisungen und der Unterricht in den
Anstandsformen. An den großen Höfen der Herzöge und
Könige kamen auch noch eine Grundausbildung in den *artes
liberales*, den Naturwissenschaften, und ein wenig Literatur
hinzu. Zumindest die großen antiken Schriften über den
Krieg, wie die Ilias und die Aeneis, und die Schriften über
das Rittertum sollten die zukünftigen Herrscher kennen.
Dazu kamen Fremdsprachen, wobei man in Frankreich
Englisch und im Reich Französisch bevorzugte.

Wenig bekannt ist über die musikalische Ausbildung, es
soll aber nur wenige Ritter gegeben haben, die Harfe, Leier
oder die Laute spielen konnten.

Wichtig war die Erziehung zur geistigen Haltung des
Ritters, wobei der Page oder Knappe in der *staete* und *maze*
unterrichtet wurde. *Staete* ist das Festhalten am Guten und
maze bedeutet, in allen Dingen maßzuhalten und stets einen
Mittelweg im Leben einzuschlagen, also kein Fresser und
Säufer zu werden, nicht ausschweifend und gewalttätig zu
sein, nicht zu lügen, nicht geizig zu sein, aber sich auch nicht
zu verstecken und seine Meinung frei zu äußern.

Im Krieg hielt sich der Page meist beim Tross auf, und
griff nicht in den Kampf ein. Er war aber dann gefährdet,

wenn es dem Feind gelang, in das Lager einzubrechen, dann lief er Gefahr, wie die Pagen der Engländer in der Schlacht von Agincourt, selbst Opfer zu werden.

Im Alter von etwa 14 Jahren wurde der Page zum Knappen, manchmal auch Schildknappe (*scutarius* oder *armiger*) genannt, befördert und hatte seinem Herrn im Krieg und im Turnier beizustehen, ihm die Waffen zu putzen und in Ordnung zu halten, die Lanze zu reichen, das Pferd zu striegeln, alles Verrichtungen, die für den Herrn eine Dienstleistung waren, aber auch den Knappen den richtigen Umgang mit der Ausrüstung des Ritters lehrten. Er musste lernen, wie man das Fleisch am Tisch anschneidet und verteilt, er half seinem Herrn beim Ankleiden und schlief manchmal auf der Schwelle vor dessen Kammer, um ihn zu beschützen.

In seiner militärischen Ausbildung kam der Umgang mit scharfen Waffen dazu, er lernte zu turnieren und zu stechen, also sich mit einer Attrappe zu duellieren, die denjenigen, der nicht achtgab, vom Pferd werfen konnte.

Zog der Herr in den Krieg, so folgte ihm der Knappe auf das Schlachtfeld, sei es, um seinem Herrn ein neues Pferd zuzuführen, ihm vom Boden aufzuhelfen oder die Gefangenen vom Schlachtfeld zu holen. Fiel der Herr in der Schlacht, so hatten die Knappen seinen Leichnam zu bergen, zu bestatten oder in die heimatliche Burg zu überführen.

Der spätmittelalterliche Dichter Oswald von Wolkenstein (1377–1245) hat sein Leben als Knappe eines Ritters, dem er von seinem 10. bis zum 24. Lebensjahr dienen musste, genau beschrieben. Im Gefolge eines fahrenden Ritters kam er in der Welt herum, wenn er seinen Herrn, meist zu Fuß, bis in die Türkei und nach Spanien begleiten musste.

Etwa mit 21 Jahren konnte der Knappe zum Ritter geschlagen werden oder er blieb als Edelknecht in den Diensten seines Herrn und versuchte hier ein rittermäßiges Leben zu führen.

Schwertleite und Ritterschlag

Wie wurde man zum Ritter, wenn man seine Ausbildung als Knappe am Hof oder in einer Burg abgeschlossen hatte? Die Aufnahme in den Ritterstand stand jedem Adeligen offen und wurde in einer sakralen Handlung und einer weltlichen »Schwertleite« vollzogen. Dieser Begriff kommt von »leiten« in der Bedeutung von »umgehen«, d.h., man musste wissen, wie man ein Schwert zu führen, zu leiten hatte.

Eigentlich ist die Schwertleite ein Initiationsritus, wie er aus vielen Kulturen bekannt ist, mit dem der Jugendliche in die Welt der Erwachsenen aufgenommen wird. Es gibt wenige Überlieferungen zu diesen Riten, wir kennen nur vom karolingischen Königshof den Brauch der »ersten Bartschur« des Königssohnes, mit der er »wehrhaft« gemacht wurde, also in den Bereich der Krieger aufgenommen wurde. Es bedeutete aber auch, dass er nun vollwertiges Mitglied am Hof war und sich das Recht nehmen konnte, in der Politik oder im Krieg mitzureden.

Die Ritterweihe, »*gladio accingere*« (Umgürtung mit dem Schwert) genannt, erfolgte im Allgemeinen nur bei Mitgliedern des höheren Adels. Ursprünglich scheint die Zeremonie nur im Anlegen des Rittergürtels und in der Umgürtung mit dem Schwert als Sinnbild der Wehrhaftmachung des jungen Mannes bestanden zu haben. Zuerst war es der Vater, der dies vollzog, später der Lehnsherr oder in seltenen Fällen sogar der König. Aber auch fürstliche Äbte oder Bischöfe konnten die Zeremonie des Schwertumgürtens vornehmen.

Gottfried von Straßburg (gest. um 1215) hat in seinem Epos *Tristan und Isolde* eine solche Schwertleite in allen Details beschrieben. Tristan und seine Gefährten erhielten zunächst wertvolle und prächtige Kleidung, die im Einklang mit der Farbsymbolik der Kirche stand. Der weiße Rittergürtel versinnbildlichte dabei die Reinheit der Lebensführung und Gesinnung, das Rot in der Kleidung die Bereitschaft, sein Blut zum Schutz der Kirche zu opfern.

Nach der Einkleidung begab sich der Königshof in die Kirche, um die Messe zu hören, während der das Schwert Tristans gesegnet wurde. Dabei wurden Gebete gesprochen, die zum Inhalt hatten, dass Gott dem Menschen das Schwert verliehen hat, um die Macht der bösen Menschen einzuschränken und das Recht zu schützen. Der Ritterstand sei gegründet worden, um die Völker vor dem Bösen zu bewahren, und der junge Ritter, der mit der Weihe den alten Menschen abgelegt und den neuen »angezogen« hat, sollte Kraft und Mut haben, um das Recht und den Glauben zu verteidigen und er sollte davor bewahrt werden, mit dem Schwert Unrecht zu tun.

Nach der Schwertweihe hatte der neue Ritter ein Gelöbnis zu schwören, dass er seine Macht dazu einsetzen werde, für den Glauben und die Kirche zu kämpfen und die Witwen, Waisen und die Schwachen zu beschützen. Im nächsten Akt legte ihm der König dann eigenhändig die Sporen an, umgürtete ihn mit dem Rittergürtel und dem Schwert und hielt eine Ansprache über die Ideale des Rittertums, worauf ein großes Festmahl folgte.

Aus dem französischen und englischen Raum wird der Brauch überliefert, dass der junge Ritter am Vorabend der Weihe ein Bad, Symbol der seelischen Reinigung, zu nehmen hatte und danach die Nacht betend allein in einer Kirche verbringen musste.

Aus England ist eine besondere Form der Ritterweihe überliefert, die mit Bad und Gebet in der Kirche begann. Dann wurde der junge Ritter in die Kirche geleitet, zwei Ritter legten ihm die Sporen an und der König gürtete ihn mit dem Schwert, schlug ihn mit der Hand in den Nacken und sprach dabei: *Sei ein guter Ritter*. Danach wurde das Schwert gesegnet. Das Fest schloss mit einem Festmahl, an dem der junge Ritter als Einziger nichts essen durfte, seine Kleider hatte er dem König zu schenken.

Ähnlich wurde auch der Ritterschlag am Heiligen Grab in Jerusalem vollzogen, der dort nach erfolgreicher Pilgerfahrt oder, bevor der jungen Mann in den Kampf gegen die Sarazenen zog, gewährt wurde.

Nach diesen Schilderungen wird verständlich, dass sich solch aufwendige Feste nur die Nobelsten des Reiches leisten konnten, auch weil dabei oft die Schwertgenossen des jungen Ritters ebenfalls zu Rittern gemacht wurden und dessen Vater auch für deren Ausrüstung aufkommen musste. Dazu kamen die kirchlichen und weltlichen Feiern, die oft mit einem erheblichen finanziellen Aufwand verbunden waren.

Wer konnte überhaupt in den Ritterstand aufgenommen werden? In der Frühzeit des Rittertums musste man nur freier und ehelicher Geburt sein, erst im 15. Jahrhundert kam die Forderung nach einer eigenen Ritterbürtigkeit auf. Lehnsherren konnten auch Unfreie wie ihre Ministerialen in den Ritterstand erheben.

Eine erste Einschränkung für die Verleihung der Ritterwürde erfolgte schon 1186 durch Kaiser Friedrich I. Barbarossa, der verbot, die Söhne von Priestern oder unfreien Bauern in den Ritterstand aufzunehmen, freie Bauern und manchmal auch Stadtbürger konnten hingehen mit ausdrücklicher Erlaubnis zu Rittern gemacht werden.

Eine weitere Möglichkeit der Aufnahme war die persönliche Tapferkeit des Kriegers in der Schlacht, nach der man noch auf dem Schlachtfeld den Ritterschlag erhalten konnte.

Wann das Wort »Schwertleite« durch das Wort »Ritterschlag« abgelöst wurde, ist nicht gesichert, da dieser erst ab dem 14. Jahrhundert erwähnt wird. Allerdings hieß es schon im 13. Jahrhundert in einem Spruch: *Zu Gottes und Maria Ehr, nimm diesen Schlag und keinen mehr*, also gab es zu dieser Zeit offenbar schon den Schlag mit der flachen Klinge des Schwertes oder mit der Hand gegen Hals und Nacken. Vermutlich sollte dadurch die Kraft des Verleihenden auf den neuen Ritter übergehen und eine Aufnahme in die Knechtschaft unter seinen Herrn darstellen.

Es gab also verschiedenste Arten, den Ritterschlag zu empfangen, ebenso war das Alter der Kandidaten unterschiedlich. In Frankreich und Deutschland erfolgte die Ritterweihe zwischen dem 21. und 25. Lebensjahr. Aus England ist überliefert, dass viele Männer erst in höheren Lebensjahren zu Rittern gemacht wurden, was allerdings verboten wurde, aber ein Hinweis darauf ist, dass es öfter vorkam.

Auch die Kirche bemühte sich, ihre Rolle in der Schwertleite zu behalten. So soll es vorgekommen sein, dass Geistliche selbst dem neuen Ritter den Rittergürtel umlegten, auf alle Fälle geschah dies bei der Ritterweihe am Heiligen Grab in Jerusalem.

Die äußere Form der Rechtshandlung blieb im gesamten Mittelalter bestehen, auch wenn sie im Spätmittelalter ihren eigentlichen Sinn verloren hatte. Als im 15. und 16. Jahrhundert das schon abgedankte Rittertum durch weltliche Ritterorden erneuert wurde, richtete man der Aufnahme von Kandidaten in Schwertleite und Ritterweihe einen besonderen Platz ein, wenngleich die militärische und gesellschaftliche Bedeutung der Zeremonie schon wertlos geworden war.

Der Hof und die hövischkeit

Der Ritter war nicht nur Kämpfer, er war auch einer der Träger der Zivilisation des Mittelalters, und diese fand ihre beste und größte Ausformung in den Klöstern und an den Höfen der Herrscher und der hohen Adeligen. Am Hof kam der Ritter mit den Trägern von Wissenschaft und Bildung zusammen und hier bildete sich der Ritterstand zur wahren Elite, die sich nicht nur auf das Kriegshandwerk, sondern auch auf die Wertschätzung von Kultur und Kunst verstand.

Der Hof (*curia*) war der Mittelpunkt des Lebens des Herrn, nicht allein des Herrschers, denn auch Markgrafen wie die Babenberger, berühmte Bischöfe und Grafen unterhielten Höfe. Diese entstanden früher als der Hof des Königs durch den Umstand, dass sie stationär waren, während der Hof des Königs stets auf Reisen war. Im Deutschen Reich waren es Heinrich der Löwe (1129/30–1195) und der Babenberger Heinrich II. Jasomirgott (1107–1177), die erste ausgedehnte Hofhaltungen mit den dazugehörigen Bauten gegen Ende des 12. Jahrhunderts schufen, dazu kamen noch die Landgrafen Ludwig III. (1128–1172) und Hermann I. von Thüringen (1155–1217) mit seiner Wartburg bei Eisenach.

Der Königshof, obwohl zu dieser Zeit noch mobil, erhielt schon in der Karolingerzeit seine Bedeutung. Den Kern bildeten die Kleriker der Hofkapelle, die für den Gottesdienst, die Verwaltung und in steigendem Maße auch für Wissenschaft, Literatur, Kunst und das Bauwesen zuständig waren. In England war ab dem 12. Jahrhundert der Haus des Königs (*domus regis*) das Synonym für den Hof und in Deutschland entstanden zu dieser Zeit die vier wichtigsten Hofämter, die bald zur Domäne der Ministerialen wurden, die auch weitere mit der Zeit entstandene Hofämter oft als erbliche Lehen besetzten. Zu diesen gehörten der Kämmerer (*cubicularius*) für die persönliche Betreuung des Herrn, der

Vogt (*advocatus*) für die Gerichtsbarkeit und die Verwaltung von Gütern, der Truchsess (*dapifer*) für die Besorgung der Lebensmittel des Hofes, der Mundschenk (*pincerna*) für die Getränke und der Marschall (*marescalus*) für die Versorgung der Pferde, dem auch die Organisation der Reisen und später auch der Heerführung unterstand und der auch die niederen Bediensteten und die Handwerker zu organisieren hatte.

Das Besondere des Hofes war aber nicht nur die Zahl der Ämter und Bediensteten, sondern die vielen Besucher, die manchmal länger, manchmal kürzer am Hof weilten. Der Gelehrte Walter Map (gest. 1209/10) hat einen solchen Hof beschrieben: Er ist »*instabil und wechselvoll, ortsgebunden und wandernd, in der Verschiedenheit seiner Zusammensetzung sich selbst oft unähnlich. Wenn wir ihn verlassen, kennen wir ihn genau, wenn wir nach einem Jahr zurückkehren, begrüßt uns ein neues Gesicht, und wir selbst sind neu. Wir finden Einheimische von Fremden verdrängt und Herren von ihren Dienern. Der Hof ist derselbe geblieben, aber seine Mitglieder haben gewechselt.*«

Walther von der Vogelweide (gest. um 1230) hat den Hof von Thüringen als einen Ort beschrieben, den er am liebsten meidet, er sei voll von Gedränge und laut, eine Schar zieht hinein, die andere hinaus und es sei ein Wunder, dass man sich überhaupt noch verstehen könne.

Der Ruf des Hofes hing von seinem Herrn ab, von dessen Ansehen, von seiner Fähigkeit, Entscheidungen zu treffen, und ob es wichtig war, dass man an diesem Hof präsent war, um dort an der Politik beteiligt zu sein. Am Hof versammelten sich die Macht und auch die Intrige, er war Schauplatz und Kampfplatz, Loyalitäten hatten hier wenig Raum.

Sollte der Hof als attraktiv gelten und wichtige Menschen und Entscheidungsträger anziehen, so musste der Herr bestrebt sein, den Menschen am Hof auch etwas zu bieten. Nur wenn sich wichtige Persönlichkeiten am Hof versammelten und hier durch ihr Wissen und durch Ihre Macht Einfluss ausübten, konnte der Herr des Hofes hoffen, selbst zu den Mächtigen zu gehören, auf die man im Reich hörte. Der Hof war damit Mittel zum Zweck, der Herr konstituierte hier ein Gefolge, das ihn bei allen Handlungen, ob offizielle Tätigkeiten wie Rechtsprechung und Verwaltung oder auch Vergnügungen wie Gelage und die Jagd, umgab. Je größer und illustrer das Gefolge war, umso höher konnte der Herr des Hofes seinen Rang und seine Bedeutung einschätzen.

Der Herr kontrollierte den Hof und tat dies durch die Vergabe der Ämter, durch die er auch Loyalitäten schuf, auf die er sich stützen konnte. Dadurch, dass er seine Günstlinge und auch deren und seine Konkurrenten am Hof versammelte, konnte er seine Umgebung kontrollieren, war aber dem ständigen Druck ausgesetzt, etwas für die Höflinge zu tun. Wichtig war es deshalb, ein höfisches Milieu zu schaffen, an dem sich jeder zu beteiligen wünschte, auch um den Preis, damit ständig unter Beobachtung zu stehen.

Loyalität schuf der Herr aber nicht nur durch die Vergabe von Ämtern, sondern auch durch seine *largitas* oder *largesse*, die Freigiebigkeit, die im Gegensatz zu Habsucht und Geiz (*avaritia, avarice*) stand. Nur wer freigiebig war, konnte darauf hoffen, als großer Herr von den Troubadouren besungen zu werden, denn, wie es der Troubadour Sordel in der Mitte des 13. Jahrhunderts ausgedrückt hat, »... *wo man nichts bekommt, das ist kein Hof, sondern ein Haufen schlechter Leute*«.

Diese *largesse* war einer der Gründe, warum der Hof besonders attraktiv für Ritter aus ärmeren Familien war. Sie konnten hoffen, hier einen Patron zu finden, der ihnen ihr ritterliches Leben finanzierte, ihnen Waffen gab und die Möglichkeit einräumte, durch Kriege oder Turniere zu Ruhm, Ehren und Vermögen zu kommen.

Der mittelalterliche Hof war ein Schauplatz der Eitelkeiten, ein Kampfplatz um die Gunst des Herrn, und um sich hier zu bewähren, galt es für den Ritter, bestimmte Umgangsregeln einzuhalten. Der höfische Ritter brauchte dazu einen möglichst untadeligen Ruf (*fama*), der seine Taten zu begleiten hatte. Es ging dabei nicht darum, welche Verdienste er für wen vollbracht hatte, sondern ob sie in der Ausführung den ritterlichen Regeln entsprochen hatten und ob es ehrenhaft dabei zugegangen war. Genau einzuhalten und zu unterscheiden waren die Umgangsformen, die man im Verkehr mit Höhergestellten, mit Gleichrangigen und mit Untergebenen zu beachten hatte, ihre Kenntnis galt als Zeichen einer höheren Charakterbildung. Der Ritter und Edelmann musste sich darin von anderen Männern unterscheiden, er war vollkommen, wenn er es verstand, sich selbst in allen Ausdrucksformen bis hin zur höchsten Selbstbeherrschung zu zügeln und alle Emotionen vor der Öffentlichkeit verbergen zu können. Ein Musterbeispiel dafür soll der englische König Richard I. Löwenherz gewesen sein, dem man angeblich keine Emotionen, sei es Trauer, Freude oder Schmerz, anmerken konnte.

Mit der Zeit bildete sich ein Kanon des höfischen Verhaltens (*hövescheit*) heraus. Dazu zählten gute Umgangsformen (*elegantia morum, schoene site*) verbunden mit Heiterkeit (*hilaritas, fröude*) und Maßhaltung (*temperantia, maze*). Dazu kamen die Gewähltheit der Sprache, Schönheit und Sauberkeit der Kleidung und Eleganz der Bewegung; Wissen und Gelehrsamkeit zählten allerdings nur im geringen Maß zu den höfischen Tugenden.

Vermittelt wurden diese Tugenden zunächst durch das Beispiel der anderen, beigebracht wurde es den Rittern aber schon in ihrer Knappenzeit durch die gebildeten Kleriker. Im Grunde war es aber eine Art der Selbsterziehung, deren Grundsätze auch durch die großen Ritterepen verbreitet wurden. So beschreibt Wolfram von Eschenbach in seinem *Parzival*, wie der junge Ritter von Fürst Gurnemanz in die höfische Welt eingeführt und darin unterrichtet wird. Diese Geschichten konnten die jungen Ritter als Identifikationsvorlage nehmen und auf ihre Situation anwenden, wobei sie exklusiv sein und sich in Sprache, Eleganz und Umgangsformen elitär von der nichtritterlichen Umgebung unterscheiden wollten, für die sie den Begriff *dörperlich* (bäurisch) verwendeten. Allerdings war es nicht so, dass alle Ritter diesen Prozess durchliefen, es handelte sich um ein Elitephänomen, das nur einigen bestimmt war.

Es konnte aber nicht ausbleiben, dass mit der Zeit das höfische Leben in einen gewissen Grad der Dekadenz umschlug. Wo Geld und Menschen zusammenkommen, die miteinander in Konkurrenz stehen, führt dies oft zu einer Überspitztheit der Ausdrucksformen. Bekrittelt wurden schon ab dem 11. Jahrhundert Modetorheiten bei Schuhwerk und Kleidung und auch weibische Tendenzen, wie etwa der Gebrauch der Brennschere durch den Ritter, um schön gelockte Haare zu tragen. Man trug weitärmelige Gewänder mit unpraktischen Schleppen und vergnügte sich bis in die Nacht hinein mit Wein und Würfelspiel und dem Erzählen fragwürdiger Geschichten. Auch die Damen sollen von diesen Rittern in einer höchst unziemlichen Art und Weise umschwärmt worden sein.

Besonders die Kirche wandte sich gegen solche Auswüchse des Hoflebens, nicht zuletzt deshalb, weil sie sich in Gefahr sah, als dominierendes Element am Hof in den Hintergrund gedrängt zu werden. Als unziemlich erschien ihr alles, was den Menschen am Hof Spaß machen konnte, dazu zählten nach Johann von Salisbury (1115/20–1180), einem der berühmtesten Theologen seiner Zeit, die Jagd, weltliche Musik und Tanz, Dichtervortrag und Theateraufführungen. Er sah Schmeichler und Intriganten als die wesentlichen Mitglieder der höfischen Gesellschaft, und Petrus von Blois (1135–1204), Dichter und Diplomat, machte sich um das Seelenheil der Hofleute Sorgen, indem er sagte: *Höfisches Leben ist der Tod der Seele.* Er beklagte auch, wie unterschiedlich die Menschen am Hof behandelt werden, die Mühsal der ständigen Reisen und dass man seine Jahre am Hof mit unnützen oder unwichtigen Dingen vertut. Hugo von Trimberg (1235–1313), Dichter des Hochmittelalters, meinte, dass am Hof alle mit sieben Zungen sprächen, und Wernher der Gärtner spricht in der Mitte des 13. Jahrhunderts in seiner Versnovelle *Helmbrecht*, die vom Aufstieg und Untergang eines Möchtegern-Ritters handelt: »*Wer lügen kann, ist voller Freud, Betrügen, das ist Höfischkeit.*« Der Hof war also ein Ort, an dem einen Ritter höchste Ehren, aber auch tiefste Gemeinheiten erwarten konnten.

Buhurt, Turnier und Tjost

Heute scheint es, dass das Leben der Ritter untrennbar mit dem Turnier (*turnei*) verbunden war, meist in der Form des Tjost, indem zwei Ritter versuchten, sich gegenseitig in einem abgeschrankten Bereich vom Pferd zu stechen.

Dabei war das Turnier erst spät zur Unterhaltung des Ritters geworden. Die älteste Turnierform in Deutschland scheint der Buhurt gewesen zu sein, ein eher friedliches Reiterspiel, das man bei Festen und Zeremonien aufführte. Meist wurden Buhurte ungepanzert und mit stumpfen Waffen oder hölzernen Stäben geritten. Allenfalls nutzte man den Schild, um seinen Gegner abzudrängen oder vom Pferd zu stoßen. Trotz des eher friedlichen Charakters des Spiels kam es manchmal zu tödlichen Unfällen, die aber wesentlich seltener waren als beim Turnei oder Tjost. Im Mittelpunkt stand die Beherrschung des Pferdes, der Nachweis der guten Dressur und der eigenen reiterlichen Fähigkeiten. Die ersten Turniere mit scharfen Waffen kennen wir aus der Zeit zwischen der Mitte des 11. und dem Beginn des 12. Jahrhunderts. Die Vorgeschichte des Turniers liegt im Dunkeln und wird in Scheingefechten und im Waffentraining zu suchen sein, mit dem sich der Ritter auf seine Aufgaben auf dem Schlachtfeld vorzubereiten hatte. Bis 1100 ist nicht viel von Turnieren bekannt, die dann aber besonders in Nordfrankreich schnell populär wurden, und schon 1127 erwähnte Otto von Freising (1112–1158) ein Turnier in Würzburg. Die Kirche wandte sich von Anfang an gegen die Turniere und 1130 verdammte sie Papst Innozenz II. im zweiten Konzil von Clermont und drohte allen Rittern, die beim Turnier getötet wurden, das christliche Begräbnis zu verweigern, was aber der Beliebtheit der Turniere keinen Abbruch tat.

Das Ursprungsland des Turniers scheint Frankreich gewesen zu sein, daher auch sein Name als *conflictus gallicus*. Über Nordfrankreich und Flandern dürfte es sich nach Deutschland ausgebreitet haben, wo der sächsische Bischof Wichmann von Magdeburg (1152–1193) 1175 alle Teilnehmer an einem Turnier exkommunizierte, nachdem er erfahren hatte, dass innerhalb eines Jahres nicht weniger als 16 Ritter bei Turnieren getötet worden waren. Besonders die Familien der großen Höfe wie auch die Herrscher selbst scheinen aber ein reges Interesse an der Abhaltung von Turnieren gehabt zu haben, deren Verlauf und Gewinner auch schriftlich überliefert wurden und so zum Glanz einer Hofhaltung beitrugen.

Die Turniere des 12. Jahrhunderts müssen äußerst raue Angelegenheiten gewesen sein und dürften sich nur wenig von richtigen Ritterschlachten unterschieden haben. Zwei Wochen vorher wurde das Turnier bekannt gemacht und der Turnierplatz ausgewählt, der durchaus weitläufig gewesen sein kann und meist zwischen zwei Orten auf dem freien Feld lag. Schranken gab es nicht, der einzige Ort, wohin man sich in Sicherheit zurückziehen konnte, waren mit Seilen abgetrennte Bereiche, wo man kurz rasten und neue

Kraft schöpfen konnte. Die Teilnehmer wurden in zwei Scharen, die oft bis zu hundert Kämpfer umfassen konnten, aufgeteilt und dann unter der Aufsicht von Schiedsrichtern aufeinander losgelassen, wobei die Kampfrüstungen und scharfe Waffen zum Einsatz kamen. Ziel des Turniers war es, Gefangene zu machen und diese gegen Lösegeld wieder freizulassen. Manch armer Ritter hat sich so ein Vermögen verdient, wenn er im Turnier geschickt war, so hat William Marshal (1144–1219), der als der vollkommenste Ritter des Mittelalters galt, in einem Jahr nicht weniger als 103 Ritter in Turnieren gefangen genommen. Pferd und Waffen konnte der siegreiche Ritter als Beute behalten und verkaufen. Chrétien de Troyes (1140–1190), einer der bekanntesten Dichter des Mittelalters, hat ein solches Turnier beschrieben: *Auf jeder Seite erbebte die Reihe der Kämpfer, und ein Gebrüll erhebt sich vor dem Kampf. Der Aufprall der Lanzen ist sehr stark. Lanzen brechen und Schilde bersten, die Eisenhauben erhalten Schläge und gehen in Stücke, Sättel leeren sich und Reiter stürzen, die Pferde sind in Schweiß und Schaum. Schwerter werden rasch gezogen gegen die mit Krachen Hinstürzenden. Manche rennen, um ein Lösegeld zu gewinnen, andere, um die Schande abzuwehren.«*

Das Turnier konnte von den Rittern so ernst genommen werden, dass manche begannen, dabei Vergnügen und Ernst nicht mehr unterschieden zu können, und es kam manchmal beim Turnier zu ernsten Auseinandersetzungen zwischen Rittern, die mit dem Tod eines Kontrahenten endeten. Turniere boten daher auch Gelegenheiten, unter unverdächtigen Umständen sich des einen oder anderen Rivalen im Kampfgetümmel zu entledigen. In der »*Kleinen Schlacht von Châlons*« ließen 1273 manche Kontrahenten, weil sie sich in ihrer Ehre gekränkt fühlten, ihr Fußvolk aufmarschieren, und es kam zu schlachtähnlichen Auseinandersetzungen im Zuge des Turniers, die Ritter wie auch Zuschauer das Leben kosteten.

Um diesen Auswüchsen entgegenzuwirken, erließen die englischen Könige Richard I. Löwenherz und Eduard I. (1239–1307) Regeln zur Abhaltung von Turnieren und erhoben Gebühren für die Teilnahme, sodass nicht mehr jeder beutelustige arme Ritter teilnehmen konnte. Ein eigenes Schiedsrichtergremium überwachte das Turnier. Man verbot scharfe Waffen (*à outrance*) und musste mit stumpfen Turnierwaffen (*à plaisance*) kämpfen, und die Knappen durften ihre Herren nicht mehr auf den Turnierplatz begleiten.

Ähnliche Regeln folgten auch bald auf dem Kontinent, wo sich die Turnierart des *Tjost* zu verbreiten begann. Dabei traten die Kämpfer paarweise auf und ritten durch eine Schranke getrennt gegeneinander an und versuchten, sich mit einer Lanze vom Sattel zu stoßen.

Das große Turnier blieb aber, gerade wegen seiner Gefährlichkeit, das populärere Treffen, wenngleich die Unterschiede zum Krieg deutlicher wurden. Dennoch gab es weiterhin Tote dabei und 1241 sollen bei einem Turnier in Neuss 80 Ritter das Leben verloren haben, weil sie an einem heißen Tag in ihren Rüstungen an den Anstrengung und durch den Staub starben.

Was machte das Turnier so populär? Zum einen war es das militärische Training, das der Schlacht im Krieg im Wesentlichen entsprach. Kriegstüchtigkeit war nur durch Üben und Praxis zu erreichen und derjenige war auf den Krieg unvorbereitet, »... *der noch niemals sein eigenes Blut fließen sah, niemals seine Zähne unter dem Hieb des Gegners knirschen hörte oder niemals das volle Gewicht des Gegners auf sich lasten fühlte*«. Man konnte im Turnier feststellen, wer zum Krieg geeignet war, wer Führungsaufgaben übernehmen und sich quälen konnte, also eine Art Selektion für Spitzenpositionen im Heer.

Denn der mannhafte Turnierkämpfer, so der Dichter Heinrich von Laon, habe im dichtesten Handgemenge zu beweisen, dass er »... *einen Helm tragen kann und trotz des Mangels an Luft darin den Schlägen und Hieben, die darauf nie- derprasseln, standhalten kann, so sicher, als trüge er eine Mütze aus Stoff. Denn ein Mann in einer solchen Lage ist eingehüllt in den eigenen Schweiß und sein Blut, und das nenne ich das hohe Bad der Ehre.*«

Noch ein Aspekt ist dabei zu berücksichtigen. Es scheint kein Zufall, dass das Turnier in jenen Zeiten entstand und populär wurde, die durch die große Zahl der Fehden einzel- ner Familien geprägt waren. Es scheint sich hier eine Art von Ersatzkrieg entwickelt zu haben, in dessen Rahmen man seine Konflikte »zivilisiert« austragen konnte, ohne unnötig viel Blut zu vergießen.

Auch das Turnier wandelte sich mit den Zeiten. So kriti- sierte Heinrich von Laon im 13. Jahrhundert, dass die Ritter nicht mehr zum Turnier kämen, um Ehre für sich und ihre Dame zu gewinnen, sondern um möglichst viel Lösegeld von gefangenen Gegnern einzustreichen. »*Nicht die Liebe macht den Ritter mutig, sondern die Armut*« hieß es in der populären Literatur. Zugleich konnte man aber durch Tapferkeit im Turnier die Aufmerksamkeit eines möglichen Patrons auf sich ziehen und so in dessen Hofgesellschaft aufgenommen werden. Auf dem Turnierfeld überhaupt erscheinen zu dür- fen, galt schon als Ausweis der Ritterlichkeit und als Beweis dafür, dass man an den Aktivitäten dieser Elite teilnehmen durfte. Man versuchte mit der Zeit, das Turnier von jenen Elementen zu säubern, die nur auf Gewinn aus waren. Daher erklären sich auch die Eintrittsgebühren zum Turnier, die durch König Richard I. Löwenherz eingeführt wurden. Es kam auch dazu, dass Ritter, die am Turnier teilnehmen wollten, ihre ritterliche Abstammung zu belegen hatten, worüber Herolde Listen der Teilnehmer anlegten und man sich so dem Ritterstand oder dem Adel zugehörig erweisen musste. In Deutschland ließ man im 13. Jahrhundert nur mehr Ritter zum Turnier zu, deren Familien schon 50 Jahre an Turnieren teilgenommen hatten, und später wurde es zur Regel, zur Teilnahme mindestens vier Generationen adeliger Abstammung nachweisen zu müssen.

Eine wichtige Rolle bei der Motivation des Ritters im Turnier spielten die Damen. In den Ritterromanen wie *Lancelot* oder in der Artus-Geschichte sind es immer wieder Frauen, die den Ritter anfeuern und in deren Namen er zum Turnier reitet. Auch William Marshal vergnügte sich vor dem Turnier mit Tanz und Frauengesprächen, ehe er zur Ehre seiner Dame die Gegner aus dem Sattel warf. In den Werken von Chrétien de Troyes wird in den Rittererzählungen dem Turnierdienst an den Damen breiter Raum eingeräumt und genau beschrieben, welches Zeichen, eine Schleife oder ein Haarband, sie dem Ritter mit in den Kampf gegeben haben.

Zu den Elementen des Turniers als Kampf und als Frauendienst gesellte sich im Hochmittelalter noch ein weiteres hinzu: das des Spiels. Bekannt sind die beiden großen Turnierfahrten des steirischen Ritters Ulrich von Liechtenstein (um 1200–1275), der mit seiner Venusfahrt (1227) und seiner Artusfahrt (1240) in der ritterlichen Welt Aufsehen erregte. Bei Ersterer staffierte er sich selbst als Frau Venus mit blonden Zöpfen aus und unternahm eine Turnierfahrt, bei der er viele Ritter besiegte und diese mit Grüßen zu seiner Dame sandte. In der Artusfahrt ritt er verkleidet als König Artus mit sechs Gefährten auf Turnierfahrt und nahm jeden, den er besiegte, in seine »Tafelrunde« auf. Nach seinem Beispiel wurden in der Folge Tafelrundenturniere, in denen sich die Teilnehmer als der Hof des legendären Artus verkleideten, immer beliebter und auch in England und Frankreich abgehalten. Obwohl nun spielerisch aufgelöst, blieben die Kämpfe weiterhin echt und gefährlich, »... *das Tjosten anzusehen ist prächtig, es durchzustehen aber grauenhaft*«, schrieb der Probst Sasin zu einem Turnier im Helm.

Die Kirche hatte sich schon früh gegen das Turnier ausgesprochen. Das Gebot, die im Turnier Gefallenen nicht kirchlich zu bestatten, wurde nach dem Konzil von Clermont 1130 immer wieder erneuert und dennoch nicht eingehalten, bis es 1316 von Papst Johannes XXII. wieder aufgehoben wurde, der damit nichts anderes tat, als die Realität anzuerkennen. Dafür setzte die Kirche Geschichten in Umlauf, in denen die im Turnier getöteten armen Seelen zur Erde zurückkehrten und die Lebenden vor den Qualen der Hölle warnten, in die sie durch ihre Liebe zum Turnier gekommen seien.

Die Kirche sah das Turnier als Grundlage für die sieben Todsünden an, wobei sie deren Kosten an Leben und ihre Verschwendung an Geld und Gut anprangerte sowie die Wollust, die durch den Frauendienst der Ritter beim Turnier entstand. Tatsächlich konnten Familien ihr ganzes Vermögen verlieren, wenn der Ritter beim Turnier mehrmals gefangen und zur Zahlung eines Lösegeldes gezwungen wurde, auch Pferde und Waffen waren extrem teuer, und da die Turniere immer mehr Menschen anzogen und beschäftigten, wurde auch die *largesse* der Ritter strapaziert. Auch Heinrich von Laon führte darüber Klage, dass sich selbst reiche Familien Geld leihen müssten, um Turniere abzuhalten, und dass es für die armen Ritter kaum mehr eine Möglichkeit gäbe, ihren Mut und ihre Tapferkeit im Turnier zu beweisen.

Der Hauptgrund aber, warum die Kirche so vehement gegen die Turniere kämpfte, war jedoch, dass sie hierbei eine Bestätigung der ritterlichen Zügellosigkeit und Verrohung sah, die zu Mord, Totschlag, Zerstörung und Chaos führten und gegen die sie mit dem Gottesfrieden ankämpfte. Zugleich fürchtete die Kirche, dass die Liebe zum Turnier den Kreuzzugsgedanken schwächen würde, weil die Ritter lieber die Turniere besuchten, als ins Heilige Land zu ziehen. Turniere sah die Kirche als unnötiges Blutvergießen und als ein Hindernis zum Frieden auf Erden an.

Aber auch die Herrscher hatten zeitweise Einwände, weil sie meinten, dass Turniere dem Adel die Gelegenheit gaben, sich gegen sie zu versammeln und zu intrigieren.

Dennoch darf man den Stellenwert der Turniere in der ritterlichen Welt des Mittelalters nicht vernachlässigen. Sie trugen zum Ansehen des fahrenden Ritters bei, der in der Welt umherzog, Ehre, Ruhm und Geld sammelte und seine Erfolge seiner Dame widmete. Sie ließen die ritterlichen Werte hochleben und Literaten sorgten dafür, dass diese Werte an allen Höfen und Burgen Verbreitung fanden. Das Zusammenkommen der Ritter aus verschiedensten Regionen beim Turnier verbreitete den ritterlichen Gedanken und führte zum Austausch von Ideen über weite Strecken hinweg und machte die Regeln des Rittertums zu einer Art internationaler Ideologie, welche die Grenzen lokaler Wirksamkeiten überschritt. In diesem Sinne hatten Turniere eine ähnliche Wirkung wie die Kreuzzüge, waren aber für den Ritter einfacher und billiger zu erreichen und wirksamer als eine gefährliche Fahrt ins Heilige Land. Sie trugen zur Ausformung eines Kodex bei, wie sich Sieger und Besiegte in einer Schlacht zu verhalten hatten, und waren damit die Ursprünge eines internationalen Kriegsrechts, das etwa ab dem 13. Jahrhundert in seinen Anfängen angewandt wurde. Das Turnier hat damit mehr zu einem zivilen Verhalten der Ritter beigetragen als die Verbote der Päpste, indem es die zügellose Gewalt in Regeln goss.

Das Kriegswesen

Das traditionelle und allgemeine Verständnis vom europäischen Kriegswesen im Mittelalter geht davon aus, dass es die Ritter waren, die von 800 bis 1400 die europäischen Schlachtfelder beherrschten. Diese Ritter trugen Rüstungen und waren mit Lanzen bewaffnet, um jede Fußtruppe, die

sich ihnen in den Weg stellte, auseinanderzutreiben, aufzu-
spießen und niederzutrampeln, um dann im Kampf gegen
den gegnerischen Ritter die Schlacht entscheiden zu können.

Tatsächlich war die mittelalterliche Kriegsführung aber
ein kompliziertes Regelwerk und von einem hohen Grad
an Organisation bestimmt, gleichzeitig muss sie aber auch
als kulturelles Phänomen verstanden werden. Nachdem
es der bewaffnete Kämpfer zu Pferde war, welcher der
Epoche seinen Stempel aufgedrückt hat, muss der Krieg, in
dem er all das Erworbene und Erlernte umsetzen konnte,
eine bedeutende Rolle im mittelalterlichen Europa gespielt
haben. Die Theorien gehen sogar so weit, dass der hohe
Zivilisationsstand, den Europa bis an das Ende des Mittelalters erreichte und der den Kontinent befähigen sollte,
in der Neuzeit den Großteil der Erde zu unterwerfen und
zu kolonialisieren, in den Kriegen des Mittelalters, die von
kleinen Fehden benachbarter Burgen bis zu gesamteuropäischen Auseinandersetzungen reichte, entstanden sein soll.

Warum zog der Ritter in den Krieg, war es allein die
Treue zu seinem Herrn, war es die Suche nach Beute und
Reichtum? Hyppolyte Taine, französischer Historiker des
19. Jahrhunderts hat dazu gesagt: *In den mittleren und unteren
Schichten war die wichtigste Triebfeder der Eigennutz. Bei einer
Aristokratie ... der Stolz.*

Der Kampf war für den Ritter auch Ideologie weit über
das Kämpfen und den Versuch des Überlebens hinaus.
Jean de Bueil (1406–1477), ein Mitstreiter der Jungfrau von
Orléans, hat diese Ideologie in Worte gefasst: *Man liebt sich
so sehr untereinander in einem Kriege. Wenn man sieht, dass die
eigene Sache eine gute ist und dass die eigenen Leute sich gut
halten, kommt einem die Träne ins Auge. Es wird einem ganz
warm ums Herz vor Mitleid und Ergebenheit, wenn man sieht,
wie sich der Freund tapfer mit seinem Körper einsetzt ... und
dann schickt man sich an, mit ihm zu sterben oder leben zu gehen*

und aus Liebe zu ihm ihn auf keinen Fall im Stich zu lassen …
Denkt ihr daran, dass jemand, der so etwas tut, den Tod fürchtet?
Mitnichten, denn er ist so gestärkt, er ist so hingerissen, dass er
nicht weiß, wo er ist. Wahrhaftig, er fürchtet sich vor nichts.

Die Realität des mittelalterlichen Kriegs war freilich anders und weit grausamer. Ging es in einen Krieg, so musste zuerst das Heer aufgeboten werden. Der König oder Fürst konnte seine Vasallen, Lehnsmänner und Freien zur Teilnahme an einem Heereszug nur heranziehen, wenn er in der Lage war, überzeugend darzustellen, dass es sich um einen »gerechten« Krieg handelte. Denn dieser wurde als Anrufung Gottes und als großer »Zweikampf« gesehen, bei dem nur derjenige, der das Recht auf seiner Seite hatte, von Gott Hilfe und einen Sieg erwarten konnte. Bei einem »ungerechten« Krieg waren die Gefolgsleute weder zu finanziellem noch militärischem Beistand verpflichtet. Krieg war aber nicht nur der Kampf um eine angeblich gerechte Sache, er bot auch Abenteuer und Beute, eine der wenigen Gelegenheiten für den Ritter neben dem Turnier, sich zu bereichern.

Wie der Ritter in den Kampf zog, wird im *Ruodlieb*, einem lateinischen Versepos des Mittelalters, beschrieben:

Nur einer durfte mit ihm gehen/ den er als Schildknapp auser-
sehen/ Ihm schleppen sollt er den Reisesack/ mit mannigfacher
Sachen pack/ Von Kind an hat er den die Plagen/ und Mühn
gelernt für ihn zu tragen/ Auf lud er rechts des Reisesack/ des
Herren Schild links Huckepack/ mit seiner Rechten fasste er/
den Köcher unterm Schild den Speer/ Und unter sich als Sattel
trug/ er einen Futterbeutel groß genug/ Der Herr in einem
Panzer jedoch/ dazu in einem Wams auch noch/ auf seinem
Kopf trug er aus Stahl/ den Helm mit golden glänzendem
Strahl/ Umgürtet war er mit dem Schwert/ das bis zum Griff
mit Gold bewehrt.

So oder ähnlich werden die Ritter von ihren Burgen Abschied genommen haben, um sich dem Heerbann anzuschließen. War er dort angekommen, wurde er einem Fähnlein zugeteilt und ritt unter dem Banner seines Lehnsherrn in den Krieg.

Im Gegensatz zu Schlachten späterer Zeiten waren Ritterschlachten kein Ablauf von genau geplanten Manövern, die von disziplinierten Einheiten durchgeführt wurden, sondern beschränkten sich zumeist auf Einzelaktionen kleinerer Abteilungen oder sogar von Einzelkämpfern. Es ist daher verständlich, dass sich der Ritter in seiner Ausbildung eines genauen und weitreichenden Trainings unterziehen musste, sei es, um über mehrere Stunden in seiner oft bis zu 30 Kilogramm schweren Rüstung eingezwängt zu sein und dennoch kämpfen zu können oder um die wenigen taktischen Manöver, die ihm vorgegeben wurden, zu erfüllen. Man muss davon ausgehen, dass der Befehlshaber einer Ritterschlacht kein diszipliniertes Korps hinter sich hatte, sondern eine Masse an oft herausragenden Einzelkämpfern, die der Ehre wegen unter den Feinden nach berühmten Gegnern suchten, um sich zu beweisen, oder die oft auch versuchten, sich an persönlichen Gegnern zu rächen. Daher waren Ritterschlachten nicht bis ins Detail planbar, sondern entwickelten sich nach dem ersten Treffen oft in kleinen Scharmützeln Mann gegen Mann.

Über die Größe der Heere wurden unterschiedliche Angaben gemacht. Ein von Kaiser Otto IV. (1175/76–1218) angeführtes englisch-flämisch-deutsches Heer versuchte 1214, in der Schlacht von Bouvines mit 1500 Rittern und 7500 Fußsoldaten für den englischen König Johann Ohneland das 1204 von den Franzosen zerschlagene angevinische Reich zurückzuerobern. Das zahlenmäßig stärkste Heer im Mittelalter mit etwa 32.000 Mann soll Eduard III. von England (1312–1377) 1347 bei der Belagerung von Calais aufgeboten haben. Der englische König Heinrich V. (1387–1422) hatte bei seinem Kriegszug gegen Frankreich nicht mehr als 10.000 Mann, davon nur 1000 Ritter, unter Waffen. Bekannt sind auch die Teilnehmerzahlen der Ritterschlacht am Marchfeld, hier standen sich in einer der größten Ritterschlachten des Mittelalters nur rund 15.000 Mann gegenüber, der Großteil davon Leichtbewaffnete und Bogenschützen.

Befand sich das Heer auf dem Marsch, ritt dem Zug ein Fahnenträger voran, das Heer selbst bestand aus drei Abteilungen oder »Haufen«. An der Spitze befand sich die Vorhut aus Bogen- und Armbrustschützen, in der Mitte die Ritter und Fußsoldaten und am Ende die Nachhut. Außerdem mussten noch Wagen und Packpferde mit Proviant, Zelten, Belagerungswerkzeugen, Zusatzwaffen sowie lebendes Schlachtvieh mitgeführt werden. Der Ritter belastete sich auf dem Marsch nur mit seinem Schwert, Ringpanzer, Topfhelm und Schild befanden sich in den Trosswagen. Dem Heereszug folgten auch Kaufleute und Prostituierte, die bei solchen Gelegenheiten reichlich Gewinn machten.

Am Tage wurde marschiert, in der Nacht das Lager aufgeschlagen, das den römischen Feldlagern nachgeahmt wurde. Die Fürsten ließen ihre kostbaren Zelte aufbauen, vor denen die Heeresfahne aufgepflanzt wurde. Die Ritter bildeten Zeltgemeinschaften, Wachmannschaften hatten das Nachtlager vor Überraschungen zu bewahren.

Am Morgen vor der Schlacht wurde die Messe gelesen. Dann ging es mit Schlachtgesang und Kriegsgeschrei, begleitet von Pauken, Trommeln, Hörnern und Posaunen, in den Kampf. Wie es in einem Heer kurz vor einer Schlacht aussehen konnte, beschreibt Helmut Hiller in der Biografie Ottos I., als dieser sich 955 in den Kampf gegen die Ungarn begab:

»*Nachdem das Heer geordnet und vollzählig war, setzte König Otto zur Vorbereitung auf die Schlacht einen Tag des gottes-*

*fürchtigen Fastens und frommen Gebetes fest. Die Männer
verziehen sich gegenseitig ihre Reibereien und Unfreundlich-
keiten und gelobten einander wie auch ihren Führern alle
Hilfeleistung im Kampf. Nicht wenige von ihnen mögen eine
Zwiebel der wilden Gladiolen, die man auch Siegwurz oder –
beinahe noch hoffnungsvoller – Allermannsharnisch nannte,
bei sich getragen haben, denn ein solches Amulett machte nach
damaligem Glauben hieb- und stichfest und ließ die Wunden
besser heilen. Der König selbst tat das Gelübde, im Falle eines
Sieges in Merseburg zu Ehren des Feuermärtyrers Laurentius
ein Bistum zu gründen und die dort begonnene Pfalz in eine
Kirche umzubauen.«*

Zuerst stellten sich die Ritter in zwei langen, parallelen
Schlachtlinien auf, wobei sie sich um die Fahne ihres Lehnsherrn sammelten. Oft standen sie dabei so nahe zueinander,
… dass der Wind nicht durch ihre Fahnen hindurchfahren konnte.
Das Fußvolk und die leichte Reiterei, eventuell auch die
Bogen- und Armbrustschützen, hatten mit dem Angriff zu
beginnen, die Ritter folgten in einem Abstand nach.

Dann stürmten die Ritter in kleinen Abteilungen vor, um
die Linien des Gegners zu attackieren. Wurde der Angriff
abgewiesen, so ritt man zur Schlachtlinie zurück, sammelte
sich dort wieder, schloss die Reihen und stürmte abermals
vor. Hinter den Schlachtlinien folgten die Knappen mit
Ersatzpferden, um ein gestürztes zu ersetzen oder ihrem
Herrn auf die Beine zu helfen, wenn er vom Pferd geworfen
wurde, die Pferde der Feinde einzufangen und eventuelle
Gefangene vom Schlachtfeld zu führen, da das Lösegeld
für manchen Ritter wirtschaftlich wichtiger war als der Tod
des Gegners. Ab dem 12. Jahrhundert setzte man in der
Schlacht auch leichte Reiterei (*sergeants*) ein und wenn nötig,
stiegen auch die Ritter vom Pferd und kämpften zu Fuß,
wobei die schwere Rüstung zum Nachteil wurde. Daher

bildete man dabei feste Reihen und bewegte sich kaum mehr vorwärts, *wer angreift verliert, wer steht gewinnt*, lautete die Kampfesregel.

Man setzte in der Schlacht auch spezielle Stoßtrupps ein, welche die Aufgabe hatten, sich schnell durch die gegnerischen Reihen zu kämpfen, bis zum Anführer vorzudringen und diesen auszuschalten, daher trugen manche Könige in der Schlacht nur einfache Harnische, um in der Masse der Kämpfenden nicht aufzufallen. Manche ließen auch ihr Wappen, Banner und ihre Rüstung von anderen Adeligen tragen, um diese Stoßtrupps von sich abzulenken.

Der Kampf wogte meist längere Zeit hin und her, bis eine Truppe so dezimiert oder erschöpft war, dass sie aufgab und sich zurückzog, jene Truppe, die länger auf dem Schlachtfeld blieb, hatte es damit behauptet und war siegreich.

Geriet das Heer in eine gefährliche Situation und musste es sich verteidigen, versuchte man die Gegner durch in den Boden gesteckte Speere und Fußangeln abzuweisen. Den Tross, also die Wagen mit den Lebensmitteln, Zelten und Reservewaffen, sowie das Lager schützte man durch Sicheln, die an den Wagendecken angebracht worden waren. Nicht immer wurde der Tross geschont. In der Schlacht von Agincourt eroberten 1415 die Franzosen trotz ihrer Niederlage den englischen Tross und töteten dort die Pagen und Knappen, bevor sie das Lager plünderten.

Die Todesrate unter den Rittern konnte in mittelalterlichen Kriegen unterschiedlich sein. In Agincourt sollen innerhalb kurzer Zeit 6000 französische Ritter ums Leben gekommen sein, während die Engländer nur wenige Hundert Gefallene zu beklagen hatten. Bei anderen Schlachten wurden die Verluste oft nur mit einigen Hundert Toten beziffert, dennoch konnte ein Krieg bis zu 50 % der Mannschaften, also Ritter, Knappen und Fußvolk, ums Leben bringen, wenn Seuchen oder Hunger die Heere dezimierten. So ging es

Ludwig IX. dem Heiligen 1250 beim Rückzug seiner Armee von Mansura in Ägypten: *In dieser Nacht fiel er einige Male in Ohnmacht, und weil ihn die Ruhr, unter der er litt, fortwährend zwang, den Abtritt aufzusuchen, mussten sie ihm den unteren Teil seiner Unterhose abschneiden.*

Dass die Todesrate der Ritter im Kampf beträchtlich war, war auch den Zeitgenossen bewusst. So klagt ein französischer Ritter: *Niemand von uns kennt seinen Vater, sie alle starben, als wir Kinder waren, in der Schlacht den Tod des kalten Stahls.* Noch grausamer war das Los der Verwundeten im Krieg, da es kaum eine medizinische Versorgung auf dem Schlachtfeld gab. Überlebte man seine Verwundungen, so war man oft ein Krüppel, der in dieser auf Kampf trainierten Gesellschaft ein schlimmeres Los hatte als die Toten.

Dennoch war der Kampf und der ritterliche Tod höchster Anreiz des Ritters. So ritt der 50-jährige und völlig erblindete Johann von Luxemburg (1296–1346) als Ritter mit in die Schlacht von Crécy, nur um dort den ehrenhaften Rittertod zu sterben, wobei sein Pferd von zwei anderen Kämpfern geführt wurde.

Es gehörte zur guten Sitte, mit den gegnerischen Truppen Ort und Zeit der Schlacht zu vereinbaren. Hinterhalte zu stellen, galt als unritterlich, da sie der Ehre widersprachen, ein Teil des ritterlichen Kodex, der aber nicht immer eingehalten wurde. Ein Beispiel dafür ist die Ritterschlacht am Marchfeld zwischen dem deutschen König Rudolf von Habsburg und dem böhmischen König Ottokar 1278. Der Habsburger ließ zunächst die böhmischen Ritter gegen leicht bewaffnete Kumanen antreten, um sie zu ermüden, stellte erst im dritten Treffen seine Ritter auf und hatte eine Truppe von 60 Rittern in einem Hohlweg zurückgehalten, die den böhmischen Truppen auf dem Höhepunkt der Schlacht in die Flanke fiel, was zwar als effektiv, aber höchst unritterlich angesehen wurde.

Nach der Schlacht ritten die Herolde der Parteien über die Felder, um die Gefallenen zu verzeichnen, während Plünderer die Toten und Verwundeten nach Wertgegenständen durchsuchten. Der Sieger hatte für das Begräbnis der Gefallen zu sorgen, die toten hohen Adeligen wurden von ihren Pagen und Knappen nach Hause überführt. Verwundete hatten kaum mit medizinischer Versorgung zu rechnen, mit Ausnahme jener Adeligen, die eigene Ärzte mit auf den Feldzug nahmen.

Die Auffassung von einer in den Schlachten dominierenden Ritterschaft wurde durch die Kunst und die wenigen Berichte aus jener Zeit gestützt, die immer wieder die Ritter darstellten und den zu Fuß Kämpfenden nur wenig Beachtung schenkten. Seine größte Wirksamkeit konnte der Ritter in der geschlossenen Schlachtlinie entfalten, dennoch konnten er auch durch waghalsige Einzeltaten Aufmerksamkeit erregen wie der deutsche Ritter Jörg von Ehingen, der sich vor den Mauern von Ceuta mit einem maurischen Krieger einen erbitterten Zweikampf lieferte.

Fußtruppen waren ein wichtiger Bestandteil jedes mittelalterlichen Heeres. Im ersten Treffen kämpften sie mit verschiedenen Typen von Bögen, Armbrüsten und später mit Handfeuerwaffen. Nach dem Vorstoß der Ritter war es ihre Aufgabe, im Handgemenge das Schlachtfeld zu behaupten und das gegnerische Fußvolk zurückzudrängen. Bei Belagerungen von Burgen und befestigten Städten war das Fußvolk für beide Seiten entscheidend und trug die Last des Kampfes, wenngleich auch der Ritter die Leiter zur Eroberung der Burg oder Stadt mit emporstieg.

Eine ungelöste Frage war auch, wie man mit den Gefangenen der unterlegenen Partei verfahren sollte. War es in Ritterschlachten durchaus üblich, auf dem Schlachtfeld Gefangene zu machen, um später ein Lösegeld erpressen zu können, so gab es Gesellschaften, die auf diese Form zum Vermögenserwerb konsequent verzichteten. So gaben die Schweizer Eidgenossen in den Schlachten gegen die Habsburger und gegen Karl den Kühnen (1433–1477) gewöhnlich kein Pardon, und auch nicht die Soldaten der flämischen Städte in ihren Kriegen gegen Frankreich. Nach der Schlacht von Nikopolis wurden 1396 die europäischen Gefangenen von Sultan Bayazit I. (1360–1403) bis auf wenige hochrangige Adelige dem Tode übergeben. Auch wenn in einer Schlacht ein Übermaß an Gefangenen anfiel, die man nicht mehr zu beherrschen glaubte, wie die Engländer bei Agincourt, so ließ man die gefangenen Gegner noch auf dem Schlachtfeld exekutieren.

Große Feldschlachten zwischen Ritterarmeen waren im Mittelalter eher selten. Die übliche Taktik war es, das Gebiet des Gegners zu verwüsten und auszuplündern, um ihn so wirtschaftlich zu schädigen.

Thomas Basin (1412–1489), französischer Bischof und Historiker, hat die Verwüstungen des Hundertjährigen Krieges zwischen England und Frankreich beschrieben: *Ich habe mit eigenen Augen die Länder ... gesehen, alles ist verwüstet. Geleert von Einwohnern, überall überwuchert von Dornensträuchern und Brombeerhecken, und wo Bäume wachsen, werden sie zu großen Wäldern.*

Besonders am Ende des Mittelalters, als Lehnsritter neben bezahlten Söldnern kämpften, wurde es üblich, diesen ganze Landstriche zur Plünderung zu überlassen.

Ein entschlossener Angriff von gepanzerten Rittern war eine mächtige Waffe. Trotzdem war es wahrscheinlicher, dass jene Seite den Sieg davon trug, die es am besten verstand, die drei Hauptbestandteile des Heeres, Fußsoldaten, Ritter und später auch die Artillerie, zu kombinieren. Ebenfalls wichtig waren die Faktoren, die den Ausgang von Schlachten seit jeher beeinflussten, wie etwa die intelligente Nutzung des Geländes, die Truppenmoral, Führungsqualitäten, Disziplin und Taktik. Ritterlich ist es in den Kämpfen sicher nicht zugegangen, obwohl Joachim Bumke bemerkt: »*Hinterlist und Grausamkeit haben zwar meistens die Praxis der adligen Fehde- und Kriegführung bestimmt, aber es gibt auch Beispiele dafür, dass Gebote der Fairness berücksichtigt wurden, dass man sich scheute, einen unbewaffneten Gegner zu überfallen, oder dass man nicht zu mehreren gegen einen kämpfen wollte. Es gibt auch Beispiele für die Schonung von besiegten Gegnern, für die Freilassung auf Ehrenwort, für die anständige Behandlung von Gefangenen, wenn es sich dabei auch eher um Ausnahmefälle gehandelt haben dürfte.*«

Das Erstürmen von Städten und Burgen war, wenn diese gut verteidigt wurden, im Mittelalter fast nicht möglich und tatsächlich fielen die meisten Befestigungen durch Aushungern, Handstreiche oder durch Verträge. Hierbei wurde festgelegt, dass die bewaffnete Garnison abziehen würde, wenn bis zu einem bestimmten Zeitpunkt Entsatz nicht in Sicht war.

Bei Belagerungen wurden ungeheure technische Leistungen vollbracht. Prinzipiell war der Verteidiger hinter seiner Mauer immer im Vorteil, was die Angreifer durch den Einsatz verschiedenster Belagerungsgeräte zu kompensieren suchten. Eine Belagerung empfahl sich nur bei Burgen in der Ebene, Höhenburgen konnten aufgrund ihrer Lage nur schwer erobert werden und fielen meist durch Handstreich, Verrat oder Aushungern. Beliebt war es auch, Unrat oder menschliche und tierische Kadaver mit einem Katapult über die Mauern zu schleudern, um Seuchen in den Burgen auszulösen.

Stand eine Burg in der Ebene, so konnten Belagerungsgeräte zum Einsatz gebracht werden, wozu mehrere Typen von Wurfmaschinen gehörten. Die *ballista* war eine überdimensionale Armbrust, mit der meterlange Speere in die Burg geschossen werden konnten und die sehr durchschlagend waren, besonders wenn man sie mit Feuer kombinierte. Der

Tribock war eine Art schwerer Steinschleuder und eher auf
kurze Entfernungen wirksam, während die schweren Wurfmaschinen wie Schleudern wirkten und mannsgroße Steine
gegen die Mauern oder in die Stadt warfen. Kombinierte man
die Schleuder mit Fässern brennenden Öls, so konnte man
ganze Städte in Brand setzen. Tore versuchte man mit dem
Rammbock oder *Widder* aufzubrechen, während der *Tarant*
als Mauerbrecher eingesetzt wurde. Beliebt war es auch, die
Mauern zu untergraben, die Höhlung mit Balken abzustützen
und diese dann zu verbrennen, was zum Einsturz der Mauern
führen sollte. War eine Burg oder Stadt sturmreif geschossen,
so versuchten die Angreifer, die Mauern mittels Sturmleitern
zu überwinden, oder agierten von einem an die Mauern
herangeschobenen und befestigten Belagerungsturm aus.

Auch den Verteidigern stand ein Instrumentarium an
Geräten zur Verfügung. Man versuchte, durch Ballisten
und Katapulte die Belagerungsmaschinen des Gegners
zu zerstören, schüttete brennendes Öl und Pech über die
Mauern, manchmal warf man auch Bienenkörbe, ließ aus
Wurferkern Steine und Pfeile auf die Gegner hinabregnen
und hatte Spieße, um die Leitern der Angreifer von den
Mauern wegzustoßen.

Gegen Ende des Mittelalters wurden auch die ersten
Geschütze in der Schlacht und besonders bei der Belagerung
eingesetzt. Ihre Herstellung und auch ihr Transport waren
zu kompliziert, um sie entscheidend einzusetzen, da sie oft
nur einen Schuss während der gesamten Schlacht abgeben
konnten, daher war ihr Einsatz mehr als psychologische
Kriegsführung zu sehen. Bei der Belagerung von Burgen
waren sie aber durchaus nützlich und konnten gewaltige
Größen erreichen. Berühmte Belagerungskanonen wurden
sogar mit Eigennamen versehen wie die Kanonen *Purlepaus*
und *Weckauf,* die Maximilian I. bei der Belagerung von
Kufstein 1506 einsetzte.

Die Burg als der Sitz des Ritters

Die mittelalterlichen Burgen waren Wehr- und Verteidigungsbauten, errichtet als feste Sitze von Adelsgeschlechtern oder anderen Vertretern der landesfürstlichen Gewalt. Sie wurden meist an besonders zur Verteidigung geeigneten Plätzen errichtet, manchmal wurde die Wahl des Bauplatzes von der Funktion als Straßen- oder Flusssperre beeinflusst. Nachdem die Wirksamkeit mittelalterlicher Belagerungsmaschinen eher gering war, boten starke Mauern und tiefe, oft wassergefüllte Gräben ausreichend Schutz. Bestimmend für ihre Größe waren häufig die topografischen Gegebenheiten und die Bedürfnisse der Verteidiger, wobei die Bequemlichkeit der Bewohner den Anforderungen der Verteidigung untergeordnet wurde.

Im Inneren des Reiches wurden Burgen meist errichtet, um Gebiete abzusichern und den eigenen Herrschaftsanspruch zu untermauern. In manchen Gebieten gab es ausgedehnte Burganlagen, die von in der Umgebung liegenden Burgen und Burgengruppen zusätzlich geschützt wurden.

Anders war es an den Grenzen des Reiches, besonders im Osten und Südosten. Hier erfolgte der Burgenbau meist nach strategischen Gesichtspunkten, um neu erobertes Land in Besitz zu nehmen und dauerhaft gegen die Möglichkeit einer Rückeroberung abzusichern.

Burgengruppen finden sich meist in Regionen, die besonders dem Handelsverkehr dienten. Hier gab es eigene Wohnburgen und oft unabhängig davon Sperrburgen an Straßen, Pässen und Flüssen. Manchmal wurden Sperrburgen auch gebaut, um die Burg eines Nachbarn in unmittelbarer Nähe zu neutralisieren. Auch die Vergrößerung von Familien und deren Aufspaltung konnte zum Bau neuer Burgen führen.

Der Burgenbau differenzierte auch die sozialen Gegebenheiten der Ritter. Kleine Adelige, die vielleicht vom Ertrag

eines einzigen Dorfes leben mussten, die als Dienstmann
den Zoll an einem Fluss oder einer Straße erhoben, verfügten
meist nur über einfache Burgen, die nur aus einem Turm und
einem angebauten Palas, dem Wohngebäude, bestanden und
oft auch über keine Ringmauer verfügten. Bedeutende Familien hatten größere Burgen, die sich in Unter- und Hauptburg unterteilten, die man über Graben und Brücke betreten
musste. In der Unterburg befanden sich die Quartiere der
Knechte, Pferdeburschen und Mägde, außerdem wurde hier
das Vieh, das man für den Fall einer Belagerung vorrätig hielt,
untergebracht. Bei großen Anlagen findet man auch noch die
Gebäude von zur Versorgung notwendigen Gewerben wie
Bäckerei und Schmiede, ja selbst Windmühlen sind überliefert. Die Hauptburg war von der Unterburg deutlich getrennt
und wies oft die stärkeren Befestigungen auf und enthielt
neben Bergfried und Palas auch Brunnen und Vorratskeller,
um eine Belagerung leichter überstehen zu können.

Ein Sonderfall sind die Ganerbenburgen, die sich zwei
Familien oder Geschlechter teilten und die oft mit zwei
Bergfrieden und einem doppelten Palas ausgestattet sind.

Wasserburgen, die sich in Seen, Flüssen und auf Inseln
befanden, waren durch das sie umgebende Wasser gesichert
und hatten als einzigen Zugangsweg einen durch Brücken
unterbrochenen Damm oder konnten aus Sicherheitsgrün-
den überhaupt nur mit dem Schiff erreicht werden.

Die Bautechnik der Burgen bediente sich vor allem des
Bruchsteinmauerwerkes, das mit Kalkmörtel, der manchmal
die Härte von modernem Beton erreichte, zusammengefügt
wurde. Holz wurde für die Wehrgänge und Dachkonstruk-
tionen verwendet, wobei man sich bemühte, die Dächer
mit Ziegeln oder aufgelegten Schieferplatten feuerfest zu
machen. Interessant sind die Mauerstärken mittelalterlicher
Burgen. Beim Bergfried betragen sie meist 2–4 Meter, beim
Palas 1,2–1,5 Meter und bei Außenmauern bis zu 3 Metern.

Der wichtigste Teil der Burg war der Bergfried, der das Zentrum der Anlage bildete und gleichsam der letzte Fluchtpunkt der Verteidiger bei einer Eroberung war und sich selbstständig noch über längere Zeit halten konnte. In seinem Untergeschoss befand sich oft auch das Burgverlies, das man nur durch eine Deckenöffnung erreichen konnte. Wann immer es möglich war, wurden hier auch Vorratsräume und Brunnen angelegt. Daran angebaut war zumeist der Palas, das Wohngebäude, das sich aus einem zweiten Turm der Anlage als Wohnturm entwickelte. Erst mit der Zeit wurde der Palas erweitert und mit Zimmern und Sälen ausgebaut. Im Untergeschoss befanden sich meist Keller, Vorratsräume und die Küche, im ersten Stock ein repräsentativer Saal, der das Wohnquartier war und in dem auch Gäste bewirtet wurden. Manchmal findet sich im Palas außerdem der Kapellenbau der Burg. Mit der Zeit differenzierte sich der Palas und wurde um einen eigenen Kemenatenbau erweitert, in dem sich die Wohn- und Schlafräume des Burgherrn und seiner Familie befanden, während der Palas der Repräsentation diente.

Das weitere wichtige Element der Burg, und in späterer Zeit ihr Hauptmerkmal, war die Ringmauer, welche die Burg umgab und die an der Oberseite mit einem Wehrgang versehen war. Von diesem führten Zinnenlücken, Abwurföffnungen, Gusserker und Pechnasen zur Außenseite, um Angreifer abzuwehren. Mit dem Aufkommen der Feuerwaffen wurden die Zinnenlücken durch Schießscharten ersetzt.

Innerhalb der Ringmauer gruppierten sich die Wirtschaftsgebäude um einen Hof, der zugleich der Bereitstellungsraum für Bewaffnete im Fall eines Ausfalls war. Latrinen, Aborterker und Abfallschächte befanden sich in vielen Burgen an den Außenmauern, sodass Exkremente und Abfall nach außen entsorgt werden konnten.

Äußerst wichtig für die Burg war die Wasserversorgung, für die man oft Hunderte Meter tiefe Brunnenschächte grub oder große Zisternen anlegte.

Die Wohnsituation in einer Burg war zumeist beengt, nur wenige große Geschlechter konnten sich ausgedehnte Burganlagen leisten. Die Räume waren eng und finster, da die Fenster aus verteidigungstechnischen Gründen klein sein mussten, und waren meist ungeheizt. Im Spätmittelalter wurden Kohlebecken und offene Feuerstellen von bequemeren Kachelöfen verdrängt und erst am Ende des Mittelalters traten Kamine und rauchlose Stuben mit Hinterladeröfen in Erscheinung. Vor dem Aufkommen von Fensterglas im 13. und 14. Jahrhundert wurden die Fenster nur durch Holzläden verschlossen und die Räume waren im Winter dementsprechend finster und zugig. Des Abends lebte man zunächst im Licht von Fackeln, Kienspänen oder einfachen Talglichtern, Kerzen waren erst eine Erfindung des Hoch- und Spätmittelalters. Der Dichter Oswald von Wolkenstein beklagte auch die spartanische Einrichtung seiner Burg Hauenstein. Das Leben spielte sich hier in der Halle oder der Dürnitz (Stube) des Palas ab, die einen offenen Kamin und eine Feuerstelle zum Kochen hatte, der Herrentisch stand neben dem Gesindetisch, an den Wänden hingen Kleidung neben Waffenteilen und Jagdtrophäen. In den Nebenräumen standen die Bettgestelle mit Strohsäcken, die später von Federbetten abgelöst wurde, die Männer waren mit Verwaltungsarbeiten beschäftigt, die Frauen lasen oder betätigten ihre Spinnrocken. Erst im 14. und 15. Jahrhundert wurde das Leben auf den Burgen bequemer und das, was wir heute an Einrichtungen von Burgen sehen, stammt zumeist aus dieser Zeit. Dass das Leben in der Burg für die oft welterfahrenen Ritter nicht immer einfach war, zeigt das Hauensteinlied Oswald von Wolkensteins, der von Kälte, Einsamkeit und Kindergeschrei spricht:

In Ratzes am Schlern
da steck ich in der Ehe,
um dort mein Elend zu vermehren,
und zwar ganz unfreiwillig.
Auf einem runden kleinen Berghügel,
der umschlossen ist von dichtem Wald.
Hohe Berge und tiefe Täler,
Felsen, Buschwerk, Baumstöcke und Schneestangen,
die sehe ich jeden Tag in großer Menge.
Noch etwas macht mir Angst:
Nämlich dass mir das Geschrei
der kleinen Kinder die Ohren bedrängt
und sie durchbohrt ...
... Wo ich hinschaue, da stören mich
Schlacken von kostbaren Dingen,
mit denen ich früher zu tun hatte:
Stattdessen sehe ich
nur Kälber, Geißen, Böcke und Rinder,
und grobe Leute, dunkel und hässlich,
rußig im Winter:
Diese machen mir Laune
wie saurer Wein und Ungeziefer.
In meiner Bedrängnis schlage ich oft
meine Kinder auf ihr Hinterteil.

Die Waffen des Ritters

Das ursprüngliche Rüstzeug des Ritters in der Frühzeit bestand aus einem Panzerhemd, das aus Tausenden von kleinen Ringen zusammengefügt und nach römischem Vorbild kurzärmelig war. Die Ringe konnten miteinander verbunden oder auf eine Unterlage aufgenäht sein. Erst mit den Kreuzzügen kamen oströmische Einflüsse dazu, wie das langärmelige Panzerhemd mit Fäustlingen und einer Panzerkapuze, die man zurückschlagen konnte und unter der man eine gepolsterte Haube trug. Im 13. Jahrhundert kam dazu ein an den Kopfseiten hochgezogener Kinnschutz auf, den man in Frankreich *haubert*, in Deutschland *halsberc* nannte. Darunter wurde ein wattiertes, aus schwerem Rindsleder gefertigtes Untergewand getragen, welches die Wucht der Schläge auf den Panzer mildern sollte. Das Problem dabei war, dass Schwerter das Panzerhemd kaum mit der Klinge durchdringen konnten, die Wucht der Schläge aber sehr wohl zu Verletzungen und besonders zu Knochenbrüchen führen konnte.

Ab der Mitte des 12. Jahrhunderts wurde über dem Panzerhemd ein kurzärmeliger, häufig farbiger und mit dem Wappen des Trägers geschmückter Waffenrock getragen. Über die Panzerkapuze setzte man einen konisch nach oben zulaufenden Helm, der das Gesicht mit einem Naseneisen schützte, aber den Großteil des Gesichtes unbedeckt ließ. Um diesem Mangel abzuhelfen, entwickelte man die *Barvierea*, eine Metallplatte mit Atemlöchern, die vorne am Helm befestigt wurde und die untere Gesichtshälfte abdeckte. Aus dem Nasalhelm, der vermutlich von den Normannen nach Mitteleuropa gebracht worden war, entwickelte sich gegen Ende des 12. Jahrhunderts der flachscheitelige, zylindrische Topfhelm, der zunächst noch über der Panzerkapuze getragen wurde. Ab dem 13. Jahrhundert wurde er mit Wappen und einer auf der Kalotte sitzenden Helmzier, die oft Bezug auf das Wappen des Ritters nahm, ausgestattet.

Diese Helmform war zwar als Schutz effektiv, aber durch ihr Gewicht schwer zu tragen. Sie ermöglichte durch die Sehschlitze nur ein eingeschränktes Gesichtsfeld, zudem war das Atmen, besonders bei den Anstrengungen im Turnier und beim Kampf, schwer behindert. Daher ging man im 14. Jahrhundert vermehrt zur Beckenhaube über, bei der die Panzerkapuze mit einer eingearbeiteten Stahlplatte verstärkt wurde und man den Gesichtsschutz spitz nach vorne zog, sodass der Helm an eine Hundeschnauze erinnerte und man ihn deshalb auch als »Hundsgugel« bezeichnete. Ergänzt wurde er mit einem daran angebrachten Halsschutz.

Erst das Spätmittelalter kannte Weiterentwicklungen in Form der italienischen *Armet* oder die das Gesicht freilassende *Barbuta*, in Deutschland war die nach hinten spitz ausgezogene Schaller mit einem festen Visier beliebt.

Auch die Körperrüstung wurde laufend verbessert, indem man am Kettenhemd kleine Metallplatten anbrachte, die sich mit der Zeit zu Panzerplatten entwickelten. An den Knien wurden feste Kniekacheln angebracht, um die im Reiterkampf besonders gefährdeten Knie zu schützen. Um 1300 kamen Beinschützer dazu, die halbrinnenförmig das Bein an der Vorderseite umfassten. Im 14. Jahrhundert wurden auch die Oberschenkel mit Diechlingen, den Oberschenkel abdeckenden Platten, geschützt. Ähnlich verlief auch die Verbesserung des Armschutzes, der sich aus kleinen Metallplatten, die mit der Zeit immer mehr den Arm umgaben und am Ellenbogengelenk scharnierartig gestaltet waren, entwickelte.

Der Körperpanzer wurde mit innenliegenden metallenen Spangen zum Spangenharnisch verstärkt, der im 14. Jahrhundert zum Lentner, einem eng anliegenden Wams aus Stoff und Leder wurde, über den man einen aus einem Stück gefertigten Brustpanzer trug. Gegen Ende des 14. Jahrhunderts entstand daraus der voll bewegliche Eisen- oder Stahlharnisch, der den ganzen Ritter in Metall einhüllte. Auf der rechten Brustseite wurde ein Rüsthaken angebracht, der es erlaubte, hier die schwere Lanze einzuhängen, die unter der Achsel festgeklemmt wurde. Ab 1350 gab es auch voll bewegliche eiserne Handschuhe. Eine besondere Entwicklung nahmen die Füßlinge, die ab dem 13. Jahrhundert spitz ausgezogen waren und dem Ritter eine Verteidigung im Gedränge der Schlacht gegen herandrängende Fußtruppen erlaubten.

Von den Schildformen war der Rundschild der älteste, wie man ihn bei den Angelsachsen auf dem Teppich von Bayeux noch sehen kann, während die normannischen Angreifer schon den nach unten spitz zulaufenden Mandelschild verwendeten. Dieser mannshohe Schild wurde im 10. Jahrhundert in Byzanz entwickelt und seit dem 11. Jahrhundert in Europa verwendet. Gegen 1200 verkürzte man ihn auf die Hälfte und er wurde zum kurzen Dreiecksschild (*petit écu*), in dieser Form hielt er sich bis ins 15. Jahrhundert. Mit der Zeit wurde der Schild mit Eisennägeln oder Spangen zusätzlich befestigt und ab dem 12. Jahrhundert mit heraldischen Wappen bemalt, die der Identifikation des Ritters im Kampf dienten.

Wenn der Kampf begann, so war die erste Waffe, die der Ritter einsetzte, seine Stoßlanze. Diese war etwa drei Meter lang, zumeist aus schwerem Holz gefertigt und trug eine rhombenförmige oder ovale Eisenspitze. Sie wurde unter dem Arm eingelegt und ab dem 14. Jahrhundert mit einem konisch zulaufenden Handschutz versehen. War die Lanze gebrochen oder das Pferd des Ritters nicht mehr einzusetzen, so folgte der Kampf zu Fuß, bei dem die Hauptwaffe des Ritters das lange, beidseitig geschliffene und mit einer Spitze versehene Schwert war. Dieses ist geradezu das Symbol des Rittertums geworden und wurde nicht nur im Kampf, sondern auch bei Zeremonien verwendet. Bekannt sind auch die mythologischen Schwerter wie das Schwert Excalibur des Königs Artus, Rolands Schwert Durendaal oder das Schwert Miming, das von Wieland dem Schmied verfertigt worden war. Schwerter konnten als so heilig angesehen werden, dass man in ihrem Knauf Reliquien unterbrachte oder diesen mit einem magischen Lebensstein verzierte.

Andere Kampfwaffen waren der Streitkolben, der gut dazu geeignet war, gegnerische Helme einzuschlagen, dazu der Morgenstern, der aus einer oder mehreren Eisenkugeln an einer Eisenkette bestand und eine außerordentliche Durchschlagskraft hatte, sowie die Streitaxt, die durch ihre Wucht die gegnerische Rüstung aufreißen konnte. Klerikern war das Tragen des Schwertes verboten, deshalb kämpften sie oft mit einer Keule, wie es auf dem Teppich von Bayeux zu sehen ist.

Das Statussymbol des Ritters war aber das Pferd, da von ihm die Existenz des Ritters als Krieger abhing. Diese Pferde waren extrem teuer und erreichten etwa im 11. Jahrhundert den Wert von 5–10 Ochsen, die gesamte Ausrüstung des Ritters entsprach dem Wert von 45 Kühen oder 15 Stuten. Ritter mussten über mehrere Pferde verfügen. Es gab den *palefridus*, das Marsch- und Reisepferd, den *dextrarius* (*ros*) als das schwere, für den Kampf abgerichtete Pferd und den weniger wertvollen *runcinus* als Saumpferd zum Tragen der Ausrüstung des Ritters. Pflege und Versorgung der Pferde war die Aufgabe der Knappen, von denen der Ritter mindesten zwei benötigte. Auf dem Weg in den Krieg ritt der Ritter nur leicht geschützt und bewaffnet, erst vor der Schlacht legte er seine Rüstung an. Allein das Anziehen der Rüstung war ein höchst kompliziertes Unternehmen, bei dem zuerst die Beinharnische und Sporen angelegt wurden, dann folgten Kettenhemd und Rüstung und zuletzt der Helm, der mit der Rüstung verbunden wurde. Dann wurde der Ritter mit dem Schwert umgürtet, auf sein ebenfalls gepanzertes Pferd gehoben und dort festgeschnallt. Vom Pferderücken aus konnte er Lanze und Schild übernehmen und in die Schlacht reiten.

Es war die besondere Verbindung von Pferd, Panzerung und Mann, die dieser Einheit eine solche Stoßkraft verlieh. Wenn der Ritter auf seinem Streitross, das eher langsam, aber wuchtig war, gegen seine Gegner anritt, so hatte er eine ungeheure Durchschlagskraft, da sich die gesamte Energie dieses Ensembles auf die Spitze seiner Lanze konzentrierte.

Ein muslimischer Gelehrter aus der Zeit der Kreuzzüge hat
es so ausgedrückt: *Wenn ein Franke einmal in Fahrt gekommen
ist, könnte er die Mauern von Bagdad durchbrechen.* Gleichzeitig
bemerkten aber die Sarazenen, dass, wenn es gelingt, die
Einheit von Pferd und Mensch aufzubrechen, der Ritter in
schwere Nöte gerät: *Mit dem Pferd ist der Franke ein Block von
Eisen, gegen den alle Schläge wirkungslos bleiben. Wenn das Pferd
tot ist, wird er aber eine leichte Beute.*

Der Ritter und die Religion

Betrachtet man das Rittertum in seiner vornehmsten Ausformung, so wird deutlich, dass es ein Element enthält,
das es von allen anderen Gesellschaften von Reiterkriegern
der Geschichte unterscheidet. Es ist die Religion, der sich
der Ritter freiwillig unterworfen hat und die aus ihm nicht
nur einen erbitterten Kämpfer macht, sondern ihn als *miles
christianus,* als christlichen Ritter, in den Vordergrund treten
lässt.

Dabei war der Ritter vermutlich im selben Maße von
Frömmigkeit erfüllt wie die anderen Gesellschaftsschichten
seiner Zeit, nur haben wir aus der Schicht des Rittertums
die meisten Belege erhalten, jedenfalls mehr, als aus den
benachteiligten, weil unteren Schichten.

Der Ritter brauchte Gott, denn er stellte sich selbst immer
wieder in höchst angsterregende Situationen in Turnieren,
Kriegen und Schlachten, welche in ihrem Ablauf nicht mehr
kontrollierbar waren und den Menschen der Gnade der
Umstände auslieferte. Daher hatte der Ritter stets auf sein
Seelenheil zu achten, da seine Lebensspanne durchaus kurz
sein konnte. Es war üblich für den Ritter, täglich die Messe
zu besuchen, Gottes gute Werke zu vollbringen und stets
auf den Tod vorbereitet zu sein. Stand der Tod bevor, so ver-
schenkte der Ritter auf dem Totenbett, wie etwa von William

Marshal überliefert, all seine Habe und seine Besitztümer, um arm und bloß zu sterben, da ja eher ein Kamel durch das Nadelöhr geht, als dass ein Reicher in den Himmel kommt (Luk 18,25).

In der Extremsituation wie im Turnier oder in der Schlacht richtete der Ritter seine Gebete zu Gott, sei es, um zu überleben, oder um wenigstens nach dem Tod die Gnade Gottes zu finden. Im Krieg drückte sich das in den Schlachtgesängen der Ritter aus, die zumeist aus dem liturgischen Bereich entnommen und dabei den Fürbitten bei der Messe glichen und die in ähnlicher Form auch bei Naturkatastrophen Verwendung fanden. Christliche Ritter verwendeten dabei oft Texte und Textzeilen, die mit den Worten *Kyrie eleis* (Herr erbarme dich unser) endeten.

Bekannt sind die Gesänge der Schlacht am Marchfeld 1278 zwischen Rudolf von Habsburg und Ottokar von Böhmen geworden. Ottokar von der Geul (1265–1318/22) hat überliefert, dass die böhmischen Ritter dabei das älteste slawische Bittlied: »*Hospodine, pomiluj ny* (Herr erbarme dich unser) anstimmten, während die deutschen Ritter Rudolfs das Marienlied: »*Heilige Maria, Mutter und Magd, in unser Not sei dir geklagt*« auf den Lippen hatten. Maria tritt hier als die Vermittlerin zu Gott auf und dies passt gut zur starken Marienverehrung, wie sie aus dem Mittelalter überliefert ist. Besonders Ritterorden übten sich in der Verehrung der Maria, die von den Rittern übernommen wurde und deren Anbetung eine Parallele zur Verehrung der Dame in der Minne ist.

Heilige hatten im Mittelalter eine große Bedeutung, da ihnen die Rolle des Vermittlers zwischen Mensch und Gott zugedacht war, wenn der Mensch es nicht wagte, Gott in seinen Bitten selbst anzusprechen. Dabei entwickelten sich im Rittertum unter den Heiligen Spezialisten, die bevorzugt von den Rittern angerufen wurden. Grundlegend war, dass sie im Leben Kämpfer für Gott oder für die Religion und deren gerechte Sache waren und dass sie das Böse bekämpften. So ist der Erzengel Michael ein gutes Beispiel dafür, da er den Drachen, das Symbol für den Teufel und das Böse im Allgemeinen, bekämpft. In gleicher Art gilt dies auch für den hl. Georg, welcher der Ritterheilige schlechthin geworden ist, in Gestalt eines gerüsteten Ritters dargestellt wurde und in ganz Europa Verehrung fand. Er war zwar nicht der einzige Heilige, der Drachen bekämpfte, insgesamt kannte die Kirche rund 30 davon, aber er trat stets in der Rüstung des Ritters mit Fahne und Schwert auf. Ursprünglich stammte er aus der griechisch-osteuropäischen Welt und wurde von den christlichen Rittern des Abendlandes im Laufe der Kreuzzüge adoptiert und zum Vorbild genommen. Er wurde unter die 14 Nothelfer eingereiht und man weihte ihm zahlreiche Burgkapellen, er ist auch der Namensgeber für den bedeutenden St.-Georgs-Ritterorden geworden.

Da sich der Ritter als *miles* verstand und dieser Terminus in der Antike auf alle römischen Soldaten angewendet wurde, konnte man sich diese im Mittelalter als einen Verband von Rittern denken. Daher ist es nicht verwunderlich, dass zahlreiche Ritterheilige aus dem Bereich der römisch-christlichen Märtyrer stammen. Dazu gehörten die beiden Heiligen Mauritius und Gereon, die Offiziere der Thebaischen Legion waren, die das Christentum angenommen hatten und die bei der Diokletianischen Christenverfolgung von 303/304 mit ihren 6600 Gefährten den Märtyrertod erlitten haben sollen. Auch der hl. Sebastian und der hl. Florian waren römische Offiziere, die den Märtyrertod starben und oft in Ritterrüstungen dargestellt wurden.

Als mittelalterlichen Adeligen haben die Künstler den hl. Martin von Tours dargestellt, meist in Gestalt eines Reiters mit Schwert und adeliger Kleidung. Er wird in dem Moment gezeigt, in dem er in ritterlicher Art seinen warmen Mantel mit einem Armen teilt und damit seine Mildtätigkeit beweist.

Da sich das Rittertum zumeist in der adeligen Sphäre abspielte, waren es oft auch Könige, die zu Heiligen wurden, besonders dann, wenn sie beispielgebend für ein ganzes Volk das Christentum angenommen hatten. Dazu zählte der hl. Oswald, ursprünglich ein König aus Northumbrien in England, der in einer Schlacht gegen das heidnische Königreich Mercia den Tod erlitt. Große Verehrung unter den Rittern fand der hl. Wenzel (gest. 929), der erste slawische Heilige, der als Herzog von Böhmen an der Christianisierung des Landes wesentlich beteiligt war. Er wird wie auch die ungarischen Könige Stephan I. (969–1038) und Ladislaus I. (1048–1095) oft in Ritterrüstung dargestellt; die beiden ungarischen Könige galten als heilig, weil sie die Magyaren zum Christentum geführt hatten.

Ritterheilige können auch zunächst als schlechte Beispiele erscheinen wie der hl. Hubertus. Er war ein Ritter, der so viel Spaß an der Jagd hatte, dass er die *maze* verlor und nur mehr für das Vergnügen lebte, erst als Gott einen weißen Hirsch zu seiner Bekehrung schickte, bereute er und trat in ein Kloster ein.

Die Frauen der Ritter hatten weniger Auswahl, was ihre Heiligen betraf. An erster Stelle in der Verehrung stand die Gottesmutter Maria, mit der sich aber vermutlich nicht alle Frauen der Ritter identifizieren konnten, da sie sich in ihren Aufgaben von dieser unterschieden. Besser in das Aufgabengebiet der Frauen, welche die Bereiche Milde, Güte, Almosengeben und Krankenpflege umfasste, passten die hl. Elisabeth oder die hl. Kunigunde.

Auch die Kreuzzüge waren Überträger der Verehrung ursprünglich orientalischer Heiliger aus dem Bereich der byzantinischen Welt. Dazu gehörte die hl. Helena, die Mutter des Kaisers Konstantin, die nach Jerusalem gereist war und das heilige Kreuz gefunden hatte. Andere Heilige, die den Weg über die Kreuzzüge nach Mitteleuropa fanden, waren die Heiligen Barbara, Margarete und Katharina.

Dass Heilige auf den Kreuzzügen eine große, manchmal auch schlachtentscheidende Rolle spielten, zeigt eine Begebenheit aus dem Ersten Kreuzzug, die Ottokar von der Geul überliefert hat. Hier wurden die Kreuzfahrer von den Seldschuken in der Stadt Antiochia belagert und ihre letzte Rettung war ein verzweifelter Ausfall vor die Stadt, um hier das überlegene muslimische Heer zu besiegen. Dabei erschienen dem christlichen Heer drei Ritter in weißen Rüstungen, die als die Heiligen Georg, Mauritius und Demetrios erkannt wurden. Diese setzten sich an die Spitze des christlichen Heeres und führten es zu einem überwältigenden Sieg.

Es gehörte zum Bautyp der Burg, dass sie eine Kapelle aufwies, die für den Ritter die verschiedensten Funktionen zu erfüllen hatte. Im Sinne des Eigenkirchenrechtes konnte der Burgherr diese mit einem von ihm gestifteten Altar errichten, sie war meist einem Ritterheiligen geweiht und in ihr wurden auch die Taten des Patrons dargestellt. Zugleich konnte sie die Funktion einer Grablege für den Ritter und dessen Familie erfüllen und zahlreiche Grabdenkmäler in solchen Kapellen stellen den Verstorbenen als Ritter mit Rüstung und Schwert dar. In vielen dieser Kapellen wurden auch Sepulchralschilder zur Darstellung der Besitzverhältnisse des Ritters angebracht, weil diese die jeweiligen Besitzungen der Familie als Wappen zeigten. Eine große Rolle spielten diese Burgkapellen in der Zeit der Reformation, als sich viele adelige Familien dem Luthertum zuwandten und hier, abseits der offiziellen Kirchen, ihre Religion ausüben konnten.

Der Alltag des Ritters

Wohnen

Die Beschreibung des ritterlichen Alltags ist nur schwer allgemein zu halten, da die Zeitspanne seines Wirkens über mehrere Jahrhunderte reichte und sich auch aus der regionalen Verbreitung des Rittertums große Unterschiede in Lebenshaltung und Lebensweise ergaben.

Der Ritter lebte nicht nur für den Kampf und die Vergnügungen, man muss ihn sich durchaus auch als Verwalter seines Lehens und, wenn er Grundherr war und ihm die Gerichtsbarkeit unterstand, auch als Schlichter von Streitigkeiten und als Richter vorstellen. Dazu kamen wirtschaftliche Aufgaben wie die Erhebung der Abgaben der untertänigen Bauern, die Korrespondenz mit anderen Rittern und Klerikern, die Ausübung von Mildtätigkeit und auch die Sorge um das Seelenheil, die sich in der Errichtung von Kirchen und kirchlichen Stiftungen ausdrückte.

Stellt man sich das ritterliche Leben in der Karolingerzeit vor, so kann man annehmen, dass der Ritter in einem befestigten Hof aus Holz wohnte, der in Vielem einem Bauernhof geglichen haben wird. Archäologische Funde der Zeit haben gezeigt, dass es in diesen Höfen kaum luxuriöse Inneneinrichtungen gab und das Leben ausgesprochen primitiv und einfach gewesen sein muss. Besser aus den Quellen sind wir über das Hoch- und Spätmittelalter informiert, darunter auch aus den Beschreibungen des Oswald von Wolkenstein.

Wie wenig komfortabel allerdings das Leben auf seiner Burg Hauenstein gewesen sein muss, zeigt eine Schenkungsurkunde aus dem Jahr 1447, in der Oswalds Witwe Margarete von Schwangau zusammen mit ihrem Sohn Michael, Domherrn zu Brixen, dem Sohn Oswald »... *das geschloß Hawenstein ... mit sampt dem zeug und hausgerecht*« übergab.

Die etwa drei Buchseiten umfassende Aufzählung nennt die folgenden Gegenstände: *Ein großes rotes Seidenkissen, ein Kissen aus Köln, acht kleinere Kissen, ein silberbeschlagenes türkisches Messer, zwei silberne Schalen, zehn kleine und große Betten, zwei orientalische Teppiche, einen sehr schönen Pelz, elf Häute vom Schaf und eines von einem Kitz, ein neues Tischtuch, drei genähte und fünf Tischtücher aus Werg, vier Paar ältere Bettdecken aus Leinen und sechs Paar aus Werg, ein schönes Betttuch aus Leinen und zwei leichtere, ferner neun Tontöpfe, einen Herdrost und ein dreibeiniges Gestell, einen Spieß zum Braten und ein Eisengestell für brennende Holzscheiter, sechs schlechte und gute Pfannen, einen Mörser, vier große und zwei kleine Kessel, vier Kesselhaken, drei gute und ein sehr gutes Becken ...«*

Auch wenn man in Betracht zieht, dass die Witwe Wolkensteins einiges in ihrem Alterssitz nach Brixen mitnahm, so ist das, was sie ihrem Sohn und also dem folgenden Bewohner der Burg Hauenstein zurückließ, für heutige Begriffe eher ärmlich. Nachdem auch Waffen und Lebensmittel genau aufgezählt worden sind, werden als Letztes noch sechs Kühe genannt.

Dass das Leben auf der Burg nicht allen Rittern gefiel, zeigt die Klage des Ulrich von Hutten (1488–1523): *Die Burg selbst, ob sie auf dem Berg oder in der Ebene liegt, ist nicht als angenehmer Aufenthalt, sondern als Festung gebaut. Sie ist von Mauern und Gräben umgeben, innen ist sie eng und durch Stallungen für Vieh und Pferde zusammengedrängt. Daneben liegen dunkle Kammern, vollgepfropft mit Geschützen, Pech, Schwefel und sonstigem Zubehör für Waffen und Kriegsgerät. Überall stinkt es nach Schießpulver; und dann die Hunde und ihr Dreck, auch das – ich muss es schon sagen – ein lieblicher Duft! Reiter kommen und gehen, darunter Räuber, Diebe und Wegelagerer. Denn fast für alle stehen unsere Häuser offen, weil wir nicht wissen, was das für Leute sind, oder uns nicht groß danach erkundigen. Man hört das Blöken der Schafe, das Brüllen*

der Rinder, das Bellen der Hunde, das Rufen der auf dem Feld Ar-
beitenden, das Knarren und Rattern der Fuhrwerke und Karren;
ja sogar das Heulen der Wölfe hört man in unserem Haus, weil es
nahe am Wald liegt.

Allerdings konnte man sich das Leben auf der Burg, zumindest im Hoch- und Spätmittelalter, bequemer machen, als es heute die nackten, steinernen Mauern der vielen Burgruinen vermuten lassen. Um sich Wärme zu verschaffen, verschalte man die Wände mit Holz, hängte textile Wandbehänge auf, pflasterte den Boden mit Ziegeln und belegte die Steinböden mit Teppichen. Sitzgelegenheiten wurden mit Leder, Häuten und Fellen belegt, Fenster mit Pergament und später mit Fensterglas geschlossen. Bett und Bettzeug werden stets als luxuriös beschrieben, der Betthimmel schützte vor von der Decke fallendem Ungeziefer.

Ein besonderes Kapitel sind die Aborte und sonstige hygienische Einrichtungen. Aborte waren auf kleinen Burgen meist in den Höfen untergebracht und bestanden aus Häuschen mit zwei Gruben, war eine voll, wurde sie abgedeckt, um den Inhalt zu kompostieren, während man in der Zwischenzeit die andere verwendete. Oft finden sich an Burgmauern sogenannte Aborterker, welche den Unrat im freien Fall die Burgmauer hinunter entsorgten.

In manchen Burgen des Spätmittelalters gab es Badestuben, in denen man in großen Bottichen ein Bad nehmen konnte, wobei das Wasser in Kesseln auf offenem Feuer erhitzt wurde. Es gehörte zur Aufgabe der Frauen der Ritter, dem Gast, der auf die Burg kam, ein Bad zu bereiten, wobei diese Sitte erst nach dem Beginn der Kreuzzüge feststellbar ist und vermutlich aus dem Orient stammte.

Zur Beleuchtung in der Burg wurden Fackeln und Kienspäne verwendet, allerdings finden sich auch Belege für Talglampen und ab dem Hochmittelalter für Kerzen, die auf große, radförmige Leuchter gesteckt wurden.

Feste wurden im großen Saal der Burg (Dürnitz) gefeiert, wo man schnell Bänke und Tische aufstellen konnte. Da der Boden mit Stroh aufgeschüttet war, konnten die Gäste nach dem Fest gleich hier übernachten. Neben den Hunden zur Jagd und den Reitpferden hielt man Nutzvieh und Vögel in der Burg, auf kleinen Angern legte man Obst- und Gemüsegärten an.

Kleidung

Kleidung bedeutete für den mittelalterlichen Menschen neben Schutz vor der Witterung auch Kennzeichnung von Rang, Stand und Zugehörigkeit zu einer bestimmten sozialen Schicht. Die Kleidung war das Erste, was man an einem Menschen sah, wenn man ihm begegnete, und sollte sofort Auskunft über den Stand des Trägers geben. Daher war jedem Stand eine bestimmte Art der Kleidung und des Kleidungsschmuckes zugewiesen, wobei die Beschränkungen im Mittelalter oft übertreten und genauso oft von den Magistraten oder der Kirche neu eingefordert wurden. Die Kleidung des Ritters wird sich wie die der anderen Menschen in eine Alltags- und Festkleidung unterschieden haben, spezialisierte Arbeits- oder Jagdkleidung war unbekannt.

Diese soziale Differenzierung der Mode macht sich bereits in fränkischer Zeit bemerkbar, wobei die fränkische Tracht eine Vermischung von germanischen und antiken Elementen aufwies. Sie bestand aus einem kurzen Mantel, der an der Schulter mit einer Fibel, einer Art Sicherheitsnadel, zusammengehalten wurde, darunter wurden ein kurzer, tunikaartig geschnittener Rock und lange leinene Hosen, mit Binden umwunden, getragen. Für Luxusartikel und wertvolle Stoffe war man zunächst auf die Einfuhr aus dem Byzantinischen Reich angewiesen, da es dafür in Europa noch keine eigenständigen Produktionsstätten gab. In den Beschreibungen der karolingischen Trachten werden diese aus Byzanz stammenden und mit Goldplättchen besetzten Stoffe und die reiche Verwendung von Pelzen und Schmuck besonders hervorgehoben.

Im 10. und 11. Jahrhundert verlängerte sich, vermutlich unter kirchlichem Einfluss, der Männerrock. Unter der langen Tunika wurde eine zweite, etwas längere als Unterkleid getragen und der Mantel passte sich dieser neuen Länge an. Trug man die kurze Tunika, so kleidete man die Beine in eng anliegende, bisweilen aus Leder gefertigte Beinkleider, die Beinlinge. Material und Kleider wurden zunächst im Haushalt hergestellt, erst durch die Entstehung städtischer Zentren entwickelten sich eigene Produktionsstätten und Märkte, auf denen man Kleidung einkaufen konnte, dazu wurden byzantinische und orientalische Seiden und Brokate eingeführt.

Die wesentlichen Bestandteile der höfischen Frauenkleider des 12. und 13. Jahrhunderts sind Untergewand (Hemd), Obergewand (Rock, Cotte) und Mantel. Neu waren die Formen von Hemd und Rock, beide wurden eng an den Körper geschnürt und betonten die weiblichen Formen. Darüber konnte neben dem Mantel, einem sogenannten Tassel- oder Schnurmantel, noch ein *Surkot* getragen werden, eine weiter geschnittene Tunika mit oder ohne Ärmel, die oft mit Pelz unterfüttert war. Wichtige Accessoires der ritterlichen Dame waren der Gürtel zur Befestigung von Spiegel, Schlüssel und Geldbeutel und die reich gestalteten, abnehmbaren Schmuckärmel, die, ähnlich dem Rock, oft eine Schleppe ausbildeten. Auch Männer konnten abknöpfbare Ärmel tragen, so nahm Ulrich von Liechtenstein auf seine Venusfahrt 30 Paar Ärmel zu 12 Röcken mit. Enge und Länge der Kleidungsstücke machten deutlich, dass diese nicht von der arbeitenden Bevölkerung getragen werden konnten, und schufen damit eine deutlich sichtbare soziale Differenzierung der Kleidung.

Als Kopfbedeckungen der Damen dienten neben verschiedenen Schleierformen wie *Schapel* oder *Gebende,* das einem Kinnriemen ähnlich war, auch selten die *Hennin,* der zuckerhutartige Kopfputz, der adeligen Jungfrauen vorbehalten war.

Die männliche Kleidung der Zeit ab 1200 zeichnete sich durch die Verwendung kostbarer Stoffe und große Farbenfreudigkeit aus. Diese Buntheit wurde durch verschiedene Farben der übereinander getragenen Kleidungsstücke sowie durch die Verwendung des *Mi-parti* erreicht, bei dem jedes Hosenbein eine andere Farbe hatte, die wiederum mit dem Wams kontrastierten. Unter der Kleidung wurde die *Bruch* oder *Bruoch* als Unterhose getragen, an der die Beinlinge mit Nesteln befestigt werden konnten, darüber ein aus feinen Materialien kunstvoll genähtes Hemd als Untergewand, als Obergewand ein Rock mit engerem Oberteil, dessen Schoßteil in der vorderen und hinteren Mitte aufgeschnitten und durch eingesetzte Stoffkeile erweitert wurde, um dem Träger eine größere Bewegungsfreiheit zu gewähren, dazu kam ein Mantel, meist in der Form des Tassel- und Schnurmantels. Als Kopfbedeckung dienten Schapel, Hut oder Bundhaube, die aus kostbarem Material, bestickt und mit Federn verziert sein konnten.

Gegen die Mitte des 14. Jahrhunderts vollzog sich in der Männerkleidung ein grundlegender Wandel. An die Stelle des langen Rockes trat ein kurzer, den Körper modellierender Rock, die *Schecke.* Der immer engere Zuschnitt bewirkte schließlich, dass man den Rock nicht mehr wie ein Hemd über den Kopf ziehen konnte, er wurde daher vorne aufgeschnitten und mit Knöpfen versehen.

Das modernste und beliebteste Kleidungsstück der Männer des Mittelalters war die *Gugel* als Mantel und

Kopfbedeckung, die aus dem weiten, alles verhüllenden Reisemantel mit Kapuze hervorging. Mit der Zeit wurde der Mantel immer kürzer, bis er zum Kragen wurde, dafür wurde der Zipfel der Gugel immer länger und manchmal mit einem Glöckchen besetzt. Als Mantel wurde dann die *Heuke* getragen, ein ärmelloser, glockenförmig geschnittener Umhang, der auf der rechten Schulter geschlossen wurde. Die Schuhe endeten in langen, oft ausgestopften Spitzen als Schnabelschuhe.

Gegen die Mitte des Jahrhunderts verengte sich der Schnitt der männlichen Kleidungsstücke zunehmend, die Betonung der Körperformen wurde besonders bei jugendlichen Trägern wieder wichtig. Das Wams oder die Schecke wurden unter einem kurzen Schultermantel getragen und verkürzten sich zunehmend. Es wurde notwendig, die Beinlinge, die am Wams angenestelt waren, mit einer Naht zu verbinden, um Entblößungen zu vermeiden.

Der Schnabelschuh wurde im Spätmittelalter vom *Kuhmaul* abgelöst, im 15. Jahrhundert trug man auch halbhohe Stiefel und *Trippen*, zweihackige hohe Holzschuhe, die mit Lederriemen am Fuß befestigt wurden und die man als Überschuhe gegen den Straßenschmutz verwendete.

Ernährung

Die Art der Nahrung war vielleicht das größte Standesmerkmal, das den Ritter und Adeligen von seiner Umgebung und ganz besonders von seinen Untertanen unterschied. Dabei ist allerdings zu bedenken, dass sich viele Ritter vermutlich genauso einfach ernährt haben wie ihre Untertanen, Speisenluxus dürfte es nur bei den hohen Herren und an den Höfen gegeben haben.

Das Grundnahrungsmittel der Bevölkerung waren verschiedene Arten von Brei, meist aus Hafer oder Hirse,

manchmal verkochte man auch Rüben zu Mus, dazu wurde
Fladenbrot aus Roggen- oder Hafermehl gegessen, das,
wenn es Fleisch gab, oft auch den Teller ersetzten musste.
Als Beilagen gab es Gemüse wie Erbsen, Wicken und Sau-
bohnen, zu bestimmten Jahreszeiten auch Hanf oder Kraut.
Fleisch gab es meist im Herbst zur Schlachtzeit, wenn das
Fleisch billig war.

Im Gegensatz zum Essen der armen Leute nennt der
Wiener Chronist Seifried Helbling am Ende des 15. Jahr-
hunderts das »Herrenessen«, das Essen der reichen Leute,
der Ritter und des Hofes, bei dem die Tafel noch zusätzlich
Käse, Eier, Obst, weiße Semmeln, Wein und Fleischspeisen
aufweist. Daneben wurde noch Hausgeflügel, wie Kapaune,
Hühner, Enten und Gänse, serviert und Rind-, Schaf- und
Schweinefleisch gegessen. Wild spielte nur eine geringe
Rolle selbst am Hof oder in der Burg, da man die Jagd
mehr als gesellschaftliches Vergnügen denn als Quelle zur
Nahrungsgewinnung ansah.

Wichtig dürfte für den Ritter ein erhöhter Fleischkonsum gewesen sein, da er das darin enthaltene Protein zum
Muskelaufbau brauchte, der wiederum für das Tragen der
schweren Rüstung und die Anstrengungen von Kampf und
Turnier nötig war.

Wesentliche Standesunterschiede zwischen Adel, Bürgern
und Bauern zeigten sich in der Verwendung von Gewürzen,
hier besonders von Pfeffer und Safran, der so teuer war, dass
eine Büchse dem Wert einer Kuh entsprach. Man importierte
Ingwer, Galgant, Muskatnuss und Muskatblüte, Nelken
und Kardamom, während die einfachen Leute Zwiebel
und Knoblauch zum Würzen sowie die Küchenkräuter
aus dem Garten verwendeten. Die starke Verwendung von
Gewürzen wie auch von Honig beim Kochen diente oft
dazu, den Eigengeschmack der Speisen zu überdecken,
dies war notwendig, da die Lebensmittel oft minderwertig

und schlecht gelagert waren, sodass es genug Klagen über schlechtes Fleisch und stinkenden Fisch gab.

Getrunken wurde in den Burgen und am Hof vor allem Wein, der in der Umgebung erzeugt wurde und zumeist billig war, man trank ihn mit Wasser vermischt, wer es sich leisten konnte, ließ sich schwere Weine wie Malvasier, Rainfal oder Romanier aus Italien kommen, die oft mit Gewürzen versetzt und warm serviert wurden, der Glühwein ist eine letzte Erinnerung an diese mittelalterlichen Würzweine. Weitere Getränke waren Bier, das allerdings bis ins späte Mittelalter als »unhöfisches«, also minderwertiges Getränk galt, und lange Zeit auch Met, der aus gegorenem, mit Wasser vermischtem Honig bestand.

In der Fastenzeit musste man auf Fleischspeisen verzichten und wich daher bevorzugt auf Fisch, wie Karpfen, Hechte und Forellen und auf Biberfleisch aus. Besonders geschätzt wurden Krebse, des Weiteren wurden Milchspeisen wie Milchreis mit Mandelkernen oder Mandelmus serviert.

Als Nachspeise gab es süße Kuchen, Obst oder Konfekt, erwähnt werden manchmal auch Weichselmus oder in Wein gekochte Feigen.

Im Spätmittelalter rechnet man für einen Mann im Jahr mit etwa 180 kg Brot, 52 kg Fleisch, 100 Maß Bier, 16 kg Butter und Schmalz und 11 kg Käse, dazu noch Mus, Kraut, Rüben, Milchgerichte und Fische. Es ist allerdings auch schon den mittelalterlichen Ärzten aufgefallen, dass zwischen der Art der Nahrung und bestimmten Krankheiten ein Zusammenhang besteht. So meinte der Arzt Michael Puff, dass *»das Essen mehr Menschen umbringt als der Krieg«*.

Betrachtet man den täglichen Speiseplan des jungen Königs Ladislaus Posthumus (1440–1457), so kann man diese Kritik verstehen. Zum Frühstück bekam Ladislaus überzuckerte Nüsse und einen Becher alten griechischen Weins, nach der Rückkehr von der Messe, also am Vormittag, bekam er ein gebratenes Hühnchen, Wein und Kompott, ehe zu Mittag ein zwölfgängiges Menü serviert wurde. Nach dem Mittagsschlaf folgten ein Trunk Wein und etwas Obst und Konfekt, das Abendessen glich dem Mittagsmahl und vor dem Schlafen gab es noch ein wenig Obst und Wein.

Die Zubereitung der Speisen erfolgte in der Küche über einem offenen Feuer oder einem gemauerten Herd, über dem an einer Kette Töpfe und Kessel hingen oder ein Bratspieß montiert war, dazu gab es dreibeinige Gefäße, langstielige Pfannen oder Spezialgefäße wie den »Gänsebrater«, ein kleines, tonnenförmiges Gefäß mit einer Öffnung an der Oberseite, in dem man eine ganze Gans braten konnte, ähnlich einer modernen Fritteuse. Der Rauch vom Herd ging zunächst durch Rauchluken, ab dem Hochmittelalter über einen Kamin ins Freie, der abziehende Rauch wurde zum Räuchern von Speck und Wurst und auch dazu verwendet, um über ein kleines Windrad einen halb automatischen Bratspieß zu betreiben. Die Gefäße in der Küche waren zumeist aus Ton, oft mit einem hohen Grafitanteil, um sie feuerfest zu machen. In reicheren Haushalten gab es auch Kessel oder Gefäße aus Kupfer, der Großteil der Kücheneinrichtung, wie Siebe, Eimer, Löffel, Gabeln und Wassergefäße, bestand aus Holz.

Gegessen wurde auch in reicheren Haushalten an normalen Tagen von großen runden Holztellern, auf die das Fleisch aus einer gemeinsamen Schüssel gelegt wurde, Mus und Gemüse wurden in hölzernen Schüsseln serviert, getrunken wurde zumeist aus tönernen Bechern. Beim Essen benutzte man die Finger und hatte nur zum Zerlegen der Speisen ein Messer; wo die Finger nicht ausreichten, kam noch ein hölzerner Löffel dazu. Erst ab der Spätmittelalter kam der Gebrauch der Gabel auf, zuerst war sie ein kleiner, meist zweizinkiger Luxusgegenstand, mit dem man Obst verzehrte, erst später wurde sie auch gemeinsam mit dem Messer benutzt.

An Feiertagen oder wenn hohe Gäste zu Besuch kamen, stellte man das Luxusgeschirr auf den Tisch, schön glasierte Tonteller, silberne Becher mit Deckel, silberne Messer und Löffel und das Aquamanile, ein Gießgefäß zumeist in Tierform zum Abspülen der Hände in ein darunter gehaltenes Kupfer- oder Messingbecken, dazu schmückten noch Tafelaufsätze und Kerzenleuchter den Tisch.

Wichtig waren für die gehobenen Schichten und die Ritter gute Tischmanieren, mochte man sich doch gerade darin von der »bäurischen« Kultur – »bäurisch« ist ein Schimpfwort jener Zeit – unterscheiden. In den »Tischzuchten«, Lehrgedichten, die sich mit Tischmanieren beschäftigten, wurde angeregt, dass man nicht rülpsen und nicht mit den Fingern in die Soße oder den Senf greifen sollte, die abgenagten Knochen und Brotreste durfte man nicht in die Schüssel zurücklegen und man sollte nicht unfreundlich umherblicken oder auf das Essen starren. Wenn man sich mit einem anderen Gast den Becher teilte, so sollte man nicht mit vollem Munde trinken, waren Frauen am Tisch anwesend, so hatte man sich aller Derbheiten zu enthalten und ihnen auf der Bank nicht zu nahe zu rücken. Um Probleme mit Ungeziefer zu vermeiden, sollte man zum Mahl in frischer Kleidung erscheinen, und hatte man sich dennoch zu kratzen, so sollte man dies nicht mit der bloßen Hand, sondern mit der Kleidung tun.

Bei archäologischen Ausgrabungen lassen sich die Unterschiede in der Ernährung verschiedener sozialer Schichten oft an den Skeletten erkennen. So führte der höhere Fleischkonsum bei den oberen Gesellschaftsschichten zu einer überdurchschnittlichen Körpergröße und zu einem vermehrten Muskelaufbau. Die Zähne der Ärmeren waren an den Kauflächen abgeschliffen, da sich im grob gemahlenen Roggenmehl oft kleinste Steinchen fanden, während die Reichen, die weißes, feines Weizenmehl verwendeten, zwar glatte Zähne, dafür aber vermehrt Karies durch die Verwendung von Konfekt und Honig zum Süßen aufwiesen.

Vergnügungen und Feste

Die Vergnügungen konnten von einfacher Unterhaltung auf der Burg bis zu den großen Hoffesten reichen, wie sie aus der Zeit von Friedrich I. Barbarossa überliefert sind. Der Ritter hatte vermutlich mehr Freizeit, die er mit allerlei Kurzweil ausfüllen konnte, als der Rest der mittelalterlichen Bevölkerung, man darf sich sein Leben aber nicht allein im Müßiggang vorstellen.

Hauptvergnügen des Ritters war die Jagd, die mit Hunden und Greifvögeln das ganze Jahr ausgeübt werden konnte, dazu kam im Freien noch das Bogenschießen hinzu. Wenn man es sich leisten konnte, reiste man zu Turnieren, um sich mit anderen Rittern im Kampf zu messen und um Beute zu machen.

In der Burg waren Spiele sehr beliebt, darunter Schach, Dame und eine Form von Trick-Track, das etwa unserem Backgammon entsprach. Beliebt waren auch das Blindekuh-Spiel sowie das Quintaine-Spiel, bei dem Dame und Herr versuchen mussten, auf einem Bein zu stehen und sich dabei umzustoßen. Bekannt ist zudem das Spiel »main chaude«, bei dem ein Ritter den Kopf in den Schoß einer Dame legen und erraten musste, wer ihn auf den Hintern schlug.

In Gesellschaft erzählte man sich Geschichten, trug Reime vor und gab sich Rätsel auf. Beliebt war das Lesen von Ritte-repen, die zugleich Information über ritterliche Gesinnung und Ethos waren.

Gab es ein Fest in der Burg, so traten Musikanten und Sänger auf, welche die Feiernden beim Mahl unterhielten. Wenn man Glück hatte, kam gerade ein Spielmann vorbei und blieb einige Tage auf der Burg und unterhielt die Gäste mit seinen Erzählungen aus der Geschichte und trug seine Lieder vor. Ab dem 12. Jahrhundert ist in reichen Haushalten auch der Narr bekannt, der die Anwesenden mit Reimen, Späßen und dem Vortrag kurzer Spielszenen erfreuen sollte. Tanz gehörte zur ritterlichen Ausbildung, also wird er Bestandteil der Feste gewesen sein, im Winter gab es, wie auf den Wiener Neidhart-Fresken zu sehen ist, Vergnügungen wie Schlittenfahrten und Schneeballschlachten.

Ganz anders ging es auf den großen Hoftagen zu, wie einer 1184 aus Mainz überliefert ist. Man errichtete dafür auf einer Ebene zwischen Main und Rhein eine eigene Feststadt aus Hütten und Zelten. Das Fest begann am Pfingstsonntag mit der Festkrönung des Kaisers und der Kaiserin und ihres Sohnes Heinrich VI., darauf folgte ein Festmahl, bei dem Herzöge und Markgrafen die Hofämter versahen. In den Beschreibungen wurden der hohe Aufwand an Pracht, das riesige Angebot von Speisen und Getränken und die Mitwirkung von Dichtern und Spielleuten gepriesen, aber auch, etwa von kirchlicher Seite, kritisiert. Der Höhepunkt des Festes war die Schwertleite der beiden Kaisersöhne Heinrich und Friedrich, die am Pfingstmontag nach der Frühmesse vorgenommen wurde. Dabei zeigten alle hohen Herren eine besondere Form von *largesse* und verteilten wertvolle Geschenke an Ritter, Spielleute, Kreuzfahrer und Gefangene, die sie mit Pferden und wertvoller Kleidung bedachten.

Danach folgte ein Kampfspiel, an dem angeblich 20.000 Ritter teilnahmen. Erst am letzten Tag widmete man sich den politischen Geschäften.

Die Bedeutung der Jagd

Schon Julius Caesar hat über die Germanen gesagt: *Ihr ganzes Leben besteht aus der Jagd und den Übungen der Kriegsführung.* Daran hatte sich bis in die Zeit der Ritter nur wenig geändert. Die Jagd war der liebste Zeitvertreib der Adeligen, sie hatte zwar auch einen Stellenwert in der Fleischversorgung, diente aber fast ausschließlich dem Vergnügen. War zunächst noch die Nutzung des Waldes und der Felder zur Jagd allen gestattet, so wurde im Verlauf des Mittelalters das Jagdrecht immer mehr eingeschränkt und als »hohe Jagd« allein dem Adel gestattet. Parallel dazu entstanden elitäre Regeln, Gewohnheiten und Ehrbegriffe bei der Jagd und eine eigene Jagdsprache.

Die Ausbildung zur Jagd begann schon in der Knappenzeit, wenn der Knappe den Ritter auf die Jagd begleitete, denn jagdliches Können gehörte zu den höfischen Regeln und ritterlichen Tugenden. Meist war der Knappe dabei zu Fuß unterwegs und musste dem Herrn das Wild zutreiben, das dieser dann mit Bogen, Armbrust oder Lanze erlegte. Schwieriger wurde es, wenn es um die Jagd nach dem Steinwild ging, dem man in die Bergwände nachkletterte, um es dann mit langen Lanzen aus der Wand zu stoßen. Der junge Kaiser Maximilian I. (1459–1519) soll sich dabei in der Martinswand bei Innsbruck so weit vorgewagt haben, dass er nicht mehr vor- und zurückkonnte und von einem Engel in Gestalt eines Jägers gerettet werden musste.

Die Jagd auf das Hochwild wie Hirsche, Gämsen, Bären und Wildschweine war allein dem höheren Adel vorbehalten. Während man Rehen und Hirschen mit Bogen und Armbrust nachstellte, nachdem es von Hunden müde gehetzt worden war, erforderte die Jagd auf Wildschweine und Bären persönlichen Kampfesmut. Zum Erlegen der Tiere bediente man sich der Saufeder, einem kurzen Spieß mit langem Lanzenblatt, und man musste dem Tier selbst gegenübertreten, um es niederzustoßen. Zur Unterstützung auf der Jagd hatte der Jäger eigens dafür gezüchtete schwere Kampfhunde, die Eber und Bären angingen, während sich der Jäger auf den entscheidenden Stoß mit der Saufeder vorbereitete. Stöberhunde wurden bei der Vogeljagd eingesetzt.

Es ist überliefert, dass es bei der Jagd immer wieder Verletzte und Tote gab, so starb der Babenberger Leopold III. der Heilige (1073–1136) bei einem Jagdunfall in *venatione occiditur*, er wurde also erschlagen, vermutlich durch einen das Ziel verfehlenden Speer. Kaiser Lambert (gest. 898) starb bei einem Jagdunfall, als er »*auf ungezügeltem Ross einen Keiler verfolgte*«, und König Ludwig IV. von Westfranken (920–954) verunglückte, als ein Wolf, der aus dem Unterholz kam, sein Pferd irritierte.

Um die Jagd ungefährlicher zu machen, ließen sich manche Herrscher eigene Jagdparks einrichten. So ist von Friedrich I. Barbarossa überliefert, dass »*... er sich eine Königspfalz in Kaiserslautern mit lauter roten Steinen einrichten ließ ... Auf der einen Seite hat er sie mit einer starken Mauer umgeben, die andere Seite umspült ein seeähnlicher Fischteich ... Daran stößt ein Park, der einer Fülle von Rehen und Hirschen Nahrung bietet*«. Hartmann von Aue (um 1160 – um 1220) beschrieb in seinem Werk *Erec* das Jagdschloss Penefrec: »*Das Haus stand mitten in einem fischreichen See. Im Umkreis von zwei Meilen war der Wald von einer Mauer umschlossen, und der so eingezäunte Forst war noch einmal durch Mauern in drei Sektionen unterteilt, eine für Rotwild, eine für Schwarzwild und eine für Kleintiere, Füchse und Hasen ... dazu hatte der Burgherr mit Hunden, die abgerichtet waren, das Jagdschloss ausgestattet.*« Man konnte von den Zinnen des Schlosses mit ansehen, wie die Hunde das Wild zum Wasser trieben, wo es dann erlegt wurde.

Ähnlich war es auch mit der »deutschen Jagd«, bei der man Waldgebiete mit Netzen und Tüchern umstellte und innerhalb dieser Abschrankungen jagte.

Für die ärmere Ritterschaft wird die Jagd neben der Gewinnung von Fleisch auch noch andere wirtschaftliche Gründe gehabt haben, lieferte doch das erlegte Tier eine Menge an Rohmaterialien zur Herstellung von Kämmen, Spinnwirteln, Spielsteinen, Nähnadeln und anderen Gebrauchsgegenständen.

Die höchste Form der Jagd war die Beizjagd mit abgerichteten Vögeln. Diese war, auch wegen der hohen Kosten, die sie verursachte, allein dem Adel vorbehalten. Ihren Ursprung hatte sie in den Steppen Asiens und sie erreichte Europa vermutlich in der Völkerwanderungszeit im Kontakt der Germanen mit den Steppenvölkern. Im 12. und 13. Jahrhundert erlangte sie in Europa, nicht zuletzt durch Kaiser Friedrich II., der als der beste aller Falkner galt, ihren Höhepunkt.

»Denn Gewissheit erlangt man nicht durch das Ohr« formulierte Friedrich II. von Hohenstaufen, der als einer der Begründer der modernen Falknerei gilt. Der Kaiser wandte sich damit gegen die bis dahin gebräuchliche unreflektierte Weitergabe von altem Wissen. Bereits in frühester Jugend erlernte er die arabische Sprache, ließ Werke der arabischen Literatur übersetzen und verfasste selbst sechs Bücher über die Falknerei und Vogelkunde in einer bis dahin nicht gekannten wissenschaftlichen Arbeitsweise, wobei seine Schilderungen und Empfehlungen auf eigenen Beobachtungen und Versuchen aufbauten. Sein Werk *»De arte venandi cum avibus«* (Von der Kunst mit Vögeln zu jagen), das er zusammen mit seinem arabischen Falkner Moamin schrieb, galt bis in die jüngste Vergangenheit als Kompendium des Wissens über die Jagd mit Vögeln.

Auf Friedrich II. geht vermutlich auch die Einführung der Falkenhaube zurück, die er bei seinen Aufenthalten im Orient kennengelernt hatte und die das bis dahin übliche »Aufbräuen« ersetzte, bei dem die unteren Augenlider des Raubvogels durch einen dünnen Faden nach oben gezogen und fixiert wurden.

Die Ausbildung eines Beizvogels erforderte Mühe, Geduld und Einfühlungsvermögen des Jägers. Der Vogel musste ruhig auf der Faust sitzen können und vom Jäger das Futter aufnehmen. Auf den Wurf hin musste er das Federspiel anjagen und zum Falkner zurückkehren. Hatte er Wild geschlagen, musste er es binden, greifen und halten. Die Geduld, die man bei der Ausbildung brauchte, sowie die Ruhe, die man bei der Jagd zeigen musste, galten als Vorbilder auch für die Regierungskunst, in der ebenfalls Geduld und überlegtes Handeln gefordert waren, daher wurde die Beizjagd zur Allegorie des Handelns des mittelalterlichen Herrschers.

Gejagt wurde mit Ger- und Wanderfalken, Habichten und Sperbern, die auf Kraniche, Großtrappen, Fasanen, Damwild, Gazellen und Hasen angesetzt wurden. Die Reiherbeize galt dabei als die anspruchsvollste, weil für den Beizvogel gefährlichste, denn der Reiher wusste sich mit seinem spitzen Schnabel zu wehren.

Da die Jagd mit dem Edelfalken (Beize vom Hohen Flug) dem Hochadel vorbehalten war, durfte der niedere Adel den Habicht zur Niederen Jagd (Küchenjagd) einsetzen. Der Zwergfalke war der Vogel der adeligen Damen, der Klerus bediente sich des Sperbers, Knappen und Pagen jagten mit dem Turmfalken.

Die Fischerei wurde erst im Spätmittelalter für die Adeligen interessant, da Fisch in den Fastenzeiten das Fleisch ersetzen musste. Kaiser Maximilian I. war daran besonders interessiert und ließ die zuvor fischleeren Alpenseen mit Schwarzreutern, einer Urform der Saiblinge, besetzen.

Er war auch der Erste, der umfassende Vorschriften zum Schutz der Wälder und Gewässer erließ und die Jagd reglementierte. Man durfte nicht so weit in Flüsse eingreifen, dass der Lauf der Fische gefährdet war, Wasserfälle und Mühlenwehre mussten so gestaltet sein, dass die Fische dem Lauf des Flusses oder Baches folgen konnten. Für die Jagd setzte er fest, dass Hetzhunde Knüppel an die Beine gebunden bekamen, damit sie das Wild nicht so schnell müde hetzten, und er führte als erster Schonzeiten für das Wild ein.

Minne und Minnelyrik

Das vielleicht schönste Minnegedicht stammt aus der Feder des Wolfram von Eschenbach und enthält in wenigen Zeilen alles, was die Minne ausmacht:

> *Wenn sich das Herz dem Herzen gibt,*
> *so lauter, dass kein Hauch es trübt,*
> *wenn alles andre es vergisst*
> *und sich so fest und gut verschließt,*
> *dass niemand sonst es wird inne:*
> *Die Minne ist die rechte Minne.*

Wenn wir an einen Minnesänger des Mittelalters denken, so erscheint vor uns der »Ritter«, der seiner »Dame« unter dem Burgerker ein Ständchen bringt. Dieser Typus überlagert im allgemeinen Wissen alle anderen Formen der weitreichenden mittelalterlichen Literatur und hat unsere Vorstellung vom Dichter des Mittelalters am stärksten geprägt. Zugleich steht der Minnegesang als symptomatisch für die gesamte mittelalterliche Dichtung, was mit der romantischen Ritterbegeisterung des 19. Jahrhunderts zu tun hatte. Heute hingegen hat es sich eingebürgert, den Begriff der Minnelieder auf die Liebes- und Frauenkultdichtung zu beschränken.

Allerdings sind der Minnegesang sowie der komplizierte Verhaltenskodex der Minne nur aus dem Verständnis der feudalen Gesellschaft des Mittelalters heraus zu begreifen. In dieser entstand der Zwang, Verhaltensregeln für die Begegnung miteinander aufzustellen und dies betraf vor allem den Umgang zwischen den Geschlechtern. Zum einen ist die Rittergesellschaft durch die Krieger geprägt, in deren Umgebung die Frauen nur eine geringe, um nicht zu sagen untergeordnete Rolle spielten. Sie waren zwar geachtet und als Herrin des Hauses akzeptiert, konnten aber zu dynastischen Zwecken verheiratet werden und waren bei der Eheschließung eintauschbar gegen politische Zugeständnisse. Auf der anderen Seite war die Dame als Angehörige einer oberen Gesellschaftsschicht, als Gattin des Lehnsträgers oder Grundherrn, dessen Dienstleuten gegenüber höhergestellt und verdiente als solche Achtung und Respekt. Daraus entwickelte sich ein Spiel, in dem der untergeordnete Dienstmann oder Ritter seiner Herrin Verehrung entgegenbrachte, ihr gegenüber aber auch Distanz zu wahren hatte und gleichzeitig seine Unterordnung und Abhängigkeit ausdrücken musste. Es entstand die »Hohe Minne«, in welcher der Dienstmann der Herrin seine Ergebenheit antrug, die auch durchaus verklausuliert erotisch aufgefasst werden konnte, die jene akzeptierte und huldvoll aufnahm und spielerisch darauf einging, ohne aber, zumindest im Regelfall, den Anbeter auch sexuell zu erhören.

Diese, die zumeist dem armen Landadel angehörten, waren frei in ihrem Tun, da sie kaum Land und Besitz hatten. Um sich dennoch adligen Respekt zu verschaffen und das höfische Leben zu genießen, zogen sie mit ihrem oft recht bescheidenem Gefolge von Hof zu Hof und machten den Herrscherinnen oder deren weiblichen Verwandten in Form von Aufwartungen »den Hof«. Sie zeigten offen ihre Verehrung, Zugehörigkeit und Loyalität gegenüber der

»Angebeteten«, wenngleich sie keinen Lohn auf sexueller Ebene erwarten durften. Der Ritter bekam lediglich einen Platz an der Tafel der Dame und im günstigen Fall eine ihm angemessene Stellung bei Hofe während seines oft begrenzten Aufenthaltes. Eine Möglichkeit, die Damen zu beeindrucken, war das siegreiche Auftreten im Turnier, um so wahrgenommen zu werden und einen geeigneten Platz an ihrem Hofe zu ergattern.

Unterschieden werden die Hohe und die Niedere Minne. Unter der Hohen Minne verstand man ab dem 12. Jahrhundert das Werben um eine hohe Frau, meist eine Herrscherin oder eine Burgherrin, deren Tugend es zu sein hatte, mit dem Ritter ein kokettes Spiel zu spielen und die Werbung anzunehmen, ohne sie zur Erfüllung zu bringen. Diese blieb aus, da sie das Ende allen Strebens nach Sittsamkeit bedeutet hätte.

Die Niedere Minne verzichtete indes auf das platonische Werben, bei ihr kam die körperliche, erotische Liebe ins Spiel. Sie war gleichsam die Ersatzbefriedigung der Ritter nach der Hohen Minne, bei der die Männlichkeit der Ritter, rein geschlechtlich gesehen, nicht zum Zuge kommen konnte. Unverheiratete, in der sozialen Hierarchie niedrig stehende Frauen, für die zum Teil auch keine Heirat vorgesehen war, waren die Gespielinnen der Männer, die zuvor meist bei Hofe um höhere Frauen geworben hatten. In tiefere Schichten der Gesellschaft zeigt die Dörper-Lyrik eines Neidhart von Reuental, in der die Bauern (*dörper*) in Nachahmung der Ritter sich ungeschlacht im Dorf in der Minne üben und auch nicht davor zurückschrecken, die Angebetete des Minnesängers mit dem »kühnen Griff« ins »Füdenol« zu belästigen.

Das schönste Beispiel der Minne im Mittelalter findet sich im Lancelot-Roman, der sicher zahlreichen adeligen Frauen Anleitung zum Verständnis der Minne gewesen ist. Zwar

geht es hierbei um angeblichen, aber nicht ausgeführten
Ehebruch, die von Lancelot angebetete Frau Ginover ist ja
die Gattin des Königs Artus, die Erzählung enthält aber alle
Versatzstücke, welche die Minne auszeichnet. Lancelot und
Ginover waren die meiste Zeit voneinander getrennt und
kleine ausgetauschte Geschenke wie eine Haarlocke oder
ein Bildnis mussten den Geliebten ersetzen. Ginover küsste
eine Haarlocke und ein Bildnis Lancelots ... *in gleicher Weise
als wäre es ein Heiligtum gewesen.* Es gab also eine Intimität
des Abwesenden, die in der Sehnsucht ihre Erfüllung fand.
Lancelots Minneverständnis war die asketische Treue, mit
der er sich seiner Minnedame bedingungs- und ausnahms-
los verschrieben hatte. Sein monogames Begehren wurde in
Keuschheitsproben getestet und Lancelot musste sich immer
wieder gegen jeglichen Körperkontakt mit anderen Frauen
wehren. Selbst im Angesicht des Todes war er nicht bereit,
Ginover untreu zu werden. Als ihm aber dann doch von
einer fremden Frau ein Kuss geraubt wurde, musste er sich
den Mund auswaschen. Selbst als er seinen Sohn Galahad
zeugte, wurde er betrogen, indem man ihn benebelt in
das Bett einer anderen legte, die ihm als Ginover erschien.
Diese bedingungslose Treue, die niemals gebrochen werden
konnte, obwohl sie keine sexuelle Erfüllung fand, machte
das Wesen der Hohen Minne aus.

Die Wirklichkeit wird aber freilich eine andere gewesen
ein. Denn nach einiger Zeit gab wohl auch der beständigste
Ritter auf und zog an den nächsten Hof, um dort bei einer
anderen Dame sein Glück zu versuchen.

Dies alles resultierte in einer Erhöhung des Bildes der
Dame und ihrer Idealisierung, die, da sie ja keine sexuelle
Erfüllung finden konnte und durfte, sich in der Literatur
in der Minnelyrik, niederschlug. Man hat versucht, das
Entstehen der Minnelyrik dahingehend zu erklären, dass
im Mittelalter der Ritter seine Affekte, die er so gewalttätig

im Turnier und in der Schlacht ausleben konnte, bei den Damen zu zügeln hatte und dies durch ihre Umsetzung in die Minnelyrik kanalisiert wurde. Die Minne wurde so zu einem höfischen Verhaltenskodex umgewandelt und die von ihr erzählende Minnelyrik wurde in einen Gegensatz zu den Ritterepen gestellt, welche den grausamen Alltag des Ritterhandwerks beschrieben. Dabei war der Umfang der Minnelyrik zu Beginn nicht klar definiert, da man zu ihr auch erotische Lieder wie etwa die Tagelieder, die den Morgen im Liebeslager und die erzwungene Trennung der Liebenden besingen, zählte.

Wie konnte am Hof oder in der Burg diese Minnelyrik vorgetragen werden und wer waren die Darsteller? Auszugehen ist davon, dass es bis ins Hochmittelalter kaum die Trennung von Literatur und Musik gab. Vor dieser Zeit wurden die Ritterepen, die Sagen der Edda, das Nibelungenlied und die Gralsepen nicht gelesen, sondern vorgetragen, meist wahrscheinlich in einem Singsang, der vom Spielmann mit einfachen Musikinstrumenten begleitet wurde. Erst später wurden diese Epen niedergeschrieben und konnten gelesen werden. Auch der Vortrag der Musik war noch nicht geregelt, da die Notenschrift gerade ihre Anfänge erlebte. Vortragende waren die Spielleute (*joculatores*), die von Hof zu Hof zogen, um ihre Künste darzubringen. Zur musikalischen Untermalung ihres Vortrages bedienten sie sich der Fidel, der Harfe in Form einer kleinen Schoßharfe, der Rotte, einer Art Harfenzither, und der Drehleier, bei der die Saiten von Innen durch ein Kurbelrad angestrichen wurden. Später kamen auch noch Blas- und Schlaginstrumente dazu.

Der Geschichte nach soll Herzog Wilhelm IX. von Aquitanien (1071–1126) der erste Ritter gewesen sein, der selbst als Minnesänger hervorgetreten ist. Es scheint aber so zu sein, dass der größte Teil der höfischen Dichtung von einer untergeordneten Position heraus geschrieben wurde, es war also nicht der Dienstherr, sondern der Dienstmann, der Adelige in einer untergeordneten Position, der sich der Minne verschrieben hatte und sie literarisch in die Lyrik goss. Diese Minnesänger hatten eine zweifache Stellung, zum einen waren sie von Adel, zum anderen aber zogen sie wie Vaganten von Hof zu Hof, um ihre Künste darzubringen. Sie konnten »fahrende Sänger« sein, wie man es dem Tannhäuser (gest. nach 1265) nachgesagt hat, oder sie blieben länger an einem Ort wie Walther von der Vogelweide, der am Wiener Hof der Babenberger wirkte und sich Zeit seines Lebens bemühte, ein Lehen zu bekommen, um sesshaft zu werden, das ihm schließlich Friedrich II. übertrug. Es ist daher kaum anzunehmen, dass der an der Minne interessierte Ritter seiner verehrten Dame auf der Burg oder am Hof ein selbst gedichtetes Ständchen vortrug, die Träger der Minnelyrik waren die professionellen Dichter der Zeit, die aus den untersten Schichten des Adels stammten.

Entstanden ist die Minnelyrik im 11. Jahrhundert in der südfranzösischen Provence, und sie gelangte über Nordfrankreich in die deutschsprachigen Länder. Hier finden sich in der Manessischen Liederhandschrift all jene Minnesänger verzeichnet, die im 12. und 13. Jahrhundert die Höfe und Burgen bevölkerten. Die bedeutendsten waren Walther von der Vogelweide (1170–1230), Neidhart von Reuental (1180–1240), Reinmar von Zweter (1200–1250), der Tannhäuser, Hartmann von Aue (Wende 12./13. Jahrhundert), Gottfried von Straßburg (Wende 12./13. Jahrhundert) und Ulrich von Liechtenstein (um 1200–1270).

Es war nicht ungewöhnlich, wenn ein Herr eine Anzahl von Minnesänger an seinen Hof rief, um diese einen Sängerwettstreit austragen zu lassen. Ein solcher ist von der Wartburg des Landgrafen Hermann von Thüringen im Jahr 1207 überliefert.

Die Minnelyrik erlebte allerdings nur eine kurze Zeit der Blüte in Deutschland und zahlreiche Sänger gaben die Kunstform der Hohen Minne wieder auf (Walther von der Vogelweide, Hartmann von Aue). Oder sie wandten sich wie Neidhart von Reuental der Niederen Minne zu, die sich bevorzugt im derben bäuerlichen Milieu abspielte. Der letzte fahrende Sänger dürfte Oswald von Wolkenstein gewesen sein, dessen Werke bereits mit einer Aufzeichnung der Melodien kombiniert sind. Im 15. Jahrhundert setzte sich der Minnegesang im bürgerlichen Milieu fort und ging in die Zünfte der Meistersänger über.

Die Frauen der Ritter

Die Ausbildung der adeligen Frauen im Mittelalter war wesentlich umfassender und unterschiedlich von der Erziehung der Männer. Wenn man eine wohlerzogene Tochter eines Adeligen oder Ritters war, so sollte man reiten, Falken züchten und jagen können. Schachspielen, Tanzen und Singen, Gedichte vortragen, Lesen, Schreiben und Rechnen gehörten ebenfalls zu den Fertigkeiten, die man als Frau erwerben sollte, dazu kamen noch die hauswirtschaftlichen Fähigkeiten wie Nähen, Spinnen und die Kindererziehung.

Interessant ist es, dass Frauen in der mittelalterlichen Literatur niemals als Verwalterinnen von Lehen oder Trägerinnen von Ämtern vorkommen, obwohl die Wirklichkeit davon stark abwich. Es scheint sich hier um ein in der Literatur überliefertes Idealbild der Frau gehandelt zu haben, deren Aufgabe es danach primär war, dem jungen Ritter erstmals die Freuden der Liebe (sexuell und nicht sexuell) zu zeigen und ihn zu ihren Ehren auf gefährliche Fahrten auszusenden.

Es ist aus dem Frauenbild der Zeit zu entnehmen, dass die mittelalterlichen Ehefrauen keine Kämpferinnen waren, wenngleich es immer wieder Frauengestalten gab, die sich bei manchen Gelegenheiten als solche erwiesen. So verteidigte Donna Jimena, die Witwe des Cid, 1102 Valencia gegen eine Armee von Mauren.

Grundlegend blieb aber, dass am Beginn der Ritterzeit stets der Mann das Lehen als Basis für seinen Waffendienst erhielt. Erst mit der Zeit wurden diese Lehen erblich und konnten auch auf Frauen übergehen. Als die Ämterlehen (*honores*) ebenfalls erblich wurden, erbten Frauen auch Herrscherbefugnisse und kamen damit in Konflikt mit der Kirche und den weltlichen Gesetzgebern, die ihnen solche Rechte absprachen. Dennoch setzte sich das Lehensrecht der Frauen in Europa, unterschiedlich nach Regionen, zwischen dem 10. und 12. Jahrhundert durch. Zwar hatten Söhne, auch nachgeborene, stets Vorrang vor den Töchtern, allerdings konnten Frauen in Frankreich, Deutschland, England und Spanien das Lehen erben, wenn kein männlicher Nachkomme zur Verfügung stand. Dieser Fall war durchaus nicht ungewöhnlich, wenn man bedenkt, dass die Lebenserwartung eines männlichen Adeligen kürzer war als die einer adeligen Dame. Bedingt war dies durch den Umstand der hohen Todesraten der Männer beim Turnier und im Kampf, welche das Durchschnittsalter von Männern in England von 1330 bis 1475 auf 24 Jahre drückte, während Frauen zu dieser Zeit 32 Jahre alt wurden. Es wird angenommen, dass im Hochmittelalter 46 % der adeligen Männer über 15 Jahren gewaltsam ums Leben kamen, nicht zuletzt auch durch die rege Beteiligung an Kreuzzügen und Kriegsfahrten in ferne Länder. Dazu kam noch, dass sich männliche Adelige in größerer Zahl dem geistlichen Beruf anschlossen und in ein Kloster eintraten, wodurch sie als Lehensträger ausfielen.

Ein bekanntes Beispiel für das Geschick einer Familie ist das Leben der adeligen Dame Mahaut von Artois. Ihr Großvater starb auf dem Kreuzzug mit König Ludwig 1250 in Mansura in Ägypten, ihr Bruder Philippe fiel 1298 im Kampf gegen die Flamen, ihr Vater Robert II. 1302 in der Schlacht von Courtrai und ihr Mann Otho 1303 ebenfalls gegen die Flamen. Als einzige Überlebende der Familie erbte sie daraufhin den Herzogstitel und damit auch alle Lehen.

Dennoch war die Frau als Herrscherin vielen Familien suspekt, und man pflegte die Mädchen schon in jungen Jahren mit weniger wohlhabenden Angehörigen des niederen Adels zu verheiraten. Kam die Frau dann als Erbin zum Zuge, so hatte sie wenigstens einen Mann aus dem Adel, der ihr zwar gesellschaftlich untergeordnet war und herrschaftsmäßig keine Ansprüche stellen konnte, ihr aber bei der Verwaltung und Verteidigung des Lehens zur Seite stand.

Starb der Ehemann vor der Frau, so konnte diese einen Anspruch auf seine Besitztümer geltend machen. Sie bekamen als *dos* (eine ihr aus der Mitgift zustehende Gabe) ein Drittel bis die Hälfte des Besitzes, einschließlich eines entsprechenden Lehensanteils auf Lebenszeit. Sie war dann verpflichtet, die aus dem Lehen bezahlte Truppe bereitzustellen und konnte innerhalb der Grundherrschaft auch ihre Herrschaftsrechte ausüben. Bei ihrem Ableben ging ihr Besitz dann auf ihre Nachkommen aus der Ehe mit dem Geber des *dos* über, waren keine vorhanden, auf die nächsten Verwandten.

Frauen konnten Lehen aber nicht nur erben, sondern auch wieder vererben. In der Vasallenliste der Grafen der Champagne von 1172 bis 1361 finden sich viele Frauen als Vasallen und Untervasallen, eine Frau hielt sogar drei Lehen, ein ererbtes, ein zweites aus ihrem *dos* und ein drittes in Vertretung ihres Bruders.

Großen Einfluss auf die ständischen, wirtschaftlichen und politischen Gegebenheiten konnten Frauen nehmen, wenn sie verheiratet wurden. Diese Hochzeiten fanden im Adel nicht nach Zuneigung statt, sondern waren lange geplant Allianzen zum Macht- und Gebietsgewinn. Selbst wenn eine adelige Braut keinen Anspruch auf Land hatte, brachte sie immerhin noch eine Mitgift in die Ehe. Auch der Lehnsherr konnte in Eheschließungen eingreifen, wenn er einer Lehensträgerin, die ja selbst keinen Kriegsdienst leisten konnte, einen Mann gab, der ihm ins Feld folgte. Eheschließungen, meist mit begüterten Damen, waren auch eine Möglichkeit, einen Vasallen für dessen Dienste am Hof oder auf dem Schlachtfeld zu belohnen. Zudem hatte der Lehnsherr das Interesse, heiratsfähige Frauen an seine persönliche Umgebung zu verheiraten, um sie nicht eventuell mit Personen verbunden zu sehen, auf die er keinen Einfluss hatte. Daher verfügte Kaiser Friedrich II. seinen unmittelbar von ihm Belehnten, dass niemand ohne seine Zustimmung heiraten oder seine Schwestern oder Töchter vermählen durfte. In England unter Heinrich I. (1068–1135) war es üblich, dass sich der König in die Heiratspläne seiner Adeligen einmischte, wollte man davon ausgenommen werden, so waren Gelder und Gebühren zu entrichten, die bald eine erhebliche Einkommensquelle für den König darstellten. Erst im 14. Jahrhundert verzichteten die Könige auf das Einspruchsrecht und begnügten sich mit Geldzahlungen, die bei Eheschließungen erhoben wurden.

Dennoch gab es einige Frauen, die den Mann heirateten, den sie wollten, wie Mathilde von Tuszien (1046–1115), die aus freien Stücken den Herzog von Bayern, einen wesentlich jüngeren Mann, ehelichte. Auch Eleonora von Aquitanien (1122–1204) hatte sich den Grafen von Anjou, den künftigen englischen König Heinrich II., in den Kopf gesetzt und floh bei Nacht und Nebel nach Poitiers, um ihn zu heiraten.

Um dem aus dem Weg zu gehen, wurden Frauen oft schon im Kindesalter vermählt, das Mindestalter soll hier fünf Jahre betragen haben. Die minderjährigen Eheleute mussten dann lange Jahre getrennt leben, bis sie wieder zusammenkamen, einige erreichten jedoch die Aufhebung ihrer Ehen. Richard Fitzalan (1306–1376), dem zehnten Earl von Arundel und seiner Frau Isabel le Despenser (1312–1356), die im Alter von sieben und acht Jahren verheiratet wurden, gelang dies sogar noch, als sie schon einen Sohn hatten, weil sie nachweisen konnten, dass sie von ihren Verwandten unter Schlägen zu dieser Ehe gezwungen worden waren. Daraus geht hervor, dass adelige Frauen frühzeitig unter die Haube kamen. Das durchschnittliche Heiratsalter bei Frauen wurde mit 17 Jahren errechnet, bei Männern lag es in der Mitte der Zwanziger.

Es scheint verständlich, dass diese Ehen nicht immer gut gingen. Eheauflösungen wegen Gewalt, männlicher Untreue, Impotenz oder weiblicher Unfruchtbarkeit sind bekannt, aber auch Racheakte von Männern an ihren Frauen wegen derer Untreue. Christine de Pizan (1365 – nach 1430), die erste Schriftstellerin und Frauenrechtlerin des Mittelalters, hat es kurz so ausgedrückt: *Und nichts als Entbehrung bringt das Leben dem Eheweib.*

Es gibt aber auch positive Beispiele für mittelalterliche Verbindungen, etwa die arrangierte Ehe des Babenbergers Leopold III. Dieser bekam dafür, dass er politisch die Seiten gewechselt hatte, zur Aufwertung seiner Herrschaft die Schwester König Heinrichs V. zur Frau, die Ehe muss aber recht innig gewesen sein, da aus ihr 17 Kinder hervorgingen.

Frauen waren, wenn es darum ging, ihre Ehemänner zu vertreten, durchaus fähig, auch für längere Zeit die Geschicke von Lehen zu verwalten und zu ordnen. Männliche Edelleute mussten manchmal länger den Besitz verlassen, oft ging es in den Krieg, und wenn sie sich auf einen Kreuzzug begaben, so konnten sie jahrelang von zu Hause fort sein.

Bekannt ist, dass Guiburc, die Gemahlin des Grafen von Barcelona, eine Armee gegen die Mauren aufstellte oder dass die Gräfin von Buchan vehement ihre Burg gegen den englischen König Eduard I. verteidigte, der sie dann zur Rache wegen ihres Widerstandes in einen Käfig sperrte, den er an den Mauern der Burg aufhängte. Als Karl von Blois die Gräfin der Bretagne angriff, während ihr Mann Johann de Montfort abwesend war, verteidigte sie nicht nur die Burg, sondern ging zum Gegenangriff über, besiegte Karl und verfolgte ihn bis nach Brest.

Auf kleinen Adelssitzen wird die Hauptaufgabe der Frauen darin bestanden haben, sich um die Kinder zu kümmern und den Haushalt zu organisieren. Da praktisch fast alles, was man an Lebensmitteln und Alltagsgegenständen verwendete, selbst hergestellt wurde, hatten solche Häuser sicher eine gewisse Anzahl von Bediensteten, die von der adeligen Hausfrau beaufsichtigt und eingesetzt werden mussten. Dazu kamen auch noch Rechts- und Verwaltungsaufgaben und daher ist es verständlich, dass man bei der Ausbildung der adeligen Frauen darauf achtete, dass sie neben Tanz, Musik und Literatur auch das Lesen, Schreiben und Rechnen lernten. Christine de Pizan rät ihnen obendrein dazu, sich um den Finanzhaushalt zu kümmern und sich rechtzeitig, d.h. vor dem Tod des Gemahls, über Grundstücksrechte zu informieren. Dazu kam, dass Frauen in Abwesenheit der Männer auch deren Pflichten in Ämtern zu übernehmen hatten, wobei dies von den Gesetzen akzeptiert wurde, besonders was die Ausstellung von Briefen und Regulativen betraf.

Wenn allerdings eine Frau nicht heiraten wollte, keine Erbin war oder keinen Mann fand, gab es nur zwei Lebenswege für sie. Sie blieb in der Burg und sorgte als Gesellschafterin für Kinder und Alte oder sie trat ins Kloster ein, wo sie als Äbtissin Karriere machen konnte und dabei wieder mit Geld- und Rechtsfragen beschäftigt war.

Wappen und Herolde

Wappen und Herolde stehen ursprünglich nicht im Zusammenhang. Die ersten Wappen von Rittern erschienen schon im 9. und 10. Jahrhundert, als die Rüstungen einen solchen Grad der Verhüllung durch Panzerhemd und Topfhelm erreichten, dass die Identität des Ritters nicht mehr zu erkennen war. Es war aber wichtig, in der Schlacht Freund und Feind zweifelsfrei unterscheiden zu können, und auch im Turnier musste zu erkennen sein, wen man aus dem Sattel gestoßen hatte, um ihn als Gefangenen vom Kampfplatz führen zu können. Von dieser Zeit an wurden die Schildbemalungen, die vorher nur dekorativen Zwecken gedient hatten, ein Bestandteil der ritterlichen Rüstung und zu Erkennungszeichen.

Nachdem diese heraldischen Zeichen zunächst nur auf den Schilden abgebildet waren, setzte sich bald der Brauch durch, diese auch auf den Schabracken der Pferde, auf den Übergewändern der Ritter, auf ihren Fahnen und selbst auf ihren Siegeln darzustellen. Sie entwickelten sich dadurch zu individuellen Zeichen, die als Erbe weitergegeben und zum Kennzeichen ganzer Familien wurden. Noch auf dem Teppich von Bayeux scheinen die Kämpfer geometrische Muster und Tierabbildungen auf den Schilden getragen zu haben, die nicht als Wappen zu verstehen sind, aber schon bald danach bildete sich im 12. Jahrhundert der Brauch aus, dass mit Wappen dekorierte Schilde bei der Schwertleite an den zukünftigen Ritter übergeben wurden.

Das Tragen von Wappen war zunächst ein Privileg des Hochadels. Ursprünglich scheint es einen Zusammenhang zwischen der Größe des Lehnsbesitzes und dem Recht, ein Wappen zu tragen, gegeben zu haben. Auch die ersten Wappenbücher, wie der deutsche *Clipearius Teutonicorum*, zeigen nur die Wappen des höheren Adels und nicht die der kleinen

Ritter. Ab dem 13. Jahrhundert änderte sich dies, als auch die Ritter aus dem niederen Adel mit dem Ritterschlag ein Wappen verliehen bekamen. So zeigt die Manessische Liederhandschrift viele kleine Adelige und sogar Ministerialen mit Wappen ausgestattet. Viele dieser Wappen lassen sich von anderen Wappen ableiten und verdeutlichen so die Abhängigkeitsverhältnisse in der Lehensgesellschaft und ihrer Vasallen. So wurde der einfachste Ritter nach seinem Schild als Einschildritter bezeichnet, es waren dies Ritterbürtige ohne eigene Lehensfähigkeit, die im Hochmittelalter das Wappen ihres Herrn im Schild führten. Im Hochmittelalter wurde das Wappen so wichtig, dass seine Verleihung den Ritterschlag als Symbol für die Aufnahme in den Ritterstand verdrängte. Den Farben und Darstellungen auf den Wappen sprach man auch symbolische Bedeutungen zu und wollte darin die ritterliche Vergangenheit der adeligen Familien verfolgen.

Es bildete sich mit der Zeit eine Wissenschaft der Wappenkunde (Heraldik) heraus und es gab bestimmte Vorschriften, wie ein Wappen zu gestalten war. Bei der Farbgebung der Wappen durften nur fünf Grundfarben, die sogenannten »Tinkturen«, verwendet werden, nämlich Blau, Rot, Grün, Schwarz und Purpur, dazu kamen zwei Metalle mit Gold und Silber und zwei Pelzwerke mit Hermelin und Feh. Farbe durfte nicht auf Farbe und Metall nicht auf Metall gelegt werden, dazu gab es noch Heroldsstücke zur Dekoration wie geometrische Muster als Schildhaupt, Balken, Sparren, Schrägrechts- und Schräglinksbalken. Die Darstellungen bestimmter Tiere und Vögel waren erlaubt oder auch Gegenstände, die auf den Wappenträger hinwiesen. Die Kunde, wie ein Wappen zu beschreiben war, wurde »Blasonieren« genannt, und man beschrieb ein Wappen zuerst mit der Farbe, dann die zentrale Figur und danach die zusätzlichen Zeichen.

Bereits im Hochmittelalter kamen »sprechende Wappen« auf, die sich auf den Namen der Träger bezogen. Bekannt sind etwa ab 1200 das Wappen der Familie Helfensteiner mit dem Elefanten (Helfant) oder das der Familie Raven (ab 1235) mit einem schwarzen Raben. Wappen konnten aber auch an geschichtliche Ereignisse erinnern, wie das österreichische Wappen Rot-Weiß-Rot, das angeblich an den blutbespritzen Waffenrock von Herzog Leopold V. bei der Eroberung von Akkon im Dritten Kreuzzug erinnerte, wobei das Weiß seinen Schwertgurt, der das Gewand darunter vor dem Blut geschützt hatte, symbolisiert.

Die Verleihung von Wappen scheint lange Zeit und bis hinein ins Spätmittelalter nicht geregelt gewesen zu sein, und mancher, der in die Ritterschaft aufgenommen wurde, konnte sich selbst ein Wappen geben. Der englische Jurist Nicholas Upton schrieb um 1440 in seinem *tractatus de armis*: *In diesen Tagen sehen wir überall, wie arme Leute durch ihren Dienst in den französischen Kriegen zu Standespersonen werden … Und viele davon haben sich Kraft ihrer eigenen Autorität Wappen gegeben.*

Es ist verständlich, dass es mit der Zeit immer schwieriger wurde, alle Wappen und deren Träger im Gedächtnis zu behalten. Dies führte zum Aufkommen eines neuen Berufsstandes, der alles über Wappen wissen sollte, der Herolde. Deren Kenntnisse hatten sich allerdings nicht nur auf die Wappenkunde zu beschränken, sondern sie waren anerkannte Experten für alles, was im weitesten Sinne mit Wappen zu tun hatte. Sie waren anwesend bei Buhurt und Tjost, bei den Krönungszeremonien, Schwertleiten und bei Begräbnissen und sie saßen im Schiedsgericht beim Turnier. In Kriegszeiten gehörte zu ihren Aufgaben, die Gegner anhand ihrer Banner zu benennen, Erhebungen in den Ritterstand im Krieg zu dokumentieren und nach der Schlacht die Toten durch ihre Wappen zu identifizieren. Wie modernen Diplomaten war ihnen Immunität zugestanden, sodass sie als Botschafter zwischen kriegsführenden Parteien auftreten konnten. Wollte man eine belagerte Burg zur Übergabe bewegen oder eine persönliche Aufforderung zum Kampf oder zum Duell aussprechen, so schickte man einen Herold aus. Im 15. Jahrhundert wurden die großen und bekannten Herolde als »Wappenkönige« bezeichnet und sie hatten den Rang hoher Diplomaten.

Die Herkunft des Berufsstandes der Herolde war eher einfach, vermutlich dienten sie zunächst als Boten und hatten im Krieg niedere Aufgaben im Heer. Erst mit dem Aufkommen der Wappen wurde ihre Funktion als Wappenkundige immer wichtiger und sie bestimmten damit auch die Reihenfolge und Rangfolge der Adeligen bei höfischen Zeremonien. Wichtig war auch ihre Funktion bei Turnieren, wo sie zuvor auftraten und die Kämpfer mit einer Litanei von Ehren, Würden und Erfolgen ankündigten. Dabei standen sie zunächst nicht im Dienst einzelner Herren, sondern wanderten von Turnier zu Turnier und versuchten von der *largesse* der Kämpfenden zu leben, wobei ihre soziale Stellung zunächst nicht besser als die von Vaganten und Spielleuten war. Erst im 13. Jahrhundert fanden Herolde eine feste Anstellung bei Hofe, sie trugen den Wappenrock ihrer Herrschaft und bekamen offizielle Funktionen, eine Karriere, die sie von einfachen Bediensteten zu Wappenkönigen führen konnte. Mit der Zeit bekamen sie immer höhere Ämter und Würden und bildeten in Frankreich eine eigene Gilde mit einem komplizierten Zeremoniell beim Beitritt. Sie hatten Privilegien wie den Anspruch auf Entlohnung und auf die zerbrochenen Rüstungen nach einem Turnier.

Im 15. Jahrhundert war ihr Stand gefestigt, und die Wappenkönige mussten in ihrer »Mark« umherreisen, die Wappen der Adeligen verzeichnen, prüfen und feststellen, welche Familien die ältesten waren und wie sich

Heiratsverbindungen auf die Wappenkunde auswirkten. Dazu legten sie Wappenbücher an, die gleichsam ein erstes Standesverzeichnis des Adels waren. Ihre zweite Aufgabe war, über die Adeligen in Krieg und Turnier zu urteilen, dazu mussten sie große Waffentaten verzeichnen und dem Publikum entsprechend kundtun. Zudem galten sie als die Wahrer der Grundsätze des Rittertums, und wenn man Zweifel hatte, ob eine Tat auch wirklich ritterlich gewesen sei, so konnte man den Rat von Herolden zur Bewertung einholen.

Bedeutende deutsche Herolde wie Claes van Heynen, genannt Gelre, und der Österreicher Peter Suchenwirt waren auch literarisch tätig und verherrlichten in ihren Schriften die Werke und Taten tüchtiger Ritter. Im 15. Jahrhundert wurde vom Herold nicht mehr allein die Kenntnis der Wappen vorausgesetzt, sondern er war zum Träger des Wissens um die wahre Ritterlichkeit geworden. Er hatte die ritterliche Literatur und die historische Kultur des Rittertums zu beherrschen, er kannte die Gesetze des Adelsstandes und die Erbfolgeregelungen sowie die tatsächlichen und die mystischen Eigenschaften der auf den Wappen dargestellten Pflanzen und Tiere. All dies war notwendig, wenn es darum ging, die Geschichte und die Werte der mit Wappen versehenen Personen zu erklären und zu erzählen, es ging also weit über die Kenntnis der Familiennamen der Wappenträger hinaus. Ein Herold musste damit über ein breites Wissen der mittelalterlichen Welt verfügen, wenn er die gesamte Bandbreite der ritterlichen Kultur abdecken wollte.

7. Der Ritter in der mittelalterlichen Dichtung und Literatur

Der Ritter als Krieger unterschied sich nur unwesentlich von all den anderen Helden der Schlachtfelder früherer Zeiten. Die Besonderheit, die ihn vom Krieger zum Ritter beförderte, war die höfische Liebe, und diese in die Sphäre der Ritter einzuführen, war das Werk der Poeten und Romanzenschreiber ihrer Zeit. Zudem fiel der Höhepunkt der Ritterzeit mit dem erstmaligen Auftreten der Literatur in der Alltagssprache zusammen. Bis zum 12. Jahrhundert wurden alle Formen von Literatur in Latein geschrieben, danach begannen die Poeten, mit der Sprache des Volkes zu experimentieren, und zwischen 1120 und 1170 entstand eine Reihe von Werken, die in der täglichen Sprache geschrieben wurden. Es war dies aber keine plötzliche Wende in der Literatur, sondern die Dichter konnten dabei auf einen breiten Schatz älterer Werke zurückgreifen. In der Zeit, in der das Turnier entstand und der Begriff der Ritterlichkeit eine Blütezeit erlebte, schufen diese Dichter eine neue literarische Welt, die weit über Erzählungen von Heldenmut und Tapferkeit hinausgingen. Sie umfasste auch Wünsche, Sehnsüchte und Gefühle, und wie das Turnier ein Krieg im Kleinen war, so war diese Dichtung künstlich und gedankenschwer in ihren Gefühlen.

Im Hochmittelalter gab es vier Literaturgattungen, die sich mit der Welt des Ritters beschäftigten: Das Epos besang die Tapferkeit und Kühnheit des Ritters, die Lyrik die Liebe, die Volkserzählungen die Märchen und Wunder und dann gab es noch die Romanze, eine Erzählung, die einen Helden und eine Heldin und deren Zueinanderfinden zum Inhalt hatte.

Die ersten beiden Epen im Mittelalter, die diesen Namen verdienten, waren, neben den schon bekannten griechischen Werken der Odyssee und der Ilias, das *Chanson de Roland* (Rolandslied) aus Frankreich und der *Cantar del Mio Cid* (Lied von meinem Cid) aus Spanien.

Das *Chanson de Roland*, geschrieben zwischen 1075 und 1100, ist das älteste Werk, welches man auch den *Chansons de Geste* (Erzählungen von Heldentaten) zuordnen kann. Es spielt in der Zeit Karls des Großen und seiner Feldzüge gegen die Mauren, also etwa 300 Jahre, bevor es niedergeschrieben wurde. In ihm zieht sich das Heer Karls des Großen aus Spanien durch die Pyrenäen nach Frankreich zurück, dabei wird die Nachhut unter Roland von einer Übermacht der Mauren angegriffen und nach hartem Kampf vernichtet. Es beschreibt bestimmte Charaktere wie den Verräter Ganelon und Oliver, den heroischen Freund Rolands, die am Pass von Roncevaux ihr Schicksal erleiden müssen. Es ist die Geschichte des tapferen Roland in einer Schlacht, in der er für das Christentum und auch für die Rückkehr zu seiner geliebten Dame Aude kämpft, nur um glorreich und tapfer unterzugehen. Das Werk endet mit einer moralischen Botschaft, dass der Kampf gegen die Heiden nicht in einer einzigen Schlacht gewonnen werden kann, sondern breiter Anstrengung bedarf.

Näher an der Wirklichkeit stand das Werk über den spanischen Helden Rodrigo Diaz de Vivar (1043–1099), genannt der Cid, das etwa 50 Jahre nach seinem Tod verfasst wurde. Hier ist der Kampf gegen die Mauren nicht mehr mythisch verklärt, sondern eine tägliche mühevolle Angelegenheit. Es fehlt dabei dennoch nicht an Pathos, so als der Cid sich von seiner Frau zum entscheidenden Kampf verabschiedet oder als er seine Töchter an die Könige von Aragon und Navarra verheiratet. Es sind durchaus poetische Gefühle, die hier ausgedrückt werden, die aber aus der täglichen Sphäre der Ritter stammen und vom Publikum auch als Abbildung des wirklichen Lebens verstanden wurden. Der Cid ist kein jenseitiger Heros wie Roland, sondern ein kleiner Landbesitzer, der sich als Abenteurer zu bewähren hat. Als er ins Exil geschickt wird, zögert er auch nicht, in die Dienst der Mauren zu treten, er tauscht also einen Lehnsherrn gegen den anderen, sicher nicht unüblich für seine Zeit.

Deutschland hingegen mit seiner germanischen Abstammung hatte auf dem Gebiet der epischen Dichtung wenig zu bieten. Ausnahme ist hier das Nibelungenlied vom Beginn des 13. Jahrhunderts, das zwischen Epos und Romanze steht.

Es handelt vom reinen Helden Siegfried und seiner Herzensdame Krimhilde, die durch seinen Tod von Mörderhand schwer getroffen wird und auf Rache sinnt. Dazu werden noch Volksgeschichten wie die Sage von Brunhilde eingestreut, die Siegfried mit Hilfe von allerlei Zaubermitteln für seinen König gewinnen muss. Es gibt den Urtyp des Bösewichts oder Schurken namens Hagen, der wiederum als gehorsamer Ritter Siegfried im Auftrag seines Königs Gunther beseitigt. Der zweite Teil der Geschichte ist ein Ritterepos, der Zug der Nibelungen zu König Etzel und ihr tragischer Untergang durch die Rache der Krimhilde, die allerdings, als Ursache des Todes so vieler Helden, nicht ungestraft bleiben kann.

Dass Ritterepen zeitweise populärer waren als Ritterromanzen, zeigt das französische Epos *Perlesvaus*, geschrieben um 1240, das auf älteren Vorbildern basierte. In diesem geht es um die höfische Liebe zwischen Parzival und seiner

Dame Blanchefort, allerdings wird im *Perlesvaus* dieses Element nur wenig ausgeführt und das Epos beschränkt sich im Wesentlichen auf Beschreibungen des Hofes von König Artus, der Tafelrunde und der Hauptaufgabe der Ritter, der Suche nach dem Heiligen Gral, dem größten imaginären Schatz der Christenheit. Der Roman zeigt die Ritter in verschiedensten Abenteuern auf der Suche nach dem Gral, stets bedroht von feindlichen Mächten. Vielleicht spiegelte sich hier die Wirklichkeit im Kampf der christlichen Ritter an den heidnischen Grenzen Europas wieder, da der *Perlesvaus* etwa zu jener Zeit entstanden ist, in welcher der Deutsche Ritterorden mit der Christianisierung der heidnischen Pruzzen und Litauer begann. Der *Perlesvaus* war nicht die einzige literarische Gralsgeschichte zu jener Zeit, er war aber das Epos mit der am deutlichsten betonten christlichen Seite.

Die zweite Hälfte des 12. Jahrhundert brachte eine deutliche Änderung in der europäischen Literatur. Bisher waren die *Chansons de Geste* bestimmend gewesen, Dichtungen von Heldentaten, von Schlachten, von Ritterfahrten, von Verrat und ritterlicher Zuneigung. Nun produzierten die Troubadoure ganz andere Geschichten, in denen es um die Dame und um jene Ritter ging, die sie verehrten. Es geht um den beständigen Kampf, um die Sehnsüchte der körperlichen Liebe, die sich aber den Leiden der unerfüllten Liebe zu unterwerfen haben. Um die Zuneigung der Dame zu gewinnen, muss der Ritter zuerst ihre Gunst gewinnen, und von dieser Liebe her kommt alles andere, Tapferkeit, Kühnheit und Mut, Ehre, *hövischkeit* und *largesse*, alles, was mit dem Wort *pretz* (Wert) umschrieben wird.

Wilhelm IX. von Aquitanien (1071–1126), der als erster Troubadour gilt, sang noch von beiden Arten der Liebe, der körperlichen wie der seelischen, während Marcabru, der etwa zwischen 1130 und 1150 schrieb, zwischen *Amars*, der physischen Liebe, und *Fin'Amors*, der spirituellen Liebe, unterschied und dabei der Letzterer den Vorzug gab. Die Burg ist bei ihm nicht mehr allein trutzige Verteidigungsanlage, sondern sie wird zum Liebesschloss, in dem wunderbare und intelligente Frauen über ihre Ritter präsidieren. Der Hauptvertreter dieser Literaturgattung in Frankreich war Bernart de Ventadorn (1130/40–1190/1200), dem man nachsagte, dass er tatsächlich das Herz und das Bett der Königin Eleonore von Aquitanien erobert hätte. Typisch für die volkstümlichen Geschichten ist die des Troubadours Jaufré Rudel (um 1100–1147), in welcher er von seiner unerreichbaren Dame, der Gräfin von Tripolis, träumt. Schließlich beschließt er, sie in Palästina aufzusuchen, um ihr seine Liebe zu Füßen zu legen, er stirbt aber bei der ersten Begegnung in ihren Armen.

Etwa zur selben Zeit, als die Troubadoure in Frankreich von der unerfüllten Liebe träumten, machten sich in Deutschland die Minnesänger breit, wobei diese manchmal auch ein wenig Spott für ihre französischen Kollegen und ihre überzüchtete Ansicht von Liebe hatten und auch auf den Standpunkt der Frauen, die ja oft jahrelang ohne ihren Gatten leben mussten, Rücksicht nahmen. So schreibt etwa der Kürenberger (Ende 13. Jh.) ein Gedicht über einen Ritter, der seine Geliebte nur anbetet, aber auf die Vorzüge der körperlichen Liebe vergisst: *Letzte Nacht stand ich vor eurem Bette/und wagte euch nicht zu wecken, meine Dame/Möge Gott Euch für immer dafür hassen/immerhin bin ja kein wilder Eber, sagte die Dame.*

Den Höhepunkt in der Minnesangdichtung in Deutschland stellten die Minnesänger wie Walther von der Vogelweide, Friedrich von Hausen, Reinmar der Alte, Heinrich von Morungen und Ulrich von Liechtenstein dar, allerdings dauerte ihre Blütezeit nur bis um 1250 und ihnen folgten Dichter wie Neidhart von Reuental und der Tannhäuser, die dem Ideal der unerfüllten Liebe schon recht skeptisch gegenüberstanden.

Ein wesentlicher Teil der Rittergeschichten im Mittelalter war aus dem keltischen-walisischen Sagenkreis um König Artus entnommen, der erstmals in der fiktionalen Geschichte Englands von Geoffrey de Monmouth (etwa 1100–1154) um 1130 erwähnt wird, wobei diese Geschichten in der Folge immer weiter ausgebaut werden. Überhaupt lassen sich drei große Sagenkreise in der mittelalterlichen Literatur feststellen: die Geschichten um Karl den Großen, Erzählungen und Dichtungen zu Alexander dem Großen, denen man auch die Ilias, Aeneis, Orestie und die Odyssee zurechnete, sowie die Sagen um Artus und seine Tafelrunde. Was die Geschichten von Artus so interessant für das Publikum machte, war, dass sich in diesem Sagenkreis alles zusammenfand, was den Ritter und seine Welt interessierte, Abenteuer, Ritterlichkeit, ein glanzvoller Hof, Liebe und Tragik.

Eine der ältesten Geschichten aus diesem Sagenkreis scheint die Geschichte von Tristan und Isolde von Gottfried von Straßburg (gest. um 1215) zu sein. Der Grundgedanke der Geschichte ist einfach. Tristan soll die Braut des Königs Marke in Irland abholen und zum Schloss seines Herrn in Cornwall führen, durch ein Reihe von Missverständnissen trinken beide aber einen Liebestrank und sind so für immer in Liebe miteinander verbunden. Tristan hat nach der Hochzeit Isoldes mit sich und seiner ritterlichen Ehre zu kämpfen, unterliegt aber der Liebe und flieht mit Isolde aus dem Schloss ihres Gemahls Marke. Er entfernt sich immer weiter von seinem Ethos als Ritter und beide sterben in dem vergeblichen Kampf, voneinander zu lassen. Die Moral der Geschichte: Liebe ist stärker als die Ethik des Rittertums.

Derjenige, der es am besten verstanden hatte, all diese Elemente in seiner Dichtung zu verarbeiten, war Chrétien de Troyes (etwa 1140–1190), der uns in die zwei wichtigsten

Figuren der Artus-Sagen, Lancelot und Parzival, einführt. Seine erste Geschichte, die ihm Ruhm einbrachte, war *Le chevalier de Lion* (Yvain oder der Löwenritter). Yvain findet hier eine treue Gattin, verliert diese aber wieder, als er nach einem Jahr der *âventiure* nicht rechtzeitig zum festgesetzten Termin zurück ist. Yvain verliert die eine Frau, weil er meint, für alle Frauen einstehen zu müssen. Sein weiteres Leben, das ihn erst zum professionellen Kämpfer, dann zum am Rande der Gesellschaft existierenden Eremiten macht, ist darauf ausgerichtet, die verlorene Gunst der einen Dame wieder zu erlangen, und problematisiert so die Abenteuer-Anforderung an den Ritter, die ein Familienleben unmöglich macht. Yvain erlangt seinen Verstand (den er als Eremit verloren hat) dank eines Löwen wieder, der ihn bei seinen Abenteuern begleitet.

Ein großer Erfolg beim adeligen Publikum war der englische Roman *Sir Gawein and the Green knight* (Sir Gawain und der Grüne Ritter), in dem es um eine Wette geht, nämlich dass sich ein geheimnisvoller Ritter den Kopf abschlagen lässt, wenn er innerhalb eines Jahres einen einzigen Hieb im Kampf einstecken müsste. Gawein besiegt ihn und schlägt ihm den Kopf ab, der Ritter hebt aber seinen Kopf auf, lädt ihn ein Jahr später zum Empfang des Gegenhiebes ein und verschwindet. Gaweins Aufenthalt im Schloss des Grünen Ritters ist geprägt von drei Jagden des Schlossherrn, während dessen Abwesenheit seine Frau versucht, Gawein zu verführen. Zwar ist sie dabei erfolglos, doch ein kleiner Fehler Gaweins im Duell mit dem Grünen Ritter beweist seine menschliche Unvollkommenheit. Aus dem Kampf geht Gawein für ihn überraschend fast völlig unverletzt hervor, er macht sich jedoch fortan schwerste Vorwürfe, da er dem ritterlichen Ideal nicht genügt zu haben glaubt. Bei seiner Rückkehr nach Camelot muss er schließlich feststellen, dass er mit seiner Selbstkritik allein steht.

Der Einfallsreichtum des Chrétien de Troyes schuf aber noch weitere Werke. In seinem *Le chevalier de la Charette* (Der Karrenritter) beschreibt er die verbotene Liebe zwischen Lancelot und Guinevre, der Ehefrau von König Artus, die Lancelot retten muss, auch wenn er dafür völlig gegen seine Ehre mit dem Karren des Henkers zu ihr zu reisen hat; seine Liebe und seine Aufgabe stehen höher als seine persönliche Ehre.

Chrétiens vielleicht beste und auch bekannteste Geschichte war die Gralsgeschichte, in welcher der junge Parzival in die Welt zieht, um Ritter zu werden. Er kommt an das Schloss des Fischerkönigs, der hier schwer verwundet liegen muss, bis jemand Mitleid mit ihm zeigt. Parzival, der in einer Welt aufgewachsen ist, in der die Ritter keine Gefühle zeigen dürfen, stellt die wichtige Frage »Wem dient der Gral« nicht und findet am nächsten Tag das Schloss verlassen vor. Er lernt aus seinem Fehler und sieht ein, dass ein Ritter neben der Tapferkeit auch Mitleid zeigen muss, aber es ist zu spät und der Heimweg ist ihm für immer verwehrt.

Dieselbe Geschichte erzählte auch Wolfram von Eschenbach um 1210, bei ihm ist Parzival aber eine vielschichtige Persönlichkeit, er führte Nebenfiguren in die Handlung ein und am Ende kann Parzival seine höfische Erziehung überwinden und Mitgefühl mit Amfortas beweisen und sich damit zum vollkommenen christlichen Ritter küren.

Zwei weitere Rittergeschichten aus diesem Sagenkreis wären noch zu erwähnen mit *Le mort d'Arthur* (Der Tod des Königs Artus) und *La Quête du saint Graal* (Die Suche nach dem Heiligen Gral), in dem erstmals auch die Figur des unschuldigen Ritters Galahad erscheint, der eine geistige Verbindung des Rittertums mit dem Christentum darstellt.

In den Burgen und an den Höfen wurden aber nicht nur romantische Rittergeschichten gelesen, auch die Geschichtsschreibung hatte ihren eigenen Stellenwert. Bekannt waren

Geoffrey de Monmouths Geschichte Britanniens genauso wie die Biografie des William Marshal, der als der beste aller Ritter galt. Ulrich von Lichtenstein beschrieb in seiner Venusfahrt eine Turnierreise, die er 1227 unternahm, und bekannt war auch Jean Froissart (1337–1405), der in seiner vierteiligen *Chroniques de France, d'Angleterre, d'Écosse, de Bretagne, de Gascogne, de Flandre et lieux circonvoisins* (Chroniken Frankreichs, Englands, Schottlands, der Bretagne, der Gascogne, Flanderns und der benachbarten Örtlichkeiten) die ersten 50 Jahre des Hundertjährigen Krieges schilderte. Waren Chronisten bis dahin in der Regel Personen, die an dem von ihnen beschriebenen Geschehen selbst beteiligt gewesen waren und dieses aus ihrer Sicht rückblickend darstellten, so entwickelte Froissart die neuartige Methode, sich historische Ereignisse von verschiedenen Zeugen berichten zu lassen und aus den unterschiedlichen Perspektiven ein objektives Bild zusammenzusetzen. Nebenher schuf Froissart auch noch andere Werke, so stellte er 1383 den *Meliador* fertig, den letzten in Versen verfassten Ritterroman in französischer Sprache.

Das erfolgreichste und einflussreichste Werk der französischen Literatur des Mittelalters war der von Guillaume de Lorris (1205 – nach 1240) und Jean de Meung (um 1240 – nach 1305) verfasste *Roman de la rose* (Rosenroman), begonnen um 1230 und fertiggestellt um 1285. Der Roman besteht aus 22.068 paarweise reimenden achtsilbigen Versen und erzählt einen langen Traum. Dieser Traumbericht stellt dar, wie der Protagonist und Ich-Erzähler sich in eine Rose verliebt und wie er diese nach vielen Schwierigkeiten am Ende erlangt. Die handelnden Figuren sind, außer dem Erzähler, keine real vorstellbaren Personen, sondern Allegorien wie die *Vernunft* oder mythologische Figuren wie *Amor*, die Rose ihrerseits symbolisiert die Dame. Über 300 Manuskripte und an die 20 frühen Drucke, der letzte von

1538, sind von diesem Werk erhalten. Entsprechend groß war der Einfluss des Rosenromans auf die französische Literatur, wo er die Gattung des Traumgedichtes heimisch machte und in allen Literaturarten allegorische Figuren zur Selbstverständlichkeit werden ließ. Zwischen 1300 und 1530 wurde er praktisch von allen Autoren gelesen und in verschiedensten Formen verarbeitet.

Hatte Froissart das Leben der Ritter beschrieben, wie es wirklich war, mit all den Grausamkeiten und Verwüstungen, die ein Krieg mit sich bringt, so beschrieb Ramon Llull (1232–1316) in seinem »Buch über die Ritterschaft«, geschrieben 1275/1276, das Idealbild des Ritters mit einem stark religiösen Bezug. In Form der Beschreibung von zwei Rittern unterschiedlichen Charakters stellte er das wahre Rittertum dar und schuf so ein idealistisches Vorbild, das aber zu seiner Zeit im 13. Jahrhundert längst verschwunden war und nur noch auf dem Papier existierte. Dennoch kann seine Beschreibung als die Essenz aller Ritterlichkeit verstanden werden: *Ein Ritter sollte sein Kriegsross reiten, turnieren, an Tafelrunden sitzen, Wildschweine, Hasen, Bären, Löwen und anderes Getier jagen: Dies sind die Pflichten des Ritters, denn wenn er dies tut, so übt er sich im Gebrauch der Waffen und das gewöhnt ihn an die Mühen der Ritterschaft. Das zu verachten oder zu vernachlässigen bedeutet eine Vernachlässigung der Ritterschaft ... Suche nicht den noblen Mut in der Sprache, denn Sprache kann nicht immer die Wahrheit sagen, suche sie nicht in Kleidung, denn schon oft hat vornehme Kleidung Feiglinge, Verräter und Bösewichte verborgen, suche sie nicht in deinem Pferd, denn es kann nicht mit dir sprechen, suche sie nicht in feiner Rüstung und Ausrüstung, denn diese verbergen oft ein böses und verräterisches Herz. Suche noblen Mut im Glauben, Hoffnung, Mildtätigkeit, Gerechtigkeit, Stärke und Loyalität ...*

8. Der Untergang des Rittertums

Die Niederlage der Ritter im Heiligen Land, die 1291 zum Ende des Königreichs Jerusalem und zum Rückzug der Christenheit und der christlichen Ritter nach Europa führte, brachte die gesamte Ritterschaft und die Ritterorden in eine tiefe Krise, bei der es um ihre weitere Legitimation als *milites Christi* ging. Der Deutsche Orden löste das Problem dahin gehend, dass er sich zunächst in Ungarn und dann in Ostpreußen und Litauen ein neues Betätigungsfeld in der gewaltsamen Bekehrung der Pruzzen und Litauer suchte. Die Templer zogen sich auf ihre Besitzungen zurück und waren im Begriff, ein Bankenorden zu werden, als sie 1307 der Gier des französischen Königs zum Opfer fielen. Die Johanniter führten jahrhundertelang erbitterte Rückzugsgefechte gegen den Islam, richteten sich 1310 auf Rhodos und ab 1530 auf Malta ein und organisierten von hier aus den Kampf gegen die Türken. Die Ritter Europas, die nun nicht mehr auf einen Kreuzzug ins Heilige Land ziehen konnten, kompensierten ihren Ansehensverlust dadurch, dass sie in Litauen gegen die Heiden, in Spanien gegen die Mauren und in Nordafrika gegen die Muslime kämpften. In einem letzten großen Kreuzzugunternehmen ritten zehntausend europäische Ritter den Balkan hinunter, um gegen die Türken zu kämpfen, nur um am 28. September 1396 in Nikopolis aufgrund ihrer Disziplinlosigkeit und wegen interner Streitigkeiten eine verheerende Niederlage zu erleben.

Etwa zur selben Zeit fielen die Begründungen für die Preußenreisen weg, da ab Ende des 14. Jahrhunderts die Litauer zu Christen geworden waren, und in Spanien wurden die Mauren immer weiter zurückgedrängt, ehe 1492 mit dem Fall Granadas auch hier die Reconquista endete.

Dem Rittertum fehlte es ab dem 14. Jahrhundert an einer ideologischen Erneuerung, es gab kaum noch neue Ideen und Anstöße für ihre innere Verfassung und ihre geistige Ausrichtung. Man lebte im Gedenken an die alten Zeiten, kopierte das Verhalten der berühmten Rittervorfahren, las in Büchern über die große Zeit der Ritterschaft und war sich, wie etwa Oskar von Wolkenstein, durchaus des Elendes der Ritterschaft bewusst.

Zwar gab es noch Ritter ohne Fehl und Tadel wie den französischen Marschall Jean II. le Maingre, genannt Boucicaut, der als vollkommener Ritter galt, der Macht und Reichtum verachtete, eine asketische Frömmigkeit pflegte, als Gesprächsthemen Gott, die Heiligen, die Tugend und die Ritterlichkeit bevorzugte und im Sinn der Minne den Orden der weißen Dame mit dem grünen Schild gründete. In seiner Lebensgeschichte *Le livre des faits du maréchal Boucicaut* wird beschrieben, dass er auf dem Schlachtfeld von Roosebeke in Flandern zum Ritter geschlagen wurde, danach in Preußen und Spanien gekämpft und eine Pilgerfahrt ins Heilige Land unternommen hatte. In Nikopolis geriet er in türkische Gefangenschaft und musste teuer ausgelöst werden, er kämpfte in der Folge für Byzanz, war Statthalter des französischen Königs in Genua und kämpfte bei Agincourt, wo er in englische Gefangenschaft geriet – ein wahrhaft ritterliches Leben.

Der Hundertjährige Krieg, ausgefochten von 1337 bis 1453 zwischen England und Frankreich, brachte ein letztes Aufbäumen der Ritterschaft der beiden Länder, deutete aber durch seinen Einsatz immer größerer Kontingente von

Fußtruppen, Bogen- und Armbrustschützen im Heer schon auf eine neue Zeit und das Verschwinden des Rittertums.

Der kinderlos gestorbene letzte Kapetinger Karl IV. der Schöne (1295–1328) wurde von seinem Vetter Philipp VI. (1293–1350) aus dem Haus Valois beerbt. Mit dieser französischen Thronfolge wollte sich König Eduard III. von England nicht abfinden und pochte auf seine eigene Verwandtschaft mit dem erloschenen Königsgeschlecht und versuchte, seinen Anspruch ab 1339 auch mit militärischen Mitteln durchzusetzen. Damit begann der Hundertjährige Krieg.

Der französische Chronist Jean Froissart (gest. um 1404) beschrieb die Zeit des Krieges. Bei ihm wird deutlich, dass es trotz der verheerenden Niederlagen, welche die Ritter mit ihrer veralteten Kampfesweise einstecken mussten, noch immer die ritterlichen Tugenden waren, die den Krieg bestimmten. Diese waren die Voraussetzungen für eine persönliche Karriere, und nicht umsonst wurden in diesem Krieg immer wieder tapfere Krieger noch auf dem Schlachtfeld zum Ritter geschlagen, eine Praxis, die vor allem die Engländer weiterführten. Für Froissart ist es die Tapferkeit, auf die es ankommt und die für den Ritter alle anderen Leistungen überstrahlt.

Wesentlich kritischer äußerte sich hier der französische Admiral Jean de Bueil (1406–1477), der einst König Karl VII. diente und der den Krieg aus eigener Anschauung kannte. In seinem Werk *Jouvencel* schilderte er die Veränderung der Kampfesweisen durch neue Techniken, er verwies auf die neu eingeführte Artillerie, die er allerdings nur für befestigte Stellungen empfahl, so etwas wie eine Feldartillerie war technisch noch nicht möglich, und er verlangte, dass Heerführer nicht allein aufgrund ihrer Herkunft bestimmt werden sollten, sondern auch nach ihrer Ausbildung. Für ihn war der Krieg eine »*mühevolle Schule der Askese, auf Ehre und materiellen Gewinn hin ausgerichtet*«, wobei die indi-

viduelle Tapferkeit und die erfolgreiche Risikofreude ein
hervorragendes Mittel zum sozialen Aufstieg darstellten.
Er stand hier schon an der Schwelle einer Entwicklung, die
vom Ritter zum Soldaten führen sollte. Bueil war sich dessen
durchaus bewusst und sah 1471 im Kriegswesen schon die
neue Zeit heraufkommen: *Der Krieg hat sich sehr geändert.*
Wenn man damals acht- oder zehntausend Mann gehabt hat, hielt
man das für eine große Armee. Heute ist das etwas ganz anderes
… Für meinen Teil bin ich es nicht gewohnt, so viele Truppen auf
einem Haufen zu sehen.

Es scheint aber, dass die Kraft des Rittertums im 14.
und 15. Jahrhundert noch immer so groß und attraktiv
war, dass die Ritter als Stand selbst schwerste Niederlagen
und militärische Demütigungen überlebten. So siegten die
flämischen Fußtruppen, obwohl zahlenmäßig unterlegen,
1302 in der Sporenschlacht von Kortrijk gegen ein Ritterheer
und töteten 700 Ritter, weil sie es verstanden, den Gelände-
vorteil gegen eine zu siegessicher vorrückende Ritterschaft
auszunutzen. 1346 landete Eduard III. mit tausend Schiffen,
viertausend Rittern und zehntausend Soldaten in der Normandie und vernichtete das doppelt so große französische
Ritterheer im Wald von Crécy-en-Ponthieu in der Nähe der
Somme-Mündung.

Schlachtentscheidend war hier erstmals das Kontingent
von 5000 englischen Langbogenschützen, die innerhalb von
einer halben Stunde die französischen schwer gewappneten
Ritter vom Pferd schossen.

Die nächste Niederlage für die Ritter war die Schlacht
von Maupertuis, in der abermals die englischen Langbogenschützen die französischen Ritter, die diesmal zu Fuß
kämpften, dezimierten, und eine Wiederholung der Schlacht
von Crécy finden wir 1415 in der Schlacht von Agincourt,
welche die Blüte der französischen Ritterschaft unter den
Pfeilen der Langbogen hinwegraffte.

In Mitteleuropa waren es die Schweizer Fußkämpfer, welche den Rittern in den Schlachten am Morgarten, 1315, Sempach 1386, bei Grandson, Murten und Nancy 1476/77 vernichtende Niederlagen beibrachten.

Bei Morgarten kämpfte das Schweizer Fußvolk völlig unritterlich aus einem Hinterhalt gegen die Österreicher, die in kurzer Zeit 2000 Ritter verloren. Der Berner Schreiber Konrad Justinger beschreibt auch eine neue Waffe, die Hellebarde, die hier erstmals in einer großen Schlacht zum Einsatz kam: *Es hatten auch in der schwizer in den händen gewisse überaus furchtbare mordwaffen, die in jener volkssprache auch helnbarten genannt werden, mit denen sie die stärkst bewaffneten gegner wie mit einem schermesser zerteilten und in stücke hieben. Da war nicht eine schlacht, sondern wegen der angeführten ursachen sozusagen nur ein schlachten des volkes herzogs Lüpolds durch jene bergleute, wie einer zur schlachtbank geführten herde. Niemanden verschonten sie noch auch bemühten sie sich zu fangen, sondern sie schlugen alle tot ohne unterschied.*

In der Schlacht bei Sempach hatten die Ritter schon dazugelernt und kämpften zu Fuß von einer durch Lanzen und Spieße gebildeten Igelstellung aus, hatten aber nicht die Beweglichkeit der Schweizer Fußtruppen, und da es ein heißer Tag war, erstickten viele von ihnen in ihren Rüstungen.

In den Kriegen der Schweizer gegen Karl den Kühnen (1433–1477) waren es alleine die Fußtruppen, welche die Schlachten zugunsten der Eidgenossen entschieden, obwohl Karl zahlreiche Ritter, Bogenschützen und Artillerie aufbieten konnte. Die in Vierecken aufgestellten Haufen der Schweizer Spießträger erwiesen sich aber gegen die schwer gerüsteten Ritter als taktisch überlegen und wesentlich flexibler und entschieden jede Schlacht für sich.

Offenbar war aber das Rittertum in diesen zweihundert Jahren, in denen sich die Kampfesweise im Krieg grundlegend änderte, nicht bereit, aus seinen Fehlern zu lernen.

Vielleicht waren diese Lebensform und die Art, schwer gerüstet vom Pferd aus zu kämpfen, so tief in der Gesellschaft
verankert, dass es nicht möglich war, sich schnell davon zu
lösen. Selbst Maximilian I., der letzte Ritter genannt, liebte
diese Art der Lebensführung, obwohl er mit der Aufstellung
seiner Landsknechtshaufen, der ersten deutschen Söldnertruppen, bereits militärisch in die Zukunft gesehen hatte.

Den Solddienst der Ritter gab es schon im gesamten Hoch-
und Spätmittelalter und bereits in der Stauferzeit traten die
Soldritter gleichberechtigt an die Seite der Lehnskrieger,
wobei sie in ihrem Dienst nicht mehr den Ausdruck einer
ritterlichen Gesamthaltung und standesgemäßer Betätigung
sahen, sondern ein berufsmäßig ausgeübtes Gewerbe. Es
waren vor allem die Ritter ohne Lehen und später auch
die verarmten Lehnsmänner, die sich gegen Sold zu kriegerischen Leistungen verpflichteten, wobei nicht gesichert
ist, wieweit sie wirklich Profit daraus zogen und ihre wirtschaftlichen Verhältnisse verbessern konnten. Da die Vasal-
lenritter immer ein Auge auf die Soldritter hatten, wurden
von ihrer Seite schnell Bestrebungen laut, ebenfalls für ihren
Kriegsdienst entlohnt zu werden. Zunächst hatten diese
Zahlungen den Charakter von Aufwandsentschädigungen
oder Beihilfen zur Beschaffung der Ausrüstung, die aber mit
der Zeit eine Art von Lohn wurden, um die politische Zu-
verlässigkeit der Lehnsritter zu sichern. Im Spätmittelalter
waren Lohn- und Lehnsritter kaum mehr voneinander zu
unterscheiden, das Rittertum mit seinen Idealen wurde im
15. Jahrhundert dadurch immer mehr zur Illusion.

Dabei war das Soldritterwesen, dessen Ritter immer dort
zu finden waren, wo es am meisten Lohn zu erwarten gab,
für den Kriegsherrn eine durchaus vorteilhafte Entwicklung.
Der Soldritter konnte für seinen Dienst keine politischen
Ansprüche stellen, er wurde überall und gegen jeden ohne
Rücksicht auf verwandtschaftliche Beziehungen und alte

Rechte eingesetzt, und wenn der Kriegszug beendet war, wurde er aus dem Kriegsdienst entlassen und die Löhnung eingestellt.

Allerdings erschien für die Kriegsherren ein neues Problem: Waren sie bisher abhängig vom Willen der Lehnsritter zum Kampf gewesen, so unterlagen sie nun dem Diktat der vollen Kassen, was bedeutete: kein Geld, keine Ritter. Zugleich war aber das Soldrittertum für den Ritterstand der Eintritt in ein Zeitalter, das vom Söldnertum geprägt werden sollte. Ein Nachteil war auch, dass die Ritter, die im Moment keine Anstellung in einem der Heere hatten, in ihrer Zeit, in der sie keinen Dienstherrn hatten, zu Wegelagerern und Raubrittern herabsanken, zugleich änderte sich das ritterliche Benehmen im Krieg, und die »Ritterlichkeit« auf dem Schlachtfeld wurde zur Fiktion.

Waren die Soldritter ein erstes Zeichen einer gesellschaftlichen Veränderung, so war es auch das Aufkommen der Volkssöldner, die ab dem Spätmittelalter das Fußvolk und die Bogen- und Armbrustschützen stellten. Zwar hatten sie keine militärische Bedeutung, wenn sie einzeln vom Kriegsherrn angeworben wurden, sie schlossen sich aber bald zu größeren Einheiten zusammen, die als Ganzes vom Kriegsherrn »gemietet« wurden. Die Ersten, die so auftraten, waren ab der Mitte des 12. Jahrhunderts die Brabanzonen in Niederlothringen, die unter anderem von Friedrich I. Barbarossa und den Königen von England und Frankreich in den Dienst genommen wurden. Daraus entstanden im 14. und 15. Jahrhundert die »großen Kompanien« oder »bösen Gesellschaften«, die unter bedeutenden Hauptmännern wie John Hawkwood (um 1320–1394) und Bertrand de Guesclin (1320–1380) besonders zur Zeit des Hundertjährigen Krieges in Italien und Südfrankreich auftraten.

Im Dienst der Städte entstand noch eine weitere Art des Söldnertums, der freie Söldner, der von den Städten zum

Kampf angeworben wurde, sich zu Haufen oder Rotten zusammenschloss und das Freiwilligenheer der Städte unterstützte. Allerdings fehlte es diesen Haufen meist an geeigneten Führerpersönlichkeiten und daher hatten sie kaum längeren Bestand und waren militärisch fast nutzlos. Gleichzeitig waren sie aber die Vorläufer eines Typs von Berufssoldaten, die ab dem Ende des 15. Jahrhunderts auftraten und unter Maximilian I. als deutsche Landsknechte bezeichnet wurden. Diese bildeten einen von starkem Eigenbewusstsein bestimmten militärischen Stand ohne moralische Bindung an einen bestimmten Kriegsherrn. Sie waren zunftmäßig-genossenschaftlich organisiert und hatten als Führer meist Ritter aus dem niederen oder höheren Adel, die als militärische Großunternehmer genug Kapital hatten, die Haufen anzuwerben und zu unterhalten, bis die Lohnzahlung durch die Kriegsherren erfolgte. Blieb dieser das Geld schuldig, so stand es dem Anführer frei, sich einen neuen Herrn, der vielleicht auch sein letzter Gegner gewesen war, zu suchen. Damit hatte das Rittertum, das die Mehrzahl der Anführer stellte, nun auch sein Ethos und seine christliche Legitimation völlig verloren. Allein in der Reiterei lebten ritterliche Traditionen bis zum Dreißigjährigen Krieg in Form der schwer gerüsteten Kürassiere weiter fort. Eine rationalistische Denkweise, die auf das Geschäft ausgerichtet war, ersetzte das Leitbild des Adeligen als Ritter und Vasall und er gab seinen Treue- und Dienstbegriff gegen Geld auf. Seine Ergebenheit beruhte nun nicht mehr auf Treue und Ehre, sondern auf Lohn und bei Versagen auf der Furcht vor Strafe, Gehorsam ersetzte dabei die Eigenständigkeit des Ritters im Kampf. Mit der Mitte des 16. Jahrhundert war dieser Umbau der Heere abgeschlossen, der Ritter blieb dem Kriegsdienst zwar erhalten, war aber nun vom Lehnsmann zum Offizier geworden, der unter der Gewalt eines andern stand.

Das Rittertum wurde aber auch noch von einer anderen Seite her bedrängt. Nachdem sich die Herrschaften der Monarchen in Europa konsolidiert hatten und auch die deutschen Territorialherren ihre Gebiete fest in Besitz genommen hatten, ging es darum, diese Gebiete einer nachvollziehbaren Staatsverwaltung zu unterwerfen. In diese sollte sich auch das Rittertum einfügen, was aber bedeutete, dass man ihm damit einen Teil seiner althergebrachten Autonomie nehmen musste.

Die Ansätze zu dieser Entwicklung sind schon früh zu beobachten. Kaiser Friedrich I. Barbarossa hatte einst die Landfriedensbestimmungen neu aufgegriffen, und sein Ziel war es, eine für das ganze Reich gültige königliche Gerichtsbarkeit zu schaffen. Damit griff er aber in das Fehderecht der Ritter ein, die damit in Konflikt kamen, da dieses ja ihrem Ethos und Selbstverständnis entsprach und zum ritterlichen Kodex gehörte. Barbarossa konnte sich politisch und rechtlich damit zum Teil durchsetzen und die Könige und Kaiser nach ihm haben sich stets verpflichtet gefühlt, bei ihrem Amtsantritt ähnliche programmatische Erklärungen zum Frieden herauszugeben. Allerdings konnten diese 1152 und 1158 erlassenen Bestimmungen zwar das Fehderecht eingrenzen, eine völlige Abschaffung konnte aber nicht erreicht werden, obwohl man die Zuwiderhandelnden als Landfriedensbrecher kriminalisierte. Dazu kam, dass der Adel und die Ritter noch lange Zeit gesichert auf ihren Burgen saßen und von hier aus Wegzölle, Mauten und Abgaben von Reisenden, Händlern und ihren eigenen Bauern oft auch mit Gewalt eintrieben. Versuchten sich die Bauernschaft oder die Städte, die ihren Handel bedroht sahen, dagegen zu wehren, schlossen sich die Ritter und Adeligen zur Abwehr zusammen, um ihren Macht- und Geldverlust zu verhindern.

Es ging also im Spätmittelalter darum, dem Adel und der Ritterschaft die Pfeiler ihrer Durchsetzungskraft, das

Fehderecht, die Standesgerichtsbarkeit und weitere genossenschaftlich ausgeübte Kompetenzen zu entziehen. Einen ersten Anfang hatte Kaiser Friedrich II. in seinen *Konstitutionen von Melfi* von 1231 schon gemacht, in denen er festschrieb, dass Standespersonen nur wieder von solchen gerichtet werden konnten, wobei aber ein kaiserlicher Beamter anwesend sein musste. Mit der Zeit wurden die Ritter dadurch auf ihre rein militärische Funktion beschränkt, die aber mit der Zeit ihre Bedeutung auf dem Schlachtfeld verlor.

Dazu kam, dass auch die Ministerialen ihre Dienste im Umfeld von Königen und Fürsten aufgeben mussten und zu Hofbeamten wurden, wo sie sich in der Funktion mit dem niederen Adel trafen und nur mehr als Hofbeamte und Lehnsreiter Verwendung fanden. In den großen Städten und am Hof hatte längst der Aufstieg einer neuen Klasse begonnen, bei der es um Bildung an Schulen und Universitäten und nicht mehr um das Vorrecht der Geburt ging. Es entstand eine neue Funktionselite, die den Ritter vom Hof verdrängte, nur der Adel konnte sich hier als Stütze der Herren halten. Es bildete sich eine Zivilgesellschaft mit einem staatlich kontrollierten Gewaltmonopol und am Hof drängte sich die höfisch-zivile Seite in den Vordergrund, während die höfisch-ritterliche Seite immer mehr verschwand. Auch die ritterliche Haustruppe, die für die Sicherheit am Hof verantwortlich gewesen war, löste sich auf und wurde durch professionelle Garden ersetzt.

Jean de Meung hatte in seinem Rosenroman gefordert, dass sich die Ritter auch als eine Ritterschaft der Wissenschaft zu erweisen hätten und er deutete damit eine Entwicklung an, in der sich der Adel des Geistes dem Adel der Geburt als überlegen erweisen sollte. Der Adel verlor nach und nach all seine Vorrechte, während die Gebildeten immer weiter in der sozialen Stufenleiter emporstiegen und bald jene Ämter besetzten, die früher Adel und Ritterschaft vorbehalten waren. Schon ab dem 13. Jahrhundert findet sich diese Veränderung in der Anrede *dominus*, die sowohl ein Ritter wie auch ein studierter Jurist niederer Herkunft für sich beanspruchen konnten.

Ein weiteres Element im Niedergang des Rittertums war der Umzug des Adels in die Stadt. Nachdem die Könige feste Plätze als Herrschaftsmittelpunkte eingerichtet hatten und nicht mehr von Pfalz zu Pfalz zogen, war es für Adel und Ritterschaft günstig, sich im Umkreis des Herrschers anzusiedeln, was zum Aufblühen der Städte und besonders der Residenzstädte führte. Dabei war das Stadtrittertum nichts Neues und hatte sich schon im 12. und 13. Jahrhundert in den oberitalischen Städten bewährt. Der Ritter lebte in einem gut ausgestatteten Stadthaus und zog, wenn nötig, von hier aus ins Feld. Seine unbequemen Burgen ließ er von niederen Verwandten oder Verwaltern beaufsichtigen, und nachdem sich die Geldwirtschaft bei den Abgaben gegen die Naturalwirtschaft durchgesetzt hatte, war es auch nicht mehr nötig, die Ablieferung von Getreide, Schweinen und Weinfässern zu überwachen oder diese Dinge einzutreiben. Mit dem Auszug aus der Burg ging aber auch ein Teil des ritterlichen Selbstverständnisses verloren, die Sicherheit der Stadt erforderte nicht mehr die ständige Aufmerksamkeit und Bewaffnung des Ritters, der sich anderen Dingen, seien es Vergnügungen oder Handelsgeschäfte, widmen konnte und dabei das Ethos des Ritters gegen das des Bürgers eintauschte.

Dabei war die Stadt schon seit dem Frühmittelalter adelig bestimmt gewesen. Sie war eine ritterliche Stadt zumindest solange, wie der Adel die Handwerker und deren Zünfte von der Mitregierung ausschließen konnte, was aber im Spätmittelalter immer wieder zu Unruhen und Scharmützeln zwischen Ritterbürgern und der Plebs führte. Hatten die Bürger und Handwerker jedoch ihren Anteil an der Stadtregierung erlangt, so versuchten sie den Stadtadel in seinen Sitten und Gebräuchen nachzuahmen und die nunmehr regierende Schicht aristokratisierte sich ebenfalls. Die Stadt blieb der Schauplatz des Adels, der nicht mehr einsam auf dem Land in der Burg lebte, sondern in seinem städtischen Freihof. Trieben es seine Standesgenossen vor den Mauern zu bunt und störten sie als Raubritter den Handel der Stadt, so zog die städtische Ritterschicht an der Seite der Bürgerwehr aus, um die Burgen der Raubritter auszuheben. Dass der Adel das Leben in der Stadt dem auf dem Lande vorzog, zeigt die Beschreibung von Ulrich von Hutten (1488–1523): »*In den Städten könnt ihr nicht nur friedlich, sondern auch bequem leben, wenn ihr es euch vornehmt. Aber glaubst Du, dass ich unter meinen Rittern jemals Ruhe finden werde? Und hast Du vergessen, welchen Störungen und Aufregungen die Menschen in unserem Stand ausgesetzt sind? Glaube das nicht und vergleiche nicht Dein Leben mit meinem! Um uns steht es so, dass mir die Zeitläufte keine Ruhe ließen, sogar wenn ich ein höchst ansehnliches Erbe besäße und von meinen Einkünften leben könnte. Man lebt auf dem Feld, im Wald und in den bekannten Burgen auf dem Berg. Die uns ernähren, sind bettelarme Bauern, denen wir unsere Äcker, Weinberge, Wiesen und Wälder verpachten. Der einkommende Ertrag ist, gemessen an der aufgewandten Mühe, geringfügig; aber man sorgt und plagt sich sehr, dass er großmächtig werde. Denn wir müssen höchst sorgsame Hausväter sein. Sodann müssen wir uns in den Dienst eines Fürsten stellen, von dem wir Schutz erhoffen. Wenn ich das nicht tue, glaubt jeder, er könne sich alles gegen mich erlauben. Aber auch wenn ich es tue, ist diese Hoffnung täglich mit Gefahr und Furcht verbunden. Gehe ich nämlich von Hause fort, so muss ich fürchten, auf Leute zu stoßen, mit denen der Fürst, wie bedeutend er auch sein mag, Fehde oder Krieg führt und die mich seinetwegen anfallen und wegschleppen. Wenn es dann mein Unglück will, geht leicht mein halbes Vermögen als Lösegeld darauf, und so droht eben von dorther ein Angriff, von wo ich Abwehr erhoffte. Deswegen halten wir uns Pferde und Waffen und umgeben uns mit zahlreichem Gefolge, alles unter großen und spürbaren Kosten. Unterdessen gehen wir nicht einmal im Umkreis von zwei Joch ohne Waffen aus. Kein Dorf können wir unbewaffnet besuchen, auf Jagd und Fischfang nur in Eisen gehen. Außerdem entstehen häufig Streitigkeiten zwischen fremden Meiern und unseren; kein Tag vergeht, an dem uns nicht ein Zank hinterbracht wird, den wir dann möglichst vorsichtig beilegen müssen. Denn sobald ich zu eigensinnig das Meine behaupte oder Unrecht ahnde, gibt es Krieg. Wenn ich aber zu sanftmütig nachgebe oder etwas vom Meinen preisgebe, bin ich sofort den Rechtsbrüchen aller anderen ausgeliefert, denn dann will jeder als Beute für sein Unrecht haben, was dem einen zugestanden wurde. Doch unter welchen Menschen geschieht dies? Nicht unter Fremden, mein Freund, nein, zwischen Nachbarn, Verwandten und Angehörigen, ja sogar unter Brüdern. Das sind unsere ländlichen Freuden, das ist unsere Muße und Stille!«*

Maurice Keen hat noch eine andere Begründung zum Niedergang des Rittertums im Spätmittelalter beigesteuert, das Problem der grundherrlichen Einkünfte. Nachdem ab dem 12. Jahrhundert das zur Verfügung stehende Land verteilt war, konnten neue Wirtschaftsflächen nur mehr durch Rodung und Ansiedelung neuer Bauern gewonnen werden, was aber im 13. Jahrhundert zum Stillstand kam. Die Aufwendungen für die Haushalte der Ritter stiegen indes durch ein vermehrtes Repräsentations- und Luxusbedürfnis stetig an, während ab 1100 eine schleichende Inflation im Wert der Abgaben feststellbar war. Zwar konnte der Grundherr neue Einkünfte durch die Inanspruchnahme grundherrlicher Monopole, wie etwa das Betreiben von Mühlen, durch Verkauf oder Verpachtung erzielen, das konnte aber die angespannte Wirtschaftslage nur kurzfristig kaschieren.

Daher verarmten im Spätmittelalter manche ehemals großen Adelsgeschlechter, die aber ihre ritterliche Lebensweise nicht aufgeben wollten. Dazu kamen von 1314–1317 Hungersnöte in Europa, die ebenso wie die Pestjahre von 1349–1351 zu einem drastischen Rückgang der Bevölkerung führten. Dadurch wurde der Faktor Arbeit wesentlich teurer, begleitet von einem Preisverfall agrarischer Produkte, während die Artikel, die der Adelige oder Ritter für seinen Lebensstil brauchte, teurer wurden.

Es wurde daher für den Adel immer schwieriger, seinen ritterlichen Lebensstil zu pflegen, und er verlegte sich darauf, andere Mittel zum Gelderwerb zu erschließen. Dazu gehörte, dass er in den administrativen und militärischen Dienst bei der Krone und bei mächtigeren Adeligen eintrat und so auf Lohn, Beute, Pensionen und Ämter hoffte. Dazu kamen vielleicht auch noch gute Heiraten oder Kirchenpfründe für seine Söhne. Das Ergebnis der Entwicklung war, dass sich immer mehr Adelige in Abhängigkeit zum Hof oder zu anderen Adeligen begaben oder in die »nationalen« Armeen, die im Kern oft schon stehende Heere waren, eintraten.

Es setzte sich damit ein Prozess in Bewegung, der zur Ausbildung einer staatlichen Zentralgewalt führen sollte, wobei der Herrscher darauf zu achten hatte, den Adel als Grundlage seiner Herrschaft fest an sich zu binden. Der Preis dafür war, dass er dem Adel eigene Vorrechte geben musste wie Steuerfreiheit, das Recht Waffen zu tragen oder das Jagd- und Wappenprivileg. Adelig zu sein wurde auch ohne den Status der Ritterschaft zu einem Standesprivileg, und auch die Hofbeamten und oft selbst der hohe Klerus bemühten sich, in diesen Stand aufgenommen zu werden, während gleichzeitig das Ideal des Ritters in den Hintergrund trat. Es blieb nur noch in den Ehren und Würden vorhanden, die der Herr an seine Untertanen verteilen konnte, als Begriff hielt er sich das gesamte 16. Jahrhundert hindurch und seine Elemente wie Loyalität, Freigiebigkeit und Tapferkeit wurden weiterhin geschätzt. Man kann nicht sagen, dass das Rittertum verschwunden wäre, es wandelte sich und lebte im Militär, in der Höflichkeit und auch in der Gesinnung bis weit in die Moderne fort. Das Rittertum hatte aber seinen Status als Leitkultur verloren und wurde von einer staatlich geschützten und geförderten Zivilgesellschaft verdrängt. Am Schluss hatte an den Höfen, in den Gerichtssälen, an den Verhandlungstischen und im Beamtentum die Feder über das Schwert gesiegt.

9. Das Nachleben der Ritter

Man kann nicht sagen, dass mit dem Beginn der Neuzeit, der in Europa etwa zwischen 1480 bis 1520 angesetzt wird, das Rittertum mit einem Schlag verschwunden wäre. Es kam ganz im Gegenteil unter der Herrschaft von Kaiser Maximilian I. zu einer neuen Ritterbegeisterung, die sich im Wiedererstehen der Turniere an europäischen Königshöfen, aber auch in den Städten ausdrückte. Bei diesen Turnieren ging es jedoch nur noch zweitrangig um das Kampfgeschehen. Das Ziel war vielmehr die Darstellung höchstmöglicher Prachtentfaltung oder das Nachspielen ritterlicher Verhaltensweisen wie das der Freigiebigkeit. Zudem war es Aufgabe der Turniere, die Ritter in den neuen Kampfesarten der Landsknechte zu üben, die sie als Hauptleute anzuführen hatten. Sie fanden nicht mehr an eigens dafür bestimmten Orten auf dem freien Land statt, sondern wurden auf die Hauptplätze der Städte verlegt, um auch den Stadtbürgern und ihren Damen, die von den Fenstern der Bürgerhäuser aus zusahen, ein Bild ritterlicher Lebensweisen oder, was man noch dafür hielt, zu präsentieren. Dass das nicht ganz ungefährlich war, zeigt das Turnier von Arnheim 1481, wo Maximilian verletzt wurde und selbst einen Ritter zu Tode stach.

Ebenfalls ein großer Freund der Turniere war der englische König Heinrich VIII. (1491–1547), der selbst erfolgreich daran teilnahm. Dennoch sollte schon bald die Turnier- und damit die Ritterbegeisterung verebben, insbesondere nach dem Tod des französischen Königs Heinrich II. (1519–1559) durch den splitternden Schaft einer Lanze. In der Folge wurden die Turniere in Frankreich verboten und fanden auch im Reich und in England bald ein Ende.

Dennoch ging die ritterlich-höfische Kultur damit nicht zugrunde. Der Monarch sah sich immer noch als Ritter, als erster und einziger Ritter in seinem Herrschaftsbereich, bis er am Ende des 16. Jahrhunderts auch diese Rolle aufgab.

Der Literatur blieb der Ritter im 16. Jahrhundert erhalten. Das Interesse galt dabei dem fahrenden Ritter als einem Ideal. Er war Individualist und überschritt in seinem Wirken die von der Obrigkeit gesetzten Grenzen, das Zeitalter der Entdeckungsreisen und die Ritterlichkeit schlossen einander nicht aus. Beispiel dafür ist der erfolgreiche anonyme *Fortunatus*-Roman, erschienen um 1509. Darin reist der junge Ritter Fortunatus in die damals bekannte Welt, erlebt Abenteuer und muss dennoch den Niedergang seiner Familie miterleben. Zwar besucht er noch die Höfe von Zypern und Andalusien, aber es ist schon sichtbar, dass die »höfische« Zeit ihrem Ende entgegengeht.

Der Übergang vom Mittelalter zur Neuzeit in der Literatur war langsam. So schrieb Jacques Le Grand (1360–1415/18) im Jahre 1401 *Le livre des bonnes meurs* (Das Buch der guten Sitten), in welchem er die *Höfischkeit* noch einmal explizit darlegte, und 1528 erschien Baldassare Castigliones (1478–1529) Werk *Il libro di Cortegiano* (Der Höfling), in welchem er die ritterlichen Tugenden erklärte, das aber schon auf die Verhaltensweisen des späteren Gentlemen verweist.

Interessanterweise waren es die Ritterromanzen, die das Bild des Ritters in das Zeitalter des Buchdrucks hinüberretteten. So fand der im 13. Jahrhundert in Portugal entstandene Roman *Amadis de Gaula* (Amadis von Gallien), geschrieben vermutlich von Heinrich von Kastilien (1230–1304), nicht weniger als 117 Neuauflagen zwischen 1540 und 1577 in Deutschland und Italien und bezeugte das Interesse an den

Geschichten, in diesem Fall aus der Welt des Königs Artus, in der frühen Neuzeit.

Italien wurde zu einem der wichtigsten Länder, wenn es darum ging, das literarische Vermächtnis der Ritterzeit zu bewahren. So schrieb in der Mitte des 15. Jahrhunderts der Hofpoet Matteo Boiardo (1441–1494) eine Version der Geschichte des verliebten Roland (*L'Orlando Innamorato*), das später in der Bearbeitung von Ludovico Ariosto (1474–1533) zum Erfolg des »Rasenden Roland« (*L'Orlando Furioso*) wurde.

1550 schrieb Torquato Tasso (1544–1594) sein Jerusalem-Epos *Gerusalemme liberata* (Das befreite Jerusalem), das an die Geschichte des ersten Kreuzzugs anknüpfte und besonders den religiösen Aspekt des Rittertums behandelte, dazu bettete er noch zwei Romanzen in die Geschichte ein.

In England schrieb in Anlehnung daran Edmund Spenser (1552–1599) sein Werk *The Faerie Queene* (Die Feenkönigin), wobei er Tassos Hof von Ferrara mit dem der Königin Elisabeth I. vertauscht. In seinem Poem ist das Rittertum nur ein Teil eines allegorischen Schemas, es wird aber angenommen, dass sein Versuch eines Transportes moralischer Instruktionen durch ein Ritterepos eher fehlgeschlagen ist und von seinem Publikum eigentlich kaum mehr verstanden wurde.

Als wesentlich für die niedergehende Anziehungskraft des Rittertums gilt der *Don-Quichotte*-Roman von Miguel de Cervantes (1547–1616), erschienen 1605. In ihm wird die Ritterschaft zwar scheinbar ins Lächerliche gezogen, im Kern geht es aber darum, dass es die ritterlichen Verhaltensweisen und der ritterliche Kodex sind, die sich in einer stark veränderten Welt nicht länger halten können. Höfische Liebe und Ritterreisen werden zu ironischen Parabeln, und dem gelehrten Rittertum ist kein Wert mehr in der Gesellschaft beigemessen. Trotz des Erfolges des *Don Quichotte* nahm die Ritterbegeisterung in den folgenden Jahren stetig ab und wurde in der Renaissance von der Erforschung der Antike überstrahlt, sodass das Mittelalter in der Sicht der Gelehrten zum »finsteren« Mittelalter herabsank. Erst das 18. Jahrhundert begann sich wieder vermehrt mit jener Zeit und mit der Figur des Ritters zu beschäftigen.

Die Sagenwelt des Mittelalters, besonders die der nordischen Sagen, fand im *Ossian* des Schotten James MacPherson (1736–1796) europaweite Begeisterung, auch wenn es sich bald herausstellte, dass diese Gesänge eines mythologischen Kriegers von ihm selbst fabriziert wurden. Dennoch begann man sich im 18. Jahrhundert wieder vermehrt mit dem Mittelalter zu beschäftigen und verwendete es als Hintergrund und Kulisse für Schauerromane, wie die von Horace Walpole (1717–1797) 1764 veröffentlichte Erzählung *»Das Schloss von Otranto«*. Nach dessen Erscheinen verbreitete sich diese Literaturgattung in ganz Europa, gewann rasch große Popularität und trug wesentlich bei zum Ritterbild der Zeit. Diese Romane wurden von der ritterlichen Welt beeinflusst, und es war vor allem das Bürgertum, das sie las, obwohl es in der Gesellschaft im Gegensatz zum Adel stand, sich hier aber mit dem adeligen Ritter identifizieren wollte.

Ungemein populär wurde nach seinem Erscheinen 1820 Sir Walter Scotts (1771–1832) Ritterroman *Ivanhoe*, in dem der Held, ein junger Kreuzritter, die Höhen und Tiefen des Ritterlebens, von der Minne bis hin zum Gottesurteil beim Turnier, erlebt.

Die deutsche Romantik brachte dem Gedenken an die Ritterzeit ein neues Aufblühen. So in Novalis' (1772–1801) Fragment *Heinrich von Ofterdingen*, eine Geschichte, in der es um einen Sängerwettstreit in der Wartburg geht. Das Mittelalter wurde von Novalis in einem deutlichen Gegensatz zur Aufklärung nicht als dunkles Zeitalter gesehen, sondern als eine die Poesie beheimatende Epoche. Er wählte für seine Novelle das Mittelalter als ein positives, poetisches Gegenbild zu seiner eigenen Zeit, die er als platt und unromantisch empfand.

Zugleich wurden in der Romantik Geschichten und Sagen wie Grimms Märchen aus dem Mittelalter gesammelt und in Volksausgaben veröffentlicht. Die Wiederbelebung mittelalterlicher Literatur in Form von Neubearbeitungen diente aber oft der Verbreitung nationalistischer Gedanken, so wurde das Nibelungenepos zum deutschen Nationalepos hochstilisiert.

In der Romantik wurden die Traditionen des Mittelalterbildes der Aufklärung fortgeführt, es wurde aber auch umgewandelt und hochstilisiert zu einem Gedanken von Einheit und dem Traum von einer vollkommenen Gesellschaftsordnung, allerdings wird es auch zur Projektionsfläche nationalistischer Tendenzen. Dies zeigte sich besonders deutlich in der zweiten Hälfte des 19. Jahrhundert, als sich die deutschen Staaten unter preußischer Führung zu einem Reich zusammenschlossen, wobei die Staufer, allen voran Friedrich I. Barbarossa, das Vorbild und die Rechtfertigung für die deutsche Einheit abgaben, ebenso prägte der blonde Hüne Siegfried das deutsche Mannesideal. Richard Wagner (1813–1883) belebte in dieser Zeit das Bühnenleben durch die Einführung zahlreicher Rittergestalten. Bei ihm mischten sich Lohengrin, Parzival, Tannhäuser und Tristan als Ritter mit den germanischen Göttergestalten wie Wotan und den Walküren. Man überhöhte aus nationalistischen Beweggründen das Mittelalter, aus der Vasallentreue wurde Vaterlandstreue, das Ritterideal wurde zum Übermenschen und das mittelalterliche und das nationale Reichsdenken des 19. Jahrhunderts wurden in einen Topf geworfen. Das Problem dabei war, dass sich die Mittelalterrezeption nicht mehr an den geschichtlichen Tatsachen, sondern an der Interpretation der jeweiligen Zeit aufrichtete und politisch gedeutet werden konnte. Die Figur des Ritters erlebte eine

Neubewertung und er wurde, je länger das Mittelalter tatsächlich zurücklag, mehr und mehr von seinem historischen Hintergrund losgelöst. Er versinnbildlichte dabei den gerechten Helden, der zwar bedingungslos für das Gute kämpfte, aber wenn es nötig war, auch das Schwert zog, um das Recht, oder was er dafür hielt, auf seine Seite zu ziehen. Dieses Eintreten des Ritters für eine gerechte und rechtmäßige Wert- und Weltordnung machte den Ritter in der zweiten Hälfte des 19. Jahrhunderts zum Vorbild des aufstrebenden Bürgertums.

Noch im Ersten Weltkrieg wurde von Nibelungentreue und Dolchstoßlegende gesprochen, und auch der Nationalsozialismus entdeckte das deutsche Mittelalter mit seinen Burgen und seiner angeblichen Reinheit im völkischen Sinn wieder. Nach dem Zweiten Weltkrieg erlebte die Mittelalterbegeisterung einen Niedergang und wurde erst in den 70er-Jahren des 20. Jahrhunderts durch die Werke von Georges Duby, Barbara Tuchman, Dieter Kühn, Arno Borst und Jacques le Goff wieder geweckt. Bemerkenswert war allerdings, dass man nicht mehr alleine Adels- und Herrschergeschichte rezipierte, sondern dass in der Sachliteratur auch die anderen Gruppen der Gesellschaft, wie Frauen und Unterschichten, ihren Platz fanden.

Was uns sonst noch vom Mittelalter geblieben ist, sind die überlieferten Verhaltensweisen, die man allgemein als Höflichkeit bezeichnet. Die Höfischkeit (*curalitas*) war eine der Leitideen des Rittertums, blieb für die gesamte Zeit des Mittelalters bestimmend und hatte ihre Bedeutung auch danach nicht verloren, wenngleich sie ihre höfische Besonderheit allmählich einbüßte, weil sich in der Renaissance auch die antiken Begriffe von *civilitas* (leutselige, bürgerliche Höflichkeit) und *urbanitas* (städtische Zivilisiertheit) breitmachten und der Höfischkeit allmählich den Rang abliefen. Auch der Begriff der Ritterlichkeit hatte ein langes Nachleben. Ausdrücke wie »*Ehrenwort*«, »*Fair Play*« oder »*Ladies First*« lassen sich ebenso davon ableiten wie das Kriegsrecht und das Duell. Der Kavalier und der Gentlemen hatten den Ritter zum Vorbild, an den uns heute noch unbewusste Verhaltensweisen erinnern. Wenn wir einem Hutträger begegnen und er den Hut hebt, so ist es eigentlich das Visier seines Helmes, das er lüftet, damit wir ihn erkennen können. Und wenn wir uns die Hand geben, so deshalb, um zu zeigen, dass wir kein Schwert damit halten. Unsere Orden und Ehrenzeichen haben ihren Ursprung im Ritterwesen genauso wie die Bezeichnungen »Herr« und »Dame«, aus der heute prosaisch Mann und Frau geworden sind.

Gleichwohl gibt es noch immer eine gewisse Ritterbegeisterung, die sich im Nachstellen ritterlicher Szenen, in Filmen und Spielen erhalten hat. Ritterlichkeit gilt im Alltag noch als Wert, und wer als »strahlender Ritter« den Bedrängten zu Hilfe eilt, ist gerne gesehen.

Zusammenfassend lässt sich sagen, dass das Rittertum für fast 600 Jahre die Geschichte Europas mitbestimmt hat. Höchste kulturelle Leistungen standen neben explizierter Grausamkeit, zarte Minne neben den Gräueln des Krieges. Der Glanz des Rittertums ist untergegangen und findet sich heute nur noch in den Burgen Europas, in den Waffensammlungen der Museen und in den Handschriften der Bibliotheken. In uns, in den Menschen des 21. Jahrhunderts, lebt der Gedanke aber noch fort in einer Weise, die uns erkennen lässt, dass Großzügigkeit, Liebe, Treue, Loyalität, Mäßigkeit und Selbstzucht Werte sind, die Bestand haben und die uns von den Rittern überliefert wurden. Um heute ein Ritter zu sein, muss man kein Schwert mehr in der Hand haben oder eine Lanze führen, es reicht, sich an jenem Gedankengebäude zu orientieren, dass es den Menschen des Mittelalters ermöglicht hat, in einer feindlichen Welt als Mensch zu überleben, eben im Rittertum.

Zeittafel

732 Schlacht von Tours und Poitiers, Karl Martell schlägt die nach Frankreich vorgedrungenen Mauren.

751 Absetzung des letzten Merowingers, mit Pippin dem Jüngeren beginnt das Geschlecht der Karolinger (bis 911 in Deutschland, bis 987 in Frankreich).

768 – 814 Karl der Große

772 – 804 Sachsenkriege Karls des Großen

ab 790 Überfälle der Normannen in Frankreich, Deutschland und England

807/808 Heeresreform Karls des Großen, Verpflichtung der Lehensbesitzer zum Kriegsdienst als schwere Panzerreiter – Grundlage des späteren europäischen Lehens- und Feudalsystems. Ab Anfang des 9. Jahrhunderts Beginn des Burgenbaus in Europa

836 Normanneneinfälle bedrohen London und Paris.

843 Vertrag von Verdun. Das karolingische Reich wird aufgeteilt.

881 – 882 Normanneneinfälle in Köln, in Aachen Zerstörung der Kaiserpfalz

um 900 Beginn der Reconquista in Spanien

906 Zerstörung des Großmährischen Reiches durch die Ungarn

910 Gründung des Klosters von Cluny, Beginn der Klösterreform

911 Der Normanne Rollo wird Herzog der Normandie und Lehnsmann des französischen Königs.

933 Schwer gepanzerte Ritter entscheiden die Schlacht gegen die Ungarn bei Riade an der Unstrut.

955 Otto I. schlägt mit einem zum Großteil aus Rittern bestehenden Heer die Ungarn am Lechfeld.

976 Die Babenberger werden mit der Ostmark belehnt.

983 – 1002 Otto III. und Papst Sylvester II. planen die Wiedererrichtung des Römischen Reiches (*renovatio Imperii Romanorum*).

987 – 1328 Dynastie der Kapetinger in Frankreich

1024 – 1125 Dynastie der Salier in Deutschland

1059 Der Normanne Robert Guiskard wird Herzog von Apulien und Kalabrien.

1063 Die Normannen beginnen mit der Eroberung Siziliens.

1066 Einfall der Normannen unter Wilhelm dem Eroberer nach England. Aufbau eines Musterbeispiels des mittelalterlichen Lehens- und Ritterstaates

ab 1075 Der Investiturstreit zwischen Heinrich IV. und Papst Gregor VII. veranlasst die Fürsten im Reich zum eigenständigen Burgenbau. – Verlust des Burgenmonopols des Herrschers

um 1086 Der Cid erobert Valencia von den Mauren (altspanisches Epos *El Cantar de Mio Cid*).

1095 Synode von Clermont mit dem Aufruf zum Ersten Kreuzzug

1096 – 1099 Erster Kreuzzug

1099 Eroberung von Jerusalem durch die Kreuzritter, Einrichtung christlicher Staaten in Palästina

um 1100 Ausgehend von Frankreich verbreitet sich das Turnier als ritterliches Kampfspiel.

1113 Päpstliche Bestätigung der Johanniter als Spitalorden, Schwarzer Mantel mit weißem Kreuz, roter Waffenrock mit weißem Kreuz (Malteserkreuz)

um 1118 Die Templer entstehen als erster geistlicher Ritterorden. Weißer Mantel mit rotem Kreuz.

1122 Wormser Konkordat beendet den Investiturstreit.

1138 – 1250 Dynastie der Staufer in Deutschland

1147 – 1149 Zweiter Kreuzzug

1152 – 1190 Friedrich I. Barbarossa

1154 – 1399 Dynastie der Anjou-Plantagenet in England

1156 Erhebung Österreichs zum Herzogtum

1170 – 1220 Blüte der höfischen Dichtung mit Chrétien de Troyes, Wolfram von Eschenbach und Walter von der Vogelweide.

1186 Friedrich Barbarossa verbietet die Aufnahme von Priestersöhnen und unfreien Bauern in den Ritterstand. Erste Einschränkung für die Verleihung der Ritterwürde

1186 Heinrich VI. wird Erbe der süditalischen Normannenstaaten.

1187 Schlacht von Hattin und Verlust Jerusalems. Die Existenz der christlichen Staaten in Palästina ist aufs Äußerste gefährdet.

1189 – 1192 Dritter Kreuzzug

1189 – 1199 Richard I. Löwenherz

1190 Friedrich I. Barbarossa ertrinkt im Saleph. Das deutsche Kreuzfahrerheer zieht nach Akkon; bei der Belagerung der Hafenstadt entsteht der Deutsche Orden, zunächst als Spitalorden.

1191 Richard Löwenherz erobert Akkon und schließt Frieden mit Saladin.

1198 Der Deutsche Orden, 1190 vor Akkon als Bruderschaft zur Krankenpflege gegründet, wird zum Ritterorden umgewandelt: Weißer Mantel mit schwarzem Kreuz

um 1200 Höhepunkt der Minnelyrik und frühen Ritterepik

1204 Der Vierte Kreuzzug endet mit der Eroberung Konstantinopels durch die Kreuzfahrer.

1214 Schlacht von Bouvines

1228 – 1229 Fünfter Kreuzzug

1249 Sechster Kreuzzug, Ludwig IX. der Heilige wird gefangen genommen.

1254 – 1273 Interregnum im Deutschen Reich

1268 Hinrichtung des letzten Staufers Konradin in Neapel

1270 Ludwig der Heilige kommt auf dem siebenten Kreuzzug in Tunis um.

1273 Die Wahl des Habsburgers Rudolf I. beendet das Interregnum.

1278 Ritterschlacht am Marchfeld zwischen Rudolf von Habsburg und Ottokar von Böhmen

1291 Gründung der Schweizer Eidgenossenschaft; die Eidgenossen behaupten sich in mehreren Schlachten gegen Ritterheere.

1307 Verfolgung des Templerordens in Frankreich

1312 Förmliche Auflösung des Templerordens durch den Papst

1326 St.-Georgs-Ritterorden in Ungarn, ältester nachweisbarer weltlicher Ritterorden

1328 – 1498 Dynastie der Valois in Frankreich

1339 Beginn des Hundertjährigen Krieges zwischen England und Frankreich

1347 – 1357 Pest in Europa; etwa ein Drittel der Bevölkerung stirbt.

1346 Schlacht von Crécy; englische Langbogenschützen vernichten das französische Ritterheer

1348 Gründung des englischen Hosenbandordens

1356 Goldene Bulle zur Regelung der Königswahl in Deutschland

1358 Gründung der Deutschen Hanse

1377 – 1445 Oswald von Wolkenstein

1396 Schlacht von Nikopolis – Niederlage eines großen internationalen Kreuzfahrerheeres gegen das osmanische Vordringen in Südosteuropa

1397 Gründung der Bank der Medici in Florenz

1414 – 1418 Konzil von Konstanz; 1415 wird der Reformator Jan Hus verbrannt.

1415 Schlacht von Agincourt. Das französische Ritterheer wird durch massiven Einsatz von Bogenschützen vernichtet.

1419 – 1436 Hussitenkriege. Insbesondere durch Wagenburgen behaupten sich die böhmischen Hussiten gegen mehrere Ritterheere.

1430 Gründung des Ordens vom Goldenen Vlies durch den burgundischen Herzog, Vorläufer der späteren Verdienstorden

1431 Verbrennung der Jeanne d'Arc

1453 Ende des Hundertjährigen Krieges

1453 Eroberung Konstantinopels durch die Osmanen

1445 – 1485 Rosenkriege in England

1492 Mit der Eroberung Granadas wird die Reconquista beendet.

1493 – 1519 Maximilian I., genannt der letzte Ritter

1517 Mit Martin Luther beginnt die Reformation.

Literaturverzeichnis (Auswahl)

Alexander, Jonathan – Binski, Paul; Age of Chivalry. Art in Plantagenet England 1200–1400, London 1987

Barber, Richard; The reign of Chivalry, London 1980

Bayern-Ungarn. 1000 Jahre. Katalog zur Bayerischen Landesausstellung. Passau, Oberhausmuseum, 8. Mai bis 28. Oktober 2001.

Borst, Arno (Hrsg.); Das Rittertum im Mittelalter (Studienausgabe), Darmstadt 1998

Borst, Arno; Lebensformen im Mittelalter, Frankfurt/Main 1980

Borst, Arno; Alltagsleben im Mittelalter, Frankfurt/Main 1983

Boyle, David; Blondels Song. The capture, imprisonment and ransom of Richard the Lionheart, London 2005

Brunner, Karl – Daim, Falko; Ritter, Knappen, Edelfrauen, Graz 1981

Bumke, Joachim; Höfische Kultur. Literatur und Gesellschaft im Hohen Mittelalter, München 1986

Burg und Herrschaft. Katalog zur Ausstellung im Deutschen Historischen Museum Berlin (25.6.–24.10.2010)

Caboga, Comte Herbert de; Die Burg im Mittelalter. Geschichte und Formen, Berlin 2002

Das Reich der Salier 1024–1125. Katalog zur Ausstellung des Landes Rheinland-Pfalz, Mainz 1992

Die Ritter. Katalog zur Burgenländischen Landesausstellung 1990, Eisenstadt 1990

Andreas Schlunk, Robert Giersch: Katalog der Ausstellung: *Die Ritter. Geschichte, Kultur, Alltagsleben*. Historisches Museum der Pfalz 2003

Die Salier – Macht im Wandel, Katalog zur Ausstellung in Speyer 2011

Die Zeit der frühen Habsburger. Katalog zur Niederösterreichischen Landesausstellung 1979, Wiener Neustadt 1979

Die Zeit der Staufer. Kataloge I–IV der Ausstellung des Württembergischen Landesmuseums, Stuttgart 1977

Duby, Georges; Krieger und Bauern. Die Entwicklung der mittelalterlichen Wirtschaft und Gesellschaft bis um 1200, Frankfurt/Main 1984

Duby, Georges; Europa im Mittelalter, Stuttgart 1986

Duby, Georges; Guillaume le Maréchal oder der Beste aller Ritter, Suhrkamp 1997

Edel und Frei. Franken im Mittelalter. Katalog zur bayerischen Landesausstellung, Forchheim 2004

Ehlers, Joachim; Die Ritter. Geschichte und Kultur, München 2009

Ennen, Edith; Frauen im Mittelalter, München 1985

Fehring, Günter P.; Einführung in die Archäologie des Mittelalters, Darmstadt 1987

Fleckenstein, Josef; Rittertum und ritterliche Welt, Berlin 2002

Göttert Karl-Heinz; Die Ritter. Stuttgart 2011

Goetz, Hans-Werner; Leben im Mittelalter, München 1986

Grant, Michael; Dawn of the Middle Ages, New York 1981

Gravett Christopher: The Normans. Warrior knights and their castles, Botley 2007

Gravett Christopher: The world of the medieval knight, New York 1996

Hägermann, Dieter (Hrsg.); Das Mittelalter – Die Welt der Bauern, Bürger, Ritter und Mönche, München 2001

Hechberger, Werner; Adel, Ministerialität und Rittertum im Mittelalter, Enzyklopädie Deutscher Geschichte Band 72, München 2010

Henne am Rhyn, Otto; Geschichte des Rittertums, Stuttgart o.J.

Keen, Maurice; Chivalry, Yale University Press 1984

Kühn, Dieter; Ich Wolkenstein, Frankfurt/Main 2002

Kunst und Kultur der Karolingerzeit. Katalog zur Ausstellung Paderborn 1999, Mainz 1999

Laudage, Johannes und Leiverkus, Yvonne (Hrsg.): Rittertum und höfische Kultur der Stauferzeit. Böhlau Verlag, Köln 2006

Le Goff, Jacques; Der Mensch des Mittelalters, Frankfurt/Main 1999

Leyen, Friedrich von der; Deutsches Mittelalter, Frankfurt/Main 1980

Meuthen, Erich; Das 15. Jahrhundert. Grundriss der Geschichte, München 1980

Otto der Große, Magdeburg und Europa, Europarats- und Landesausstellung Magdeburg 2001

Pernoud, Régine; Königin der Troubadoure – Eleonore von Aquitanien, München 1985

Shahar, Shulamit; Die Frau im Mittelalter, Frankfurt/Main 1985